2판

사회복지실천론

문현주 · 김기영 · 김윤화 · 백종욱 · 정주석 · 황미영

창지사

머리말

『사회복지실천론』이 출간된 지 2년이 되어가고 있다. 그동안 우리 사회는 COVID-19라는 유래 없는 상황을 맞이했고 생활상에 많은 변화를 경험하고 있다. 이는 사회복지실천 현장에서 우리가 만나는 클라이언트들이 갖게 되는 문제와 욕구를 더욱 다양하게 만들었다. 더불어, 대학 현장에서도 비대면 수업이라는 변화를 가져왔다.

이러한 가운데 저자들이 4학기 동안 실제 학교에서 수업을 진행하며 발견한 책의 오류와 시대적 변화 상황, 개정된 법 등을 반영한『사회복지실천론』개정이 필요하다고 생각하였고 이러한 내용을 보완하여 2판을 출간하게 되었다.

2판도 1판과 동일하게 총 3부, 13장으로 구성하였으며, 제1부는 '사회복지실천의 이해'로 1~4장, 제2부는 '사회복지실천 과정'으로 5~10장, 제3부는 '사회복지실천 이론'으로 11~13장으로 구성하였다. 제1부에서는 사회복지실천의 개관 및 역사적 발달과정, 사회복지 실천 현장과 가치와 윤리에 대한 이해를 돕고자 하였다. 제2부에서는 접수, 자료수집 및 사정, 계획, 개입, 평가 및 종결에 이르는 사회복지실천 과정과 사례관리에 대하여 다루었다. 제3부에서는 실천 현장에서 필요한 면접론, 관계론, 사회복지실천의 통합적 관점에 대하여 설명하였다.

각 장을 집필한 교수가 주도적으로 관련 내용에 대한 개정을 진행하였다. 제1부 중 1장 사회복지실천의 개관과 4장 사회복지실천의 가치와 윤리는 백종욱 교수가, 2장 사회복지실천의 역사적 발달과정은 정주석 교수가, 3장 사회복지실천 현장은 김윤화 교수가 집필하였다. 제2부 중 5장 접수, 7장 계획은 황미영 교수가, 6장 자료수집 및 사정은 김윤화 교수가, 8장 개입, 9장 평가와 종결은 김기영 교수가, 10장 사례관리는 정주석 교수가 집필하였다. 제3부 11장 면접론, 12장 관계론, 13장 사회복지실천의 관점은 문현주 교수가 집필하였다.

이 책의 강점은 실무경험이 있는 교수들이 실제 학교에서 학생들을 대상으로 강의하며 필요한 부분들을 확인하고 학생들의 눈높이에서 책을 저술한 것이라고 볼 수 있다. 각 저자들은 사회복지사로 일하면서 경험한 지식과 실천 지혜 등을 이 책에 담아내려 노력하였고 앞으로도 지속적인 개정 작업을 통해 보완을 해 나가도록 할 것이다.

2021년 7월

저자 일동

차례

제2부 사회복지실천 과정

제3부 사회복지실천 이론

제 1 부

사회복지실천의 이해

1장 사회복지실천의 개관

2장 사회복지실천의 역사적 발달과정

3장 사회복지실천 현장

4장 사회복지실천의 가치와 윤리

1장

사회복지실천의 개관

1. 사회복지실천의 개념

사회복지실천(social work practice)은 인간의 삶의 질을 향상시키려는 사회복지의 목적을 실현하기 위해서 사회복지의 이념과 가치를 토대로 사회복지사가 개인, 가족, 집단, 지역사회 등을 대상으로 제공하는 다양하고 전문적인 실천 활동을 의미한다고 할 수 있다. 그리고 이러한 사회복지실천은 개인의 사회적 기능 향상과 사회정의를 위해 사회복지실천의 전통적인 3대 방법론인 개별사회사업(casework), 집단사회사업(group work), 지역사회조직(community organization)의 방법론을 모두 포함하는 통합적인 실천방법인 것이다.

사회복지실천은 하나의 독립된 영역으로 구체적이고 쉽게 정의를 내린다는 것은 쉬운 일이 아니다. 왜냐하면 사회복지실천의 기능이나 사회복지실천 과정에 대해 분명하고 간결한 정의를 내리지 못하고 있으며, 실천방법과 실천 장면들이 매우 다양하므로 모든 내용을 포괄할 수 있는 정의를 내린다는 것은 쉬운 일이 아니기 때문이다. 이러한 사회복지실천에 대한 개념은 사회복지가 발달하던 초기에는 개인이나 개인의 성격변화에 초점을 둔 정의들이 대부분이었다.

리치몬드(Richmond)는 사회복지실천은 개인 대 개인 및 인간과 그의 사회환경 간에 잘 적응하는 능력을 갖도록 성격을 발달시키는 과정으로 보았다. 그러나 1949년 보워스(Bowers)의 정의를 기점으로 개인이나 개인의 성격을 벗어나 지역사회를 포괄적으로 다루는 것으로 사회복지실천에 대한 정의가 내려지고 있다. 보워스는 클라이언트와 그의 환경 사이의 조화를 이루도록 지역사회 내의 자원과 클라이언트 개인의 능력을 최대한 동원하는 지식과 기술로 보았다.

사회복지실천은 사회복지학의 분야에서 상대적으로 새롭게 등장한 개념이다. 사회복지실천을 하나의 전문직으로 규정하려 한 점에서는 그 의의가 매우 크다고 하겠으나 사람들의 욕구를 충족시켜 주는 것을 사회복지실천으로 본다는 측면에서는 다소 모호한 면이 없지 않다. 즉, 사회복지실천이라는 용어는 개별사회사업, 집단사회사업, 지역사회조직사업이라는 전통적인 방법론들이 하나로 통합되면서 등장하게 되었다.

1970년대 이후 미국을 중심으로 하여 전통적인 사회복지실천의 3대 방법으로 체계화되어 온 개별사회사업, 집단사회사업, 지역사회조직사업은 여러 가지 비판을 받음으로써 새로운 방법을 모색하게 되었는데, 그 대표적인 것으로 사회복지실천, 사회치료, 임상사회사업 등을 들 수 있다. 또한 전통적인 실천방법을 하나의 통합된 실천의 가치, 지식, 목적 및 기술체계로 묶는 통합작업이 전개되면서 통합적 실천방법론이 대두되기 시작하였다.

우리나라에서 사회복지실천은 1998년 「사회복지사업법 시행령」 및 시행규칙 개정 당시 한국사회복지사협회가 「사회복지사업법」의 개정과 더불어 2003년부터 사회복지사 자격취득 국가시험제도를 도입하게 되어 기존의 개별사회사업(개별지도)과 집단사회사업(집단지도)이 없어지고 사회복지실천론과 사회복지실천기술론으로 변경한 2000년부터 사회복지실천이라는 말을 공식적으로 사용하게 되었다(전재일 외, 2004).

우리의 사회복지교육은 기존의 세 가지 방법론(개별, 집단, 지역사회)에 통합방법론이 추가되어 네 가지 사회복지실천 방법론 모두가 교육되는 상황이었다. 하지만 통합방법론이 추구했던 의도는 사회복지실천 방법의 종류를 추가하자는 것에 있었던 것이 아니라 세 가지로 분류되어 각각 발달되어 왔던 실천방법론들을 하나로 통합하여 사회복지활동의 정체성을 분명히 하자는 데에 있었다.

실제로 사회복지실천 현장에서 이루어지는 각종 실천 활동은 개별, 집단, 지역사회 중 어느 한 방법에 따라 이루어지기보다는 세 가지 방법들이 서로 보완·복합적으로 사용되는 것이 현실이다. 따라서 통합방법론 속에 모든 사회복지실천 방법들을 포함시켜 함께 학습하는 것이 현실적으로 바람직하다 하겠다.

사회복지실천의 개념은 사회복지가 발달하게 된 초기에 개인이나 개인성격의 변화에 초점을 두는 정의가 대부분이었다.

사회복지실천의 고전적인 정의는 리치몬드(Richmond, 1922)에 의하여 제시된 개별실천(social casework)에 따른 정의이다. 『개별사회사업이란 무엇인가?(*What is Social Casework?*)』라는 책을 통하여 사회복지실천을 개개인 그리고 개인과 사회환경과의 사이에서 의식적인 조정을 통하여 개개인의 인격적인 발달을 이루어가는 과정으로 정의하였다.

사회복지실천에 대한 포괄적 정의가 내려지게 된 것은 1950년대 후반부터 사회복지방법에서 사회복지사가 수행하는 공통적 역할과 요소가 있다는 점에 착안하여 사회복지사가 개인, 집단, 지역사회에서 제기되는 사회문제에 활용할 수 있는 공통된 하나의 원리나 개념을 제공하는 사회복지통합방법이 나오게 되면서부터이다(이종복 외, 2010).

1974년 미국사회복지사협회(National Association of Social Workers, NASW, 1999)는 "개인, 집단, 또는 지역사회가 사회기능(social functioning)을 향상시킬 수 있는 자신들의 능력을 회복하거나 증진시키고, 자신들의 목표 달성을 위한 사회조건을 창조하도록 돕는 전문적 활동"이라고 정의하였다.

사회복지실천의 정의를 첫째, 인간과 사회환경 간의 생태체계적 관점에 기초하여 개인, 집단, 가족이 자신들의 문제해결 능력과 대처능력을 향상시키는 것, 둘째, 인간이 필요로 하는 사회자원, 서비스, 기회 등의 환경체계가 원활하게 상호 작용할 수 있도록 도와주는 것, 셋째, 자원과 서비스를 제공하는 다양한 사회복지기관이나 조직이 클라이언트에게 보다 좋은 서비스를 제공할 수 있도록 효과적이고 효율적인 운영을 추구하는 것, 넷째는 새로운 사회정책의 개발과 향상을 목적으로 하는 실천 활동이라고 정의하였다(박귀영 외, 2010).

이상의 사회복지실천 개념을 종합해 보면 환경 속의 개인을 다루어 개인이 효과적으로 환경과 상호작용하도록 도와주는 것으로 어떤 방법으로 원조를 할 것인지에 따라 달리 해석되고 있다. 따라서 사회복지사는 사회복지실천에 대한 포괄적인 개념을 명백히 해 두는 것이 필요하다.

결론적으로 사회복지실천은 인간이 일상생활에서 직면하게 되는 욕구나 문제를 개인, 집단, 가족 및 지역사회 수준의 접근 방법을 통하여 원만한 사회적 기능을 수행하도록 돕는 전문적인 활동이다. 따라서 사회복지실천의 핵심은 사회적 기능 수행상의 문제를 중심으로 사회복지사와 클라이언트가 함께 활동하는 것이다.

2. 사회복지실천의 목적과 목표

1) 사회복지실천의 목적

사회복지실천은 분명한 목적을 가지고 있으며 동시에 구체적인 목표를 가진 활동이자 전문적이고 체계적인 실천개입이다.

사회복지실천의 목적과 목표에 관한 본격적인 논의는 1979년 미국사회복지사협회의 출판물위원회의 후원하에서 이루어졌다. 당시 신중한 논의를 통해서 사회복지실천의 목적에 관한 구체적인 안이 작성되었는데, 그 안은 세 가지 주요 신념과 이와 연결된 목적의 진술 그리고 여섯 가지 주요 목표의 기술 등을 내용으로 담고 있다. 이 자료에 의하면 사회복지실천의 목적은 “모든 사람의 삶의 질을 개선하기 위하여 개인과 사회 간의 유익한 상호작용을 증진시키거나 개선하려고 하는 것"이다(NASW, 1981).

이를 실현하기 위해서 사회복지사는 모든 개인의 잠재력과 영감의 극대화를 위한 사회적 기회와 자원을 제공하도록 해야 하며 보편적인 인간욕구를 충족시켜 주고, 고통과 억압을 경감시키기 위한 다양한 서비스를 제공하여야 한다. 즉, 사회복지실천의 목적은 클라이언트의 욕구충족을 통한 삶의 질 향상이라고 할 수 있다.

한편 이러한 목적과 목표에 대한 분명한 개념정립을 시도하기 이전에 핀커스와 미나한(Pincus & Minahan)은 사회복지실천을 "사람과 자원체계 간의 연결과 상호작용"이라고 하면서 사회복지실천의 목적을 ① 개인의 문제해결 능력과 대처능력을 향상하고, ② 사회자원 서비스 및 기회를 제공하는 체계와 연결하며, ③ 이 체계들을 효과적으로 그리고 인도적으로 운영하도록 하고, ④ 사회정책 개발과 발전에 기여하는 것 등으로 설명하였다(Pincus & Minahan, 1973).

핀커스와 미나한이 제시한 사회복지실천의 목적은 매우 중요한 의미를 갖고 있다고 평가된다. 왜냐하면 이들의 주장은 이전의 사회복지실천의 목적에 관한 견해와 뚜렷한 차별성을 갖고 있기 때문이다. 예를 들면 리치몬드는 1930년대에 사회복지실천에 대해 "개개인 그리고 개인과 사회환경과의 사이에서 의식적인 조정을 통하여 개개인의 인격적인 발달을 이루어가는 과정"이라고 표현했는데, 이 표현에 의하면 아직까지 사회복지실천은 개인의 욕구충족과 인격개발을 목적으로 한 미시적이고 치료적인 과정을 강조한 것이라고 해석될 수 있다.

2) 사회복지실천의 목표

사회복지실천의 목적을 달성하기 위해서는 구체적 목표를 설정해야 한다. 1982년에 미국사회복지사협회에서 규정한 사회복지실천의 목표와 1992년 미국사회복지교육협의회에서 제시한 것을 종합하여 검토한 후 사회복지실천의 목표를 다음의 여섯 가지로 요약하였다(Zastrow, 1999).

첫째, 사회복지실천의 목표는 사람들의 문제해결 능력과 대처 능력 그리고 발달적인 능력을 신장시키는 것이다. 이러한 목표를 달성해야 할 사회복지사는 가능하게 하는 사람, 상담사, 교사, 보호자 그리고 행동변화자 등으로 표현된다. 사회복지사는 클라이언트가 잠재능력을 최대한 활용할 수 있도록 하여 클라이언트가 자생력을 키워 나갈 수 있도록 해야 한다. 물론 당장에는 직접적인 서비스 제공자가 될 수 있겠지만 궁극적으로는 클라이언트의 가능성 또는 잠재력을 현실화시켜야 한다는 점을 인식해야 한다.

둘째, 클라이언트에게 인적·물적자원과 실질적인 서비스, 서비스 기회를 제공해 주는 체계와 연결시켜 주는 것이다. 이때 사회복지실천의 초점은 개인과 체계 간의 관계에 맞추어져 있다. 이 경우 사회복지사는 중개자로서 작용하게 된다. 사회복지사는 각종 자원을 확보할 수 있도록 클라이언트에게 도움을 제공한다. 자원과 서비스를 제공할 체계(기관, 조직 등)에 클라이언트를 소개하고 연결한다든지, 서비스 제공기관 정보를 클라이언트에게 제공한다든지, 클라이언트가 필요로 하는 서비스나 자원 또는 기회가 지역사회에 존재하지 않는다면 새로운 조직화 혹은 프로그램을 개발하는 일도 포함될 수 있다.

셋째, 클라이언트에게 자원과 서비스를 제공해 주는 체계의 작동을 효과적이고 인격적이도록 해 주는 것이다. 클라이언트에게 서비스를 제공하는 기관들이 클라이언트의 인간적 존엄성을 존중하면서 적절한 절차와 기준에 의해 서비스를 제공하고 있는지 살피고, 그렇지 않으면 시정을 요구하는 것을 말한다. 또한 클라이언트들은 사회적 약자로서 직접적인 자기주장이 어렵기 때문에 이들의 정상적인 권리들을 되찾아 주는 일도 포함한다고 볼 수 있다. 이런 경우 사회복지사는 옹호자의 역할을 한다. 그래서 사회복지사는 사회복지실천 업무를 수행함에 있어서 합리적인 절차와 기준 적용, 공평성의 차원, 위기 개입, 클라이언트의 요구와 의견수렴, 최소한의 생존이라는 차원 등을 충분히 고려하여야 한다.

넷째, 사회정책을 개발하고 개선하는 것이다. 이때 사회복지사는 기획가 또는 정책개발자로 기능하게 된다. 논리적인 자기주장이 어려운 클라이언트들을 위해 사회복지 문제를 이슈화하는 것에서부터 사회복지사가 개입하고, 정책입안이나 결정 과정에 충분히 개입하여 유효한 사회복지정책을 이끌어 내고, 그러한 정책이 효과적이며 효율적으로 집행되는지를 충분히 감시하고, 정책 수정이나 보완을 요구하는 기능까지 포함한다.

다섯째, 위험에 처한 집단에게 능력을 북돋워 주며 사회적·경제적 정의를 증진시키는 것이다. 여기에서 위험에 처한 집단은 여성, 노인, 장애인, 빈민 등을 의미한다. 이들에게 권리에 대한 의식과 권리를 누릴 수 있는 능력을 학습하게 함으로써 스스로 사회의 주인으로 살아갈 수 있도록 하는 것을 의미하고, 더 나아가 사회 전체적 차원의 사회적 정의를 실현해 가는 것을 포함한다. 사회적 정의에 있어서 가장 기본적인 부분은 모든 개인이 사회의 가용자원 및 기회에 공정하게 접근할 수 있도록 보장되어야 한다는 것이다. 사회복지사는 이러한 기회와 자원에 대한 접근이 어려운 취약계층에 있는 시민들을 위해 각자의 권리를 찾아 주는 활동을 펼쳐야 한다.

여섯째, 전문적인 지식과 기술을 개발하고 검증하는 것이다. 사회복지사는 사회복지실천을 수행함에 있어서 지식과 기술의 발전에 기여해야 한다. 사회복지실천의 전문성을 확보하여 보다 전문적인 서비스를 제공하기 위해서는 전문적인 지식과 기술, 기법, 프로그램 등의 개발과 그 효과성 검증을 충분히 거칠 필요가 있는 것이다.

헵워스와 라슨(Hepworth & Larsen, 2006)은 사회복지실천의 목표를 보다 일목요연하게 정리하여 다음과 같이 설명하였다.

첫째, 사회적 기능을 향상시키기 위해서이다. 사회복지사의 실천개입 활동 목표는 개인, 가족, 그리고 지역사회 삶의 질을 향상시키고 사회적 기능을 향상시키기 위함이다. 이러한 활동에는 세 가지 영역이 포함된다.

① 예방의 기능으로서 취약성을 가진 개인들에게 역기능이 발생하기 전에 서비스를 제공함으로써 문제를 예방한다. 이러한 서비스에는 가족계획, 유아교육, 부모교육, 결혼 전 상담, 퇴직상담, 부부상담 등이 포함된다.
② 복귀의 기능으로서 신체적·정신적으로 기능 손상이 초래된 클라이언트의 재활을 목적으로 서비스를 제공한다.
③ 치료의 기능으로서 결혼문제, 도벽, 학교부적응, 사회적 고립, 아동학대, 물질남용, 삶의 문제를 제거하거나 감소시키는 것을 말한다.

둘째, 개인의 역기능을 치료하기 위해서이다. 클라이언트와 환경 사이에 가지고 있는 문제들은 단지 환경에 의해서만 초래된 것은 아니다. 많은 클라이언트의 역기능은 가능한 자원들을 적절히 사용하지 못하는 데서 기인한 것이다. 대인관계의 문제, 자신감의 결여, 사회적 고립감 등의 어려움을 갖고 있는 클라이언트에게 문제해결 능력과 대처기술을 습득하고 사회적 자신감을 갖도록 돕는 것 등이 사회복지실천의 목표이다.

셋째, 사회적 정의를 향상시키기 위해서이다. 사회복지실천의 중요한 목표 가운데 하나는 사회정의 실현을 향상시키는 것으로 법, 정부의 정책, 사회복지 프로그램을 모든 사회 구성원에게 동등한 자원과 기회를 줄 수 있도록 노력하는 것이다. 사회복지실천 현장에서는 클라이언트를 대신하여 그들의 권리를 찾아주고 서비스를 제공한다. 따라서 실천현장에서의 사회정의 구현은 클라이언트의 옹호와 전문적 조직을 통한 사회행동으로 한정될 수 있다.

그런데 헵워스 등의 견해는 사회복지실천의 기능으로 볼 수 있는 내용이라고 생각된다. 이는 사회복지실천의 목표가 원활하게 이루어지도록 사회복지실천이 수행해야 할 활동이 바로 사회복지실천의 기능이기 때문이다. 그러므로 사회복지실천의 목표와 기능은 불가분의 관계가 있고 사회복지실천의 목표를 수행하기 위한 보다 구체적인 활동성을 담아낸 것이 사회복지실천의 기능이라고 볼 수 있겠다.

결국 이상에서 설명한 사회복지실천의 목적과 목표는 사회복지실천이 무엇을 지향하고 있으며 구체적으로 어떠한 내용을 실현해야 하는가를 잘 나타내 주고 있다.

3. 사회복지실천의 이념과 철학

사회복지실천 활동 목적은 사회가 개인에게 일방적이고 무조건적인 원조를 제공하도록 하는 데 있는 것이 아니라 개인이 자신의 역량을 최대한 발휘하면서 살아가도록 촉진하는 것이다. 따라서 사회복지실천이란 사회복지사가 개인, 집단, 가족 그리고 지역사회를 대상으로 하여 이들이 자신들의 문제와 욕구를 스스로 해결할 수 있도록 도와주어서 이들의 사회적 기능을 향상시키고, 배분적 사회정의를 실현하는 것을 목적으로 하는 종합적이며 전문적인 실천 활동이다.

인도주의와 이타주의의 이념으로부터 시작된 것으로 보이는 사회복지실천은 근본적으로는 사회진화론의 영향을 받았으며 다른 한편으로는 그 영향에서 탈피하고자 하는 노력을 보여 왔다. 본 절에서는 사회통제와 사회변화를 목적으로 분류한 아홉 가지 사회복지이념을 정리하였다(전재일 외, 2002; 박종삼, 2002; 엄명용 외, 2006).

1) 인도주의

모든 인간은 동등한 자격을 갖추고 있다는 바탕으로 인류공존, 복지실현을 시키려는 사상을 의미한다. 사회복지실천의 최초 이념 또는 사상은 인도주의이며 박애사상으로 볼 수 있다. 자선조직협회의 우애방문자들의 철학으로 기독교 사상을 실천하려는 중산층 이상의 사람들이 빈곤한 사람을 대상으로 인도주의적 구호를 제공한 것이며 이 사상 이후에 사회복지실천의 기본사상이 되었다.

2) 박애주의

현실적 차별을 초월하고 인간성을 기초하여 어려움을 나누려는 인간애를 박애주의라 한다. 박애주의는 모든 인류가 서로 평등하게 사랑하여야 한다는 주의로 정치적·철학적·윤리적인 개념이다. 인간이 부닥치고 있는 모든 현실적인 차별 즉 인종, 종교, 신분 · 풍습, 이해관계 등의 차별을 초월하고 인간성을 기초로 하여 근심, 불행, 괴로움 등을 같이 나누려는 인간애를 말하는 것이 보통이다. 말하자면 인간이 가지고 있는 감정에 그 공통점을 찾으려는 하나의 심리적 사실을 가리킨다. 인간이 가지는 공통의 감정은 장소와 범위에 따라 그 형태가 다르게 나타난다.

3) 민주주의

사회 안에서 일어나고 파생되는 여러 갈등의 개인적 요소들을 억압하지 않고, 국가의 주권이 국민에게 있고 국민을 위해 정치를 행하는 제도이다.

또한 평등을 표방하는 이념으로 클라이언트도 평등한 대우를 받을 권리가 있음을 강조, 클라이언트의 자기결정권의 가치적 측면에 많은 영향을 준 인보관 운동과 관련 있다.

4) 사회주의

사회주의의 사회복지에 대한 견해는 '각자에게 그의 욕구에 따라'라는 원리가 가장 중요한 분배원리로 되어야 한다는 생각이 내재되어 있다. 다시 말하면 집합적 소비가 사회주의하에서의 분배의 가장 기본적인 모형인 것이다. 마르크스주의자들은 사회의 생산물을 이처럼 평등하게 분배하는 것은 생산수단에 대한 사적 소유가 폐기되고 생산 및 분배가 공동체적 통제, 예컨대 국가의 통제 아래 놓여질 경우에만 가능할 것이라고 생각하고 있다. 일단 생산수단의 사유가 폐지되고 생산과 분배가 공동체적 통제에 의해 움직여지게 된다면 시장과 가족 그리고 사유재산이 소득을 분배하는 기본적인 제도가 되는 일은 없어지게 되리라는 것이며, 그러고 나면 전체 공동체의 이익을 위해 행위하는 국가가 소득과 자원을 평등주의적 원리에 따라 할당하는 지위를 점하게 된다는 것이다. 이렇듯 사회주의적 복지개념에 내재된 사회주의 사회복지철학에서는 평등에 근거한 욕구충족을 생산과 분배의 가장 중요한 목적으로 간주한다. 이러한 점에서 사회주의 사회의 장기적인 목표는 관대한 사회복지체계를 발전시키는 것일 뿐만 아니라 더 나아가 복지사회를 이룩하는 것이다. 물론, 구조적 모형의 이러한 특징들은 이념형적인 것이다.

5) 실증주의

초기 실증주의는 철저한 '가치로부터의 자유'를 주장한다고 한다면, 다시 말해 초기 실증주의는 '가치'를 '편견'과 같은 의미로 보기 때문에 '편견으로부터의 자유'를 주장한다고 한다면, 신 실증주의는 반대로 '가치에 대한 의존'을 인정한다고 할 수 있다. 초기 실증주의와 신 실증주의 사이의 논쟁으로 철저한 '가치로부터의 자유'냐 아니면 '가치에 대한 의존'이냐 하는 문제, 철저한 주관의 배제냐 아니면 주관의 인정이냐 하는 문제는 여기서는 해결할 수 없는 문제이고 우리의 테마를 벗어나는 문제이다. 신 실증주의의 주장대로 하나의 이론 또는 가설을 모순 없이 논리적으로 그리고 현실에 (경험적 사실에) 적용될 수 있게 구성하기 위해서는 그 구성자인 주체는 능동성, 의식, 판단력을 가지고 있어야 한다는 것만은 분명하다.

6) 인본주의

인본주의 이론은 인간에 관하여 보다 희망적이고 낙관적인 견해를 지니고 있다. 모든 인간은 자신의 내부에 건전하고 창조적인 성장을 위한 가능성을 가지고 있다고 믿는다. 이러한 가능성을 인식하지 못하는 것은 부모의 교육 그리고 다른 사회적 압력의 속박적이고 왜곡된 영향력 때문이다. 그러나 만일, 개인이 그 자신의 생애 대한 책임을 기꺼이 수용한다면 이러한 유해한 영향력은 극복될 수 있다. 어떤 비판가들은 인본주의 이론이 과학적 심리학이라기보다는 오히려 종교를 세속적으로 대치한 것이라고 본다.

7) 다양화

21세기 세계화의 영향으로 다양화의 경향이 두드러지게 됨에 따라 사회복지실천에서도 다양한 계층에 대한 수용, 다양한 문제 및 접근방식에 대한 허용, 개개인의 독특성을 인정하는 개별화를 추구한다.

8) 개인주의

개인주의와 함께 자유방임주의가 등장하여 경제뿐만 아니라 사회복지도 자유시장에 맡기는 자유방임주의 정책을 펼치게 된다.

9) 사회진화론

다윈의 자연과학적 개념이 사회과학적 요소에 가미, 사회에 적합한 계층을 위해 사회 부적합 계층이 사회에서 사라져야 한다는 논리이다.

사회복지실천의 이념을 정리하면 〈표 1-1〉과 같다.

〈표 1-1〉 사회복지실천의 이념 비교

주의 내용	인도주의	사회진화론	민주주의	개인주의	다양화
이념	인도주의 박애사상 자선조직협회의 우애방문자의 철학	사회진화론→다윈(Darwin)의 1895년 저서 『종의 기원』에서 파급된 이념 다윈의 자연과학적 개념이 사회과학적 요소에 가미되어 파생	민주주의는 평등을 표방하는 이념으로 인간은 모두 평등함을 인정하면서 클라이언트도 평등하게 대우를 받을 수 있는 권리가 있음을 표방	개인주의와 함께 자유방임주의 등장. 작은 정부를 표방하는 형태로 나타남. 경제뿐 아니라 사회복지를 자유시장에 맡기는 자유방임정책을 펴나감	21세기에 두드러짐. 세계화의 영향으로 다양성에 대한 수용이 높아짐
기본사상	기독교사상을 실천하는 중산계층 이상의 사람들이 빈곤한 사람들을 대상으로 인도주의적인 구호 제공 사회복지실천의 기본사상	다윈의 자연법칙의 진화론을 사회법칙의 진화론에 적응시켜 '부자는 우월해서 부유층으로 살아남는 것이고 빈곤한 사람은 비도덕적이고 게으른 열등 인간이므로 가난하게 살 수밖에 없다.' 계층화는 동식물생태계의 적자생존의 자연법칙과 동일하다. 사회적합계층은 살아남고 사회부적합계층은 자연소멸된다는 논리	클라이언트를 위한 무조건적인 봉사정신에서 클라이언트에 대한 선택적 봉사의 철학이 강화된 것. 주는 자와 받는 자의 평등한 권리를 인정하여 클라이언트가 시혜의 여부를 결정하는 것에 적극적으로 참여할 수 있도록 하는 사회적 움직임. 클라이언트의 자기결정권의 사치적 측면이 영향을 미침	개인주의 사상 ① 개인권리존중 ② 수혜자격의 축소, 빈곤의 문제는 빈곤한 자의 책임으로 다시 돌아감	권한 부여: 열등계층인 소외계층에게 스스로 발전할 수 있도록 여건을 만들어 줌으로써 자기변화를 도모하기 위한 권한을 부여

주의 내용	인도주의	사회진화론	민주주의	개인주의	다양화
실천	'타인을 위하여 봉사'하는 정신으로 실천케어의 봉사정신이 이타주의의 사회복지실천의 기본정신으로 자리 잡게 됨	사회진화론의 사회복지실천은 사회통제 측면에서 나타남. 사회통제를 주목적으로 한 실천은 자선조직협회의 우애방문자의 봉사활동. 열등계층인 극빈자, 장애인을 방문하여 중산층의 기독교적 도덕을 강요. 그들 나름대로의 가치관이나 도덕성을 완전 무시하고 새로운 도덕·윤리를 따르도록 강요. 그렇지 않으면 현 상태를 겨우 유지할 정도의 도움만 제공	평등을 위한 사회복지실천은 인보관운동의 활동이 대표적. 빈곤계층도 나름대로의 가치관이 있으며 이를 동등하게 인정을 해 주는 것에서부터 시작하는 인보관운동의 이념이 사회가 이를 인정을 해 주도록 하는 사회개혁으로 이어짐	빈곤한 사회복지 수혜자는 빈곤하게 살 수밖에 없다는 '최소한의 수혜자격 원칙'으로 저임금노동자들보다 더 적은 보조를 받도록 정책을 펼쳐 나감. 클라이언트의 개인적인 특성. 즉 개별화를 중요시한다는 것에 초점을 둠	클라이언트에 대한 선택적 봉사의 실천이며 개별화와 평등화의 복합적 실천 모델. 권한 부여 모델은 클라이언트와 협력을 통해서만 이루어 낼 수 있음
변화	클라이언트를 위한 무조건적 봉사에서 클라이언트에 대한 봉사활동으로 개념변화. 무조건적 봉사→선택적 봉사	중간계급의 사상에 적합하지 못한 계층은 최소한의 도움으로 현재의 상태만 겨우 유지하고 생존할 수 있도록 함→사회적합계층에 방해가 되지 않도록 함	빈곤이나 장애를 전적으로 클라이언트의 책임으로 돌렸던 것을 사회변화의 측면에서 사회책임으로 돌림. 모든 인간이 평등하듯이 클라이언트도 동등한 처우를 받을 권리. 빈곤에서 탈피한 동등한 기회를 제공받을 권리들을 보장해 주지 못하는 사회에 있으며 사회의 변화를 통하여 이를 가능하게 해야 함. 이것이 민주적 사회주의를 채택하는 결과를 낳음.	미국에서는 사회진화론과 함께 더욱 큰 힘을 발휘	제공자-수혜자의 개념에서 제공자-소비자의 관계개념으로 기본철학의 변화를 초래함. 사회복지사와 클라이언트의 관계를 동등하게 인정하는 것으로 클라이언트도 권한을 갖고 관계에 임한다고 인정하는 이념의 변화. 자유시장경쟁원리에 입각하여 소비자의 입장인 클라이언트가 제공자인 사회복지사를 선택하게 됨

출처: 이종복 외(2007).

4. 사회복지실천 대상

사회복지실천에서 클라이언트에 대한 개입의 단위에 따라 문제를 파악하고 어떻게 하는가는 매우 중요한 과업이다. 클라이언트의 단위를 어떻게 하느냐에 따라 사회복지실천 현장에서의 개입 방법이 달라지기 때문이다. 흔히 클라이언트는 개인으로만 생각하지만 개인 이외에 가족, 집단, 지역사회 자체가 사회복지실천의 대상이 될 수 있다.

1) 개인대상

개입의 단위 중 개인을 대상으로 하는 사회복지실천은 과거의 개별사회사업, 개별실천과 같은 맥을 한다. 'casework'라 불리는 개별사회사업은 사회복지실천 방법 중 가장 역사가 오래된 실천방법으로 집단사회사업, 지역사회사업은 지역사회조직과 함께 3대 방법론으로 분류되어 그 중요도는 매우 높았다(이은희 · 김남숙, 2014).

이러한 개인대상 실천을 통해 클라이언트는 생활상의 문제를 자각하여 정서적, 관계적, 행동적으로 대처할 수 있게 된다. 개인체계에 대한 문제는 개인의 내적인 면, 개인 간, 그리고 환경체계가 상호작용한 결과이다. 즉, 한 체계에서 발생하는 기능적 불균형은 대부분 다른 체계의 불균형을 가져오기 때문에 문제가 한 체계에만 제한되는 경우는 드물다. 개인적 어려움은 다른 사람과의 관계에 영향을 주게 되고 개인 간의 어려움은 개인의 기능에 영향을 주게 되며 주택 등 환경적 자원의 부족은 개인의 기능에 영향을 미친다는 것이다(이영실 외, 2014).

2) 가족대상

가족구성원들 간의 관계나 가족구성원들 중에 한 사람의 행동 또는 정서·심리적인 문제에 개입을 하여 문제들을 해결하거나 경감시키기 위한 노력들이 가족과의 실천이다. 개인을 단위로 개입을 하는 것보다 가족을 단위로 하여 개입할 때 개입효과가 더 크다고 판단될 경우나 클라이언트의 문제해결을 위해서는 가족들의 협조와 노력이 요구된다고 판단될 경우 가족과의 실천을 택하게 된다. 가족실천 모델은 일반체계이론의 영향을 받아 가족을 역동적인 체계의 하나로 간주한다. 따라서 개인에게 나타내는 문제의 원인을 개인적인 요인에서 찾아내는 것이 아니라 가족구성원들 간에 나타나는 상호작용 패턴, 즉 관계양상에서 원인을 찾고자 한다. 문제의 해결도 개인적인 변화에 초점을 두기보다는 가족구성원들끼리 서로 상호작용을 하는 방법의 변화에 초점을 둔다. 가족 중 한 명의 행동이 가족구성원 전체에 영향을 미치기도 하고 반대로 가족구성원 전체의 균형을 위하여 가족구성원의 일부가 희생이 될 수도 있다고 본다. 따라서 가족구성원 한 명의 변화가 가족 전체의 문제를 해결할 수도 있고 A라는 가족구성원의 행동변화를 위해 B라는 가족구성원의 행동을 먼저 변화시킬 수도 있다(엄명용 외, 2009).

3) 집단대상

집단실천은 유사한 목표를 갖고 있는 각각의 개별 구성원들을 하나의 집단으로 구성하여 그 집단을 대상으로 사회복지사가 집단이라는 환경에 집단 내의 역동성을 활용하여 집단구성원들의 개별목표와 집단의 공동목표를 성취하기 위하여 노력하는 실천 방법이다.

클라이언트와 사회복지사 간 일대일 실천은 클라이언트를 개별화하여 접근할 수 있다는 점에서 효과적이지만 비용과 시간, 노력이 보다 많이 요구되는 문제가 있다. 반면, 같은 문제를 경험하는 사람들의 모임, 즉 집단은 그 자체로 서로의 문제를 공유하고 스스로의 문제를 이해하는 효과가 있으며 개입을 통한 변화가 보다 실생활의 환경에 가까울 수 있다는 장점이 있어 사회복지실천 현장에서 집단을 이용한 사회복지실천이 널리 활용되고 있다.

4) 지역사회대상

지역사회실천은 사회복지사가 지역사회 수준에 개입하여 지역사회에 존재하는 각종 제도에 영향을 주고 지역사회의 문제를 예방하고 해결하고자 하는 일체의 사회적 노력을 의미하며 이러한 사회복지사에게 요구되는 중요한 역할은 지역 주민 스스로가 상호 협동 노력에 의해 지역사회 문제를 해결할 수 있도록 돕는 것이다(김혜영 외, 2013). 즉 지역사회실천은 지역에 속한 주민들이 자기 자신들의 사회적 기능 향상을 위하여 필요한 의식개혁, 지역사회 조직화, 환경개선 등을 자발적, 주체적, 협력적으로 수행해 나갈 수 있도록 사회복지사가 안내자, 전문가, 조정자, 조력자, 운동가 등의 역할을 수행하는 것들을 말한다. 지역사회실천에서 사회복지사에게 요구되는 중요한 역할들은 지역주민 스스로가 상호 협동 노력에 의하여 지역사회의 문제들을 해결할 수 있도록 돕는 것이다. 현재 우리나라에서 지역사회에 위치한 종합사회복지관을 중심으로 실제로 이루어지고 있는 지역사회실천 개념에는 지역사회보호 활동과 지역사회조직 활동이 혼합되어 있다고 볼 수 있다(엄명용 외, 2009).

2장

사회복지실천의 역사적 발달과정

사회복지실천의 변화와 발달의 양상은 각 나라마다 차이가 있으며, 그 나라가 처한 시대적 상황과 사상적 흐름 속에서 이해할 수 있다. 사회복지실천의 역사적 배경은 영국에서 1601년에 제정된 엘리자베스 빈민법에 그 기원을 둘 수 있다. 엘리자베스 빈민법 제정 이후 산업혁명을 거치면서 자선조직협회와 인보관운동의 발달은 현재의 사회복지실천 발달에 큰 영향을 미쳤다.

사회복지실천의 역사적 발달과정을 정리함에 있어서 먼저 사회복지실천이 시작된 영국과 미국에서의 사회복지실천의 발달과 변화과정을 살펴보고, 우리나라의 사회복지실천 역사의 발달과정을 살펴보고자 한다.

1. 영국 사회복지실천의 역사

영국 사회복지실천의 기원은 1601년 엘리자베스 빈민법에서 출발하지만 1834년 신빈민법의 제정이 전환점이 되어 19세기 후반부터 시작한 자선조직협회(Charity Organization Society)와 인보관운동(Settlement House Movement)을 중심으로 전개되기 시작하였다. 자선조직협회와 인보관운동은 영국이 미국보다 먼저 시작했지만, 사회사업가의 성장과 발전에서는 미국이 영국보다 앞섰다. 영국 사회복지실천의 역사를 전문사회복지실천의 태동기에 전개된 자선조직협회와 인보관운동을 통해 살펴보고, 전문사회복지실천의 성장·발전과정을 영허스밴드 보고서(Younghusband Report, 1947), 시봄보고서(the Seebohm Report, 1968), 바클레이 보고서(the Barclay Committee Report, 1982) 등을 통하여 살펴본 후, 사회사업가 자격요건 강화와 사회사업대학교육을 정리해 보고자 한다.

1) 전문사회복지실천의 태동기: 민간사회복지조직의 형성

영국에서 신빈민법을 태동시킨 빅토리아시대의 일관된 빈곤의 원인에 대한 관점과 경제사조는 자조(self-help)의 미덕이었다. 이에 빈곤은 어디까지나 개인의 도덕적 타락의 결과이자 게으른 개인의 문제이며 사회와 국가적 책임과는 무관한 것으로 여겨졌다(심상용 외, 2016). 그러나 18세기부터 시작된 영국의 산업혁명으로 산업화, 도시화가 진행되면서 많은 인구가 도시로 유입되었고, 이에 따라 도시빈민들이 발생하게 되었으며, 질병, 빈곤, 범죄, 비행 증가 등과 같은 사회문제를 해결하기 위해 개인이나 민간 차원의 자선사업과 박애사업이 시작되었고, 인도주의적 사회개량사상과 연계된 민간 사회복지가 발달하기 시작하였다. 그 결과 자선조직협회가 설립되고 인보관운동이 활발하게 전개됨으로써 사회복지실천에 있어 새로운 전환점을 맞이하게 되었다(길귀숙 외, 2018).

(1) 자선조직협회(COS)의 활동

1860년대 자선조직화운동이 전개된 시기에 영국은 자유방임주의 신봉에 따른 자본주의 폐해와 기근의 발생, 전염병의 확산으로 빈민이 급증하였지만, 당시 정부의 신빈민법 체제로는 빈곤문제를 해소하는 데에는 한계가 있었다. 특히 신빈민법하에서 구제를 수치스럽게 여긴 많은 빈민이 구제신청을 거부하는 결과를 가져왔고, 이들 대다수는 기아상태에 내몰리게 되었다. 그로 인해 이들을 구제하기 위해 결성된 자선기관의 수도 점차 늘어났다(심상용 외, 2016).

19세기 말에 출현하기 시작한 자선조직들의 비효율적인 운영방식을 개선하고자 하는 움직임이 일기 시작하였다. 즉, 자선조직들의 활동을 체계적으로 조정하여 구제서비스를 보다 효과적으로 실시하기 위하여 자선조직협회를 결성하게 된 것이다. 로크의 주도 아래 보산케트, 란스베리, 힐, 바네트 목사 등이 참여한 가운데, 1869년 4월 '자선구제의 조직화와 구걸방지를 위한 협회(The Society for Organizing Charitable Relief and Repressing Mendicity)'가 결성된다. 그 이듬해에 이 협회는 자선조직협회(Charity Organization Society, COS)로 개칭하였다(한국복지연구회, 1995; 박광준, 2013; 심상용 외, 2016).

자선조직협회는 자선의 의미로 직접 돕는 것이 아니라 자선단체가 과학적으로 통합 조정하는 역할을 담당하였다. 구제신청자에 대한 과학적이고 면밀한 조사를 통해 구제의 중복과 누락을 피하고 효율적으로 구제 활동을 전개하기 위한 구제 등록의 실시, 여러 구제기관 간의 연락, 조정 등을 실시하였다(길귀숙 외, 2018).

자선조직협회의 슬로건은 '빈민에게 물고기를 주지 말고 물고기를 잡는 방법을 가르쳐 주자(Fraser, 1984; 박병현, 2010)'이다. 자선조직협회의 대상은 원칙적으로 빈민법의 적용을 받지 못하는 빈민들 중에서 자조와 근면의 가치에 근거하여 '구제받을 가치가 있는 빈민(the deserving poor)'과 '자격이 없는 빈민(the undeserving poor)'으로 구분하였다. 전자는 장애인 혹은 아동 등과 같이 어쩔 수 없이 가난하게 된 사람과 저임금노동자로 근검절약하며 자활의지가 있는 사람으로 지역사회의 목사, 집주인, 고용주 등과 같은 사람들의 증언이 필요하였다. 구제 가치가 없는 빈민은 노동능력이 있음에도 불구하고 나태하거나 품성이 좋지 않고, 음주벽이 있고 의존적인 사람이 해당되었다(감정기 외, 2002; 박광준, 2013).

이 시기에 자선조직협회의 직원들은 자원봉사자들로서 주로 중산층의 부인들로 구성된 '우애방문자(friendly visitor)'를 활용하여 빈민층 교화를 위한 활동을 하였으며, 빈곤가족을 방문하여 빈민조사 및 등록을 통한 조직 간 활동의 조정과 협력을 추구하였고, 가정생활지도, 아동교육, 가계경제에 대한 조언 등을 제공하였다.

자선조직협회의 활동은 전문사회사업의 출발이자 개별사회사업으로 발전하고 지역사회조직의 모태가 되었다는 점에서 긍정적인 평가를 받고 있음에도 불구하고, 빈곤을 개인의 탓이자 개인의 도덕적인 결함의 결과로만 간주함으로써 빈곤 발생의 사회적 기반을 경시하였음은 물론 대상자를 선정하기 위해 실시된 환경조사는 실제로 빈민의 낙인을 수반하였다. 이 뿐만 아니라 우애방문(friendly visiting)은 하류계층의 생활방법에 대한 중류계층의 문화적인 공격으로 빈민들의 반감을 불러일으켰다는 점에서 비판을 받았다(심상용 외, 2016).

(2) 인보관운동

인보관운동은 빈곤문제가 심각한 지역사회, 특히 사회적으로 고립된 취약한 지역사회의 문제를 해결하기 위해 지식인이 그 지역에 정착하여 함께 살면서 지역사회의 문제를 해결하고자 하는 운동이다(박광준, 2013). 인보관운동은 사회문제가 집중적으로 나타나고 있는 빈민지역에 함께 살면서 우애관계를 갖고 지역주민의 문제를 해결하고 생활을 개선하고자 하는 목표로 시작되었다.

이 운동은 1854년 기독교 사회주의자인 데니슨(Edward Denison) 목사가 주축이 되어 옥스퍼드 대학교와 케임브리지 대학교 학생들과 슬럼가의 노동자들을 결합시킴으로써 빈곤문제를 해결하려는 데에서 시작되었다. 이후 바네트(Samuel Barnett) 목사가 계승하고 더욱 발전시켜 도움을 필요로 하는 빈민들과 함께 생활하는 아이디어를 가장 효과적으로 증명하였다(양정하, 2013). 1884년 바네트 목사에 의해 런던에 세계 최초의 인보관인 토인비 홀(Toynbee Hall)이 설립되었다(원석조, 2005; 박병현, 2010).

인보관운동은 대학생과 지식인층을 주축으로 활동하였고, 이들은 지역사회의 문제를 해결하기 위해서는 문제를 갖고 있는 지역사회에 나가 빈민과 함께 거주하면서 주변 환경의 개선과 빈민의 도덕적 교화에 힘써야 한다는 믿음을 갖고 있는 사람들에 의해 주도되었다. 인보관운동 참여자들은 주택의 개선, 공중보건의 향상, 고용주들에 의한 빈민착취의 방지 및 해결 등 제반 사회문제에 대한 집합적인 해결을 강조하였다. 또한 직업기술훈련, 언어훈련, 교육 및 환경개선운동 등을 공동으로 전개함으로써 빈민들이 자립할 수 있는 여건 형성을 위한 집단적 노력을 실천하였으며 지역사회 거주자들의 자생력을 강화하기 위해 성인교육도 실시하였다(길귀숙 외, 2018).

인보관운동은 빈민의 자립여건 형성을 위한 집단적인 노력을 실천하였고, 이는 집단사회사업, 사회행동 및 지역사회조직활동의 시초라 할 수 있으며, 이러한 활동은 나중에 사회복지정책과 관련한 사회복지실천 활동에 영향을 주었다. 인보관에서 행해진 각종 집단 프로그램이 훗날 집단사회사업의 출발점이 되었고, 빈민들의 조직화활동이 지역사회조직의 발전에 기여하였다(감정기 외, 2002).

2) 전문사회복지실천의 성장·발전

영국의 경우는 1860년대에 알모너(almoner)를 도입했는데, 이것은 중세에 시혜를 분배하는 사람을 가리킨다. 1800년대의 자선조직협회의 스튜어드가 왕실시료병원에 초빙되어 환자를 돌보는 일에 종사한 이래 1960년대 전반까지 영국에서는 의료사회사업가의 호칭으로 사용되었다(백은령 외, 2006). 1870년대 이후 불어닥친 대규모 경제불황은 실업사태와 함께 영국정치사에 많은 변화를 불러왔고 그 변화의 중심에는 노동세력이 자리 잡고 있었다(심상용 외, 2016). 1880년대는 영국사회주의가 소생한 시기로 여러 사회주의 단체들이 결성되었다. 페비안 협회(Fabian Society)는 자유시장체제로서는 빈곤이나 불평등을 감소시킬 수 없다는 것을 인식하고 있었으며 구체적인 사회개혁을 연구하였다. 페비안 협회는 혁명적인 변화보다는 점진적인 변화를 선호했다. 페비안 협회의 정치적 신념은 사회주의였으나 그 수단은 점진주의적인 개량주의였다(박병현, 2010). 이러한 상황에서 경제불황 속 실업문제해결과 실업자 구제를 위해 빈민법의 전면개정을 앞세운 자유당은 새롭게 등장한 노동당과 협력하여 1906년 선거에서 보수당을 누르고 집권하면서 당시에는 혁명적이라고 할 수 있는 다양한 사회입법을 입안하였다.

영국에서 복지국가의 탄생은 가족수당법(Family Allowance Act), 국민보험법(National Insurance Act), 국민부조법(National Assistance Act) 등 사회보장제도를 구성하는 법들과 국민보건서비스법(National Health Service Act)이 전면적으로 시행된 1948년 7월 5일로 알려져 있다(박병현, 2010). 이 날부터 영국에서 모든 국민은 모든 사회적 위험으로부터 보호를 받으면서 최저생활 수준의 소득을 보장받게 되었고 궁핍으로부터 자유를 누리면서 포괄적인 의료서비스를 무료로 받게 되었다. 이러한 복지국가 탄생의 이면에는 베버리지보고서가 있다.

(1) 영허스밴드 보고서

영국에서 사회사업가로 일하기 위해서는 대학에서 사회사업 정규교육을 받고 정부인증기관에 등록하여 사회사업가 자격을 취득해야 한다. 영국 유자격 사회사업가의 주된 일터는 정부(지방정부) 사회서비스 부서이다. 영국 사회사업가의 주요 일터가 지방정부 사회서비스 부서가 된 것은 1947년과 1959년 영허스밴드 보고서(Younghusband Report)와 1968년 시봄보고서의 영향이 절대적이었다(원석조, 2018).

1947년 전후 영국 사회복지대학교육의 방향을 제시한 영허스밴드 보고서의 주요 권고사항은 다음과 같다.

① 훈련받은 유급 사회사업가가 더 많이 필요하다.

② 사회사업가의 전문성 강화를 위해 케이스워크와 그룹워크에 관한 연구를 강화해야 한다.

③ 사회사업 교육훈련의 국가적 기준을 제고시키기 위해 대학에 사회사업 전문과정을 설치해야 한다.

④ 미국 사회복지대학교육과 훈련과정을 모델로 삼아야 한다(Younghusband, 1947; 원석조, 2018 재인용).

(2) 시봄 보고서

지방정부 보건복지과의 업무와 사회사업가의 역할에 대한 아일린 영허스밴드(Eileen Younghusband)의 강한 비판에 답하기 위해 정부는 1968년 시봄 보고서(the Seebohm Report)를 내놓았다. 시봄 보고서는 1970년 지방정부 퍼스널사회서비스법(the Local Authority Personal Social Services Act)으로 구체화되었다. 이로써 다양한 사회복지서비스들이 지방정부 사회서비스과로 통합되었으며, 사회서비스과는 영국 사회사업조직들의 중심이자 대졸 사회사업가의 주요 직장으로 자리 잡았다. 사회사업가의 지위도 확고해졌다(원석조, 2018).

(3) 바클레이 보고서

1982년에는 사회사업가의 역할과 직무에 관한 분석과 대안을 담은 바클레이 보고서(the Barclay Committee Report)가 발표되었다. 바클레이 보고서는 사회사업가가 제한된 자원을 가지고 너무 많은 것을 해결해야 하는 직종이 되었음을 지적하고, 사회사업가에게 다음과 같이 권고했다(Glasby, 2005; 원석조, 2018 재인용).

① 사회사업가는 클라이언트 관점에서 문제에 접근해야 한다.
② 사회사업가는 클라이언트의 권리를 중시해야 한다.
③ 사회사업가는 지역사회 네트워크를 발전시켜야 한다.
④ 사회사업가는 사회적 케어 플랜을 강화해야 한다.
⑤ 사회사업가는 다른 기관들과의 협조와 민간단체의 역할을 강화해야 한다.
⑥ 사회사업가는 중개자(broker)와 협상가(negotiator)로 행동해야 하고, 한정된 자원의 배분자(rationers)와 문지기(gatekeepers) 역할을 해야 한다.

3) 사회사업가 자격요건 강화와 사회사업대학교육

1971년 사회사업가의 자격요건을 강화하기 위해 사회사업가 교육훈련단체들이 사회사업교육훈련중앙위원회(the Central Council for Education and Training in Social Work, CCETSW)를 신설했다. 영국사회사업가협회(the British Association of Social Workers, BASW)는 1970년이 되어서야 설립되었다.

1980년대 영국의 대처 보수당 정부는 신자유주의 경제학자 하이에크(Hayek)를 신봉했다. 대처수상은 하이에크의 경쟁을 강조하는 자유시장경제체제이론을 바탕으로 사회복지를 공격했다. 대처수상은 신빈민법이 번창했던 빅토리아 시대로 되돌아가기를 원했다. 그래서 대처수상은 베버리지보고서를 바탕으로 진행된 복지국가로의 길에 대한 합의를 파기했다(박병현, 2010). 이런 점에서 보면 영국의 1980년대는 복지의 암흑기였다고 볼 수 있다.

이 시기에는 새로운 관점이 등장하고 개입전략도 확장되는 시기로서 개인의 책임성을 강조하는 보수적 관점이 뚜렷이 나타나는 경향이 있다. 절대적인 진리나 절대적인 이론체계를 밝히려는 연구는 한계에 부딪치게 되므로 다중 관점의 필요성이 새롭게 대두되는 시기이다. 다양한 이론적 관점들을 수용하면서 이를 사회복지실천에 적용하였으며, 복합가족집단, 폭력, 아동, 청소년, 보건단체 등 다양한 영역으로 확대되었다.

개별사회사업실천은 개인이나 가족과 치료적 대화를 나누는 이야기 치료법 등 독특한 실천개입 방법이 개발되었고, 단기문제해결 중심의 개입 기법이 개발되었다.

집단사회사업실천은 집단구성원들로 하여금 자신의 고유한 능력과 힘을 개발하여 개인적 문제뿐만 아니라 주변문제 처리도 돕는 권한을 강조함으로써 '권한부여(empowerment)'가 가장 중요한 요소로 등장하고 있다.

이와 같이 발전한 사회복지실천 중 개인, 가족, 집단은 미시 또는 임상으로 분류되고 지역사회조직은 행정, 정책과 함께 거시로 편입되었고 전문화에 대한 강조가 약화되면서 일반적 실천(generalist practice)이 등장하였다.

1997년 등장한 블레어 정부는 '제3의 길'이라는 기치를 내세우고 1998년 영국을 위한 새로운 야망: 복지를 위한 새로운 계약(New Ambitions for Our Country: A New Contract for Welfare)에서 국가와 시민 사이에 새로운 '복지계약'을 제시했다(박병현, 2010).

영국 사회사업가에 대한 정부 차원의 법적 규제는 2001년 GSCC(the General Social Care Council)의 설립과 함께 시작되었다. GSCC는 영국 최초의 사회사업가 감독기관으로 사회사업과 사회적 케어 종사자를 인증하고 이들의 직무를 모니터하며, 사회사업가의 교육과 등록을 담당하였다(원석조, 2018). 정부가 GSCC를 신설한 것은 사회사업가 수준을 향상시키고, 사회사업가에 대한 정부의 관리감독을 강화하며, 사회사업가에 대한 대중의 신뢰를 높이는 데 목적이 있었다.

2012년 3월 보건사회케어법안(the Health and Social Care Bill)이 의회를 통과하고, 이에 따라 8월 사회사업가에 대한 관리감독이 GSCC에서 신설된 보건케어전문직위원회(the Health and Care Professions Council, HCPC)로 이관되었다. GSCC가 해체되고 GSCC의 대학교육과정에 대한 인증권한은 HCPC로 이양되었다(원석조, 2018). HCPC는 사회사업가뿐만 아니라 의사와 간호사, 약사를 제외한 거의 모든 보건복지 분야 전문직의 등록 관리감독 책임부서이다. HCPC가 인증한 교육 프로그램은 2015년 총 987개였는데, 그중 221개가 사회사업교육 프로그램이었다(HCPC, 2016; 원석조, 2018 재인용). 사회사업가에 관한 HCPC의 주요 업무는 사회사업교육기관(대학 등)의 인증 및 사회사업가 등록 인증이다.

영국 최초의 사회사업교육은 버밍엄대학(the University of Birmingham)에서 시작되었다. 버밍엄대학은 1920년에 2년제 사회연구 디플로마 과정을 개설했다. 2차 세계대전 중 버밍엄대학 사회사업 훈련과정은 노동부 공장복지종사자들을 교육시키는 데 주력했다. 전후에는 신생 복지국가에 필요한 인력을 배양하는 데 주력했다. 사회사업가 자격요건으로 정부는 사회사업 디플로마(Dip-SW)를 요구했다. 사회사업 전공 학생은 두 개의 트랙, 즉 1년제 디플로마 과정 이수자와 2년제 사회사업 석사학위 과정 졸업자로 정착되었다. 2005년부터 사회사업 학위가 있어야 사회사업가 타이틀을 달 수 있게 되었다. 오늘날 영국 사회복지대학교육은 사회서비스 분야에서 일할 일반사회사업가(generic social worker)를 양성하는 데 있다.

영국사회사업가협회(the British Association of Social Workers, BASW)는 등록 사회사업가와 유자격 케어 매니저를 회원으로 하는 전문가단체이다. BASW는 1970년에 결성되었다. 1968년 시봄 보고서(Seebohm Report), 1969년 아동청소년법, 1970년 지방정부사회서비스법으로 사회사업가가 사회복지서비스의 주력 책임인력으로 인정받고, 직업적 지위가 크게 향상되자 기존 7개 사회사업가 단체들[1]이 연대해 하나의 조직을 만든 것이다(원석조, 2018).

2. 미국 사회복지실천의 역사

1620년 영국 제임스 1세의 종교 박해 등을 피해 메이플라워호(Mayflower)를 타고 아메리카 신대륙에 정착한 영국인들은 빈민구제를 위해서 신대륙에 적합한 새로운 법령을 제정하기보다 영국 본토의 빈민법을 그대로 답습·모방하는 수준에 머물러 있었다(심상용 외, 2016). 특히 영국 청교도주의의 금욕적 프로테스탄티즘의 직업 관념에 입각한 개척정신이 강조됨에 따라 빈곤의 개인책임 의식을 중시한 반면, 공적 복지제도 도입에 부정적인 견해가 지배적이었다.

1) 아동케어공무원협회(the Association of Child Care Officers), 가족사회사업가협회(the Association of Family Care Workers), 정신보건사회사업가협회(the Association of Psychiatric Social Workers), 사회사업가협회(the Association of Social Workers), 병원사회사업가협회(the Institute of Medical Social Workers), 도덕사회사업가협회(the Moral Welfare workers' Association, 1938년에 조직된 초창기 사회사업가단체), 정신복지공무원협회(the Society of Mental Welfare Officers)가 통합된 것이다.

미국 사회복지실천의 역사를 사회복지실천의 태동, 사회복지실천의 전문직화, 전문직 분화기, 사회복지실천의 통합기, 사회복지실천의 다양화와 확장기 등으로 나누어 살펴보고자 한다.

1) 사회복지실천의 태동

미국의 특징은 국가개입의 빈민구제는 소극적이었던 반면, 민간차원의 박애사업이 그 어느 나라보다 활발하다는 점에 있다(심상용 외, 2016).

(1) 자선조직협회

19세기 들어 유럽에서는 사회주의자를 중심으로 빈곤의 원인이 개인에 있는 것이 아니라 사회경제적 구조에 있다고 주장하는 사람들이 나오기 시작했다. 하지만, 대다수 미국인들은 빈곤이 개인의 책임이란 것을 굳게 믿고 있었다(원석조, 2018). 영국의 스펜서가 제창한 사회적 다윈주의(Social Darwinism)는 1870년부터 1890년까지 미국인의 생각과 철학에 절대적인 영향을 미쳤다. 사회적 다윈주의에 공감한 미국인들은 영국 COS를 모델로 삼아 자선조직협회를 창설했다. 미국 최초의 자선조직협회는 1877년 거틴(Humphreys Gurteen) 목사가 만든 뉴욕 버팔로 자선조직협회였다. 하지만 미국 자선조직협회의 중심적인 역할을 한 것은 1882년에 설립된 뉴욕 COS였다(원석조, 2018). 1877년 버팔로에서 시작된 COS는 1881년 20개, 1894년 92개로 증가했다. 초기에 주로 미국 동북부 도시지역에 집중되었던 COS는 1893년 전국 백여 개 도시로 확산되었다. 1904년에는 전국에 모두 150개의 COS가 활동하고 있었다.

1880년대는 미국이 산업화에 따른 독점자본주의로 이행한 기간으로 도시 빈민가는 비위생적이고, 부도덕하며, 범죄와 무질서가 만연하였다. 이에 민간차원에서 1851년 농촌에서 도시로 이주한 청년들을 무신론, 무절제, 부도덕으로부터 보호하는 데 목적을 둔 YMCA가 창설되었다(원석조, 2012). 또한 영국의 COS를 본떠서 1843년 빈곤조건개선협회(the Association for Improving the Condition of the Poor, AICP)를 창설하였다(심상용, 2016).

1898년 뉴욕자선조직협회에 의해 미국 최초의 사회복지 전문인력 양성과정이 현재의 컬럼비아대학교의 전신인 뉴욕자선학교에서 실시되었고, 이것이 1910년에 2년의 정규교육 프로그램으로 채택됨으로써 사회복지실천교육 체계화의 기틀을 마련하였다. 이것이 사회복지실천에 대한 최초의 정규교육과정이며, 현재 2년제 전문대학교 형태의 교육제도의 전신이라고 할 수 있다(양옥경 외, 2005).

미국 자선조직협회도 영국 COS와 같이 과학적 자선, 즉 단순한 구호활동을 넘은 합리적이고 효율적인 자선을 지향했다. 중복구빈을 방지하기 위해 한 지역 안의 모든 자선단체들을 조직했으며, 요구호자를 한 군데로 등록시키고, 경찰서와 교정원을 포함한 모든 공공기관들과 협력관계(네트워크)를 구축했다. 경찰의 협조는 걸인, 부랑자, 불량한 남편을 다룰 때, 교정원과의 협조는 부랑자 처리에 필요했다(원석조, 2018).

COS에 소속되어 있던 우애방문단은 1900년대부터 점차 보수를 받는 정식 직원으로 변하기 시작하였고, 이들이 점차 전문화되면서 나중에 사회복지사(social worker)로 불리기 시작하였다. 우애방문단에 의해 시작된 가정방문, 면담, 기록, 사례연구 등의 활동들은 개별사회사업실천기술의 기초가 되었고, 사회복지조사 및 지역사회실천 활동의 뿌리가 되었다.

(2) 인보관운동

미국 인보관은 COS에 대해 비판적인 인사들이 주도했다. 인보관운동가들은 구제나 구조보다는 사회개혁을 강조했고, 자신을 자선사업가가 아니라 사회개혁가로 여겼다. 이들은 물질적 구호보다는 가난의 원천을 제거하고, 도시생활과 노동조건을 개선하는 데 관심이 컸으며, 이를 위해서는 계급과 인종 간의 격차를 좁히는 것이 중요하다고 보았다(원석조, 2018). 1886년 코이트(S. Coit) 박사와 스토버(Charles B. Stover)에 의해 미국 뉴욕의 동부지역에 미국 최초의 근린조합(Neighborhood Guild)이 설립되었다. 1889년에는 아담스(J. Adams)와 스타(E. G. Starr)가 영국의 토인비 홀을 모델로 하여 시카고의 빈민가에 헐 하우스(Hull House)를 설립하여 주민 상호 간에 서로 배우고 가르치고 돕는 인보관 운동이 본격화되었다.

인보관의 주요 사업은 주거조건의 개량, 직업훈련의 제공, 일자리 주선, 노동운동 지원, 아동노동 반대, 부정부패 추방 등 사회개혁에 초점을 둔 것들이었다. 인보관 활동가의 3/4이 고학력 여성이었고, 재정은 주로 부유한 개인이나 클럽의 기부금으로 충당되었다(원석조, 2018). 인보관은 사회개혁 활동의 범위가 확대되면서 각종 협회, 클럽, 정치운동, 예컨대, 사회당 등의 활동거점이 되기도 했다. 그러나 인보관 활동가들의 개혁의지가 그렇게 강한 것은 아니었다. 인보관은 가난한 이웃의 일상적인 삶을 개선하기 위해 노력했지만, 사회를 변화시키기 위해 노력한 것은 아니었다. 세계가 아니라 세계의 극히 작은 한 부분만을 변화시키고자 했던 것이다(Day, 2000; 원석조, 2018 재인용).

인보관은 1910년경 미국 전역(주로 동부와 중서부 도시들)에 4백여 개가 활동할 정도로 발전했으나 1차 세계대전을 거치면서 쇠퇴하기 시작했다. 많은 인보관 활동가들이 미국의 참전에 찬성했으나, 제인 애덤스, 그레이스 애보트, 릴리언 왈드 등 평화주의적인 주요 지도자들은 전쟁에 반대했다. 활동가들의 이런 입장차는 인보관에 대한 시민들의 지지를 약화시키는 원인이 되었다. 자연히 시민들로부터 재정적 지원을 받기가 점점 더 어려웠다. 종전 후 사회가 보수화·우경화되면서 개혁지향적인 인보관의 입지는 더욱 줄어들었다. 그렇다고 해서 인보관이 완전히 소멸한 것은 아니었다. 1920년대 들어 인보관은 교육 및 레크리에이션 프로그램과 그룹워크를 중시하고, 도시민을 변화시키는 게 아니라 도시민에게 봉사하는 조직으로 변신했다(Trattner, 1999; 원석조, 2018 재인용).

미국의 인보관운동은 영국의 영향을 많이 받았으나 영국과는 다른 점이 있었다. 즉, 미국의 인보관운동은 주로 미국생활에 잘 적응하지 못하는 유럽에서 이민 온 사람들이 주 대상이었으며, 주요 관심도 문화와 교육에 있었다. 엘리트 남성들이 주축인 영국의 인보관운동가들이 사회보장을 위한 사회개혁과정에 적극적으로 참여하여 복지국가의 발전에 기여한 것과는 달리, 여성들이 주축이었던 미국의 인보관운동가들은 사회보장은 주요 관심사가 아니었고 질병이나 노령으로 인한 소득상실대책, 사회보험프로그램, 사회복지행정 등과 같은 여성과 아동의 노동문제에 더 많은 관심을 가졌다(박병현, 2005; 심상용 외, 2016).

2) 사회복지실천의 전문직화(1900~1920년대 전후)

20세기 초 미국은 경제적, 정치적, 사회적으로 큰 변화와 성장을 하였다. 1900년대 초부터 미국 경제는 눈부실 정도로 성장하였고 1920년대는 정점에 달했다. 그러나 미국 내 빈부격차는 더욱 심해지고 재벌기업들이 부를 독점하는 현상이 두드러지면서 미국을 지배해 오던 자유방임주의에 대한 비판이 일기 시작하였다(심상용 외, 2016).

미국에서 사회복지가 자선활동에서 전문직으로 발전하려는 시기에 사회복지 전문성에 관한 논쟁이 시작되었는데 이 논쟁을 촉발한 사람은 플렉스너(A. Flexner)이다. 그는 1915년 미국에서 열린 전미 자선 및 교정 컨퍼런스(National Conference of Charities and Corrections)에서 '사회사업이 전문직인가(Is social work a profession?)'라는 논문 발표를 통해 사회사업은 전문직이 아니라 클라이언트를 다른 기관에 의뢰하는 중개인에 지나지 않는다고 주장했다. 그는 사회사업가가 전문직이 되고자 한다면 체계적인 지식을 갖추고, 과학적 지식에 기초한 특별한 교육을 받아야 한다고 주장했다.

플렉스너의 비판에 대응하여 사회복지 분야는 전문직으로 자리매김하기 위해 실천 대상 영역을 좁혀 정신의학 중심의 개별 사회복지실천을 강조했다. 또한 사회복지사들은 자신의 역할을 '치료자'로 바꾸어서 위상을 높이려고 했다. 이 때문에 사회개혁운동이나 공공복지 등을 등한시하는 한계가 드러났다.

1919년 당시 미국 내에 17개의 사회복지대학이 생겨났으며 현장 유급직원들에 대한 현장교육 중심의 교육이 이루어졌다. 전문적 이론의 확립에 있어서는 개별사회사업의 어머니라 불리는 리치몬드가 1917년 『사회 진단(*Social Diagnosis*)』을 통해 사회복지실천에 관한 이론과 방법을 최초로 체계화하였고, 『개별사회사업이란 무엇인가?(*What Is Social Case Work?*)』라는 저서를 통해 개별사회사업의 이론화를 명확히 하여 사회사업실천의 전문화에 커다란 공헌을 하였다.

1921년에는 전국적인 전문직 조직인 미국사회사업가협회(American Association of Social Workers, AASW)가 결성되기에 이르렀다. 이 시기는 전문적 사회복지실천 이론이 전문적 특수영역으로의 확대라는 차원에서 전문직으로서 성장해 가는 시기였다고 할 수 있다(나동석 외, 2014).

3) 전문직 분화기(1920년 전후~1950년 전후)

(1) 3대 방법론으로의 분화

제1차 세계대전이 종료되고 1920년대 미국은 눈부신 경제호황을 누리고 있었다. 그러나 1929년 10월 뉴욕증권시장의 붕괴(Black Tuesday)로 촉발된 경제공황은 미국 전역을 심각한 경제불황에 빠뜨렸다. 대공황의 여파로 미국은 1929년부터 1933년까지 4년 동안 제조업 생산량이 반으로 줄었고 농산물 가격이 40%로 떨어졌으며, 수출도 1/3로 줄고 국민소득은 874억 달러에서 417억 달러로, 실업자 수가 150만 명에서 1,200만 명으로 늘어났다(원석조, 2012; 임완섭 외, 2015).

1920년대에 접어들어 지역사회 공동시설과 지역사회센터 건설 등으로 주민들의 자발적인 여가 활동과 집단활동이 활성화되기 시작하면서 전문적, 이론적으로 체계화된 집단지도기술이 요구됨에 따라 집단사회사업(group work) 전문 교육이 시작되었다. 집단사회사업이 개별사회사업, 지역사회조직사업과 함께 사회복지실천 방법으로 인식되기 시작한 것은 1930년대 전후이다. 1920년대부터 주 단위로 공공 복지기관이 설치되면서 지역사회복지실천으로 전환하는 계기를 마련하였다. 1929년 대공황 이후 1935년 미국 사회보장법(Social Security Act)이 제정되어 공적 사회복지기관이 더욱 발달하게 되면서 사회복지사는 뉴딜(New Deal)정책의 추진과 공적 기관에서의 사회복지계획 등의 지역사회조직사업(community organization)에 개입하게 되었다. 루스벨트의 뉴딜정책은 불황과 실업, 경제의 마비상태로부터 미국의 새로운 부흥을 이끌어 내고자 의도한 것으로 흔히 경제회복(Recovery), 구제(Relief), 개혁(Reform)을 골자로 하고 있어 '3R정책'이라고도 불린다.

집단사회사업이 사회복지실천에 도입된 것은 1930년대이며, 1935년 미국 사회복지사 전국대회에 집단사회사업 부분이 등장하였고, 1936년 집단사회사업 연구회가 결성되었으며 1946년 미국 집단사회사업협회로 발전하였다.

제2차 세계대전 이후 정신분석이 집단치료방법을 활용, 군대나 사회복지관에 집단지도사가 고용됨으로써 집단지도사업이 발전하였다(이은희 · 김남숙, 2014). 정신병원과 아동상담소 등에서 같은 대상층에 대해, 유사한 문제를 경험하고 있는 사람들을 돕기 위한 방법으로 활발히 도입되기 시작하여 1960년대에 이르러서는 가족에 대한 개입에도 집단사회사업이 활용되기 시작하였다.

그리고 1939년에는 미국 지역사회조직 역사의 이정표가 되며, 래인보고서(The Lane Report, 1939)라고 불리기도 하는 "The Field of Community Organization for Social Welfare"가 맥밀란(W. Mcmillen)에 의해 발간되어 지역사회조직의 이론화에 크게 공헌하였으며, 이듬해인 1946년에는 지역사회조직에 관한 연구협회가 결성되었다. 이 뿐만 아니라 1952년에는 UN 사회국에 '지역사회조직 및 개발과'가 설치되는 등 이 시기를 지역사회조직의 발전기로 규정할 수 있다(고수현 · 김익균, 2003).

(2) 진단주의와 기능주의의 갈등

1930년대 프로이트의 정신분석이론을 중심으로 사회복지실천을 행하는 진단주의 학파와 랭크의 이론을 중심으로 사회복지실천을 행하는 기능주의 학파 사이에 논쟁이 일어나며 이는 1950년대까지 이어진다(이은희 · 김남숙, 2014).

① 진단주의

1920년대 개별사회사업은 리치몬드의 '사회 진단'의 흐름을 이어받으면서 정신분석지향적 접근의 프로이트학파의 개념과 방법을 기초로 하였다. 이들은 클라이언트의 문제를 개인 내적 정신과정의 산물로 보고 무의식, 전이, 저항과 같은 개념들을 기초로 접근하였다. 기계론적, 결정론적 관점과 실천으로 하는 전통적인 접근법이다.

이 시기에 등장한 진단주의는 정신의학 분야의 실천자와 가족복지관이나 아동상담소 등에도 널리 확대되어 이후 이 이론은 해밀턴(G. Hamilton)에 의해 이론화가 진행되었고 이어 홀리스(F. Hollis)에 의해 심리사회적 모델로 체계화되어 현대 사회복지실천모델의 하나로 발전되었다.

② 기능주의

1930년대 제2차 세계대전과 대공황으로 대량실업이 발생하여 빈곤문제가 제기되면서 전통적인 프로이트학파를 중심으로 한 진단주의에 불만을 가지고 기능주의가 등장하게 되었다. 신프로이트학파인 랑크(Rank)가 진단주의에 대한 비판을 가하면서 인지심리학에 기초를 둔 기능주의를 수립하게 되었다.

기능주의학파는 인간에 대한 낙관적인 견해를 채택하였다. 기능주의학파의 초점은 사회복지사와 클라이언트 간의 관계에 있었다. 또한 상호 간의 관계는 성장과 촉진을 하며 무엇보다도 클라이언트 내부의 힘을 중요시하였다. 치료라는 말 대신 원조과정이라는 용어를 사용했다.

기능주의의 핵심은 원조과정이 전개되는 기관의 기능과 중요한 관계를 갖고 있었다. 진단주의학파의 주장과 달리, 기능주의자들은 사회사업기관이 사회복지사의 실천을 위한 초점, 방향, 내용을 공급해야 한다고 생각하였다.

기능주의 논쟁은 사회복지관점이 의학모델에서 생활모델로 전환되는 실마리를 제공했다는 점에서 역사적 의의가 매우 크며, 기능주의의 대표자로는 로빈슨(V. Robinson)과 타프트(J. Taft)가 있다(나동석 · 서혜석, 2008).

③ 진단주의와 기능주의의 갈등

1930년대 프로이트의 정신분석이론을 중심으로 사회복지실천을 행하는 진단주의학파와 랑크(Rank)의 이론을 중심으로 사회복지실천을 행하는 기능주의학파 사이에 전통적 정신분석이론에 대한 비판이 제기되면서 1950년대까지 논쟁이 계속되었다.

진단주의는 병리를 강조하며, 기능주의는 환경의 요구에 부응하지 못하는 개인의 역기능적 능력에 강조를 두었다. 개인의 내부에 잠재해 있는 건전한 성장을 위한 의지를 강조하는 기능주의는 프로이트의 개인 내적 진단 경향에서 다소 벗어나 '환경 속의 개인'을 이해하는 방향으로 변화되었다.

〈표 2-1〉 진단주의와 기능주의의 비교

구분	진단주의	기능주의
배경	1920년대, 프로이트의 영향	1930년대, 랑크의 영향
주요 이론	정신분석이론(의학모델)	성장이론(생활모델)
인간에 대한 관점	병리적, 소극적, 수동적, 질병적, 결정론적, 기계론적 관점	성장잠재력을 가진 인간관, 창의적, 의지적, 낙관적인 관점
개입 초점	자아의 강화 환경에 대한 적응력 강화	스스로 자아를 전개하도록 원조 시간과 장소와 원조과정의 구조화
치료 주체	사회복지사	클라이언트
주요 용어	질병, 치료	성장, 원조
특징	과거의 기능과 경험 중시	'지금-여기' 즉 현재에 초점을 둠
발전이론	홀리스의 심리사회모델	펄먼의 문제해결모델 로저스의 클라이언트중심모델

(3) 문제해결 접근

진단주의와 기능주의 간의 논쟁은 약 25년 이상이나 지속되었다. 이러한 상황에서 두 학파 간의 해결에 공헌한 문제해결 접근을 시도한 사람이 헬렌 펄먼(Helen Perlman)이다. 펄먼의 진단주의와 기능주의를 혼합한 문제해결모델, 스몰리(R. Smalley)의 현대 기능주의 모델, 로저스(C. Rogers)의 클라이언트중심 모델, 집단사회사업을 포함한 상호작용모델, 그리고 체계이론을 사용한 현대적 모델로 연결되었다.

한편, 1950년대의 혼란이 어느 정도 제거되고 안정이 되었을 때, 기능주의는 사라져버렸다. 하지만 성장과 변화를 위한 자극제로서 과정의 개념과 치료적 관계를 포함하는 기능주의의 많은 이론과 태도, 기술들은 사회사업실천을 발전시키는 데 남아 있게 되었다.

4) 사회복지실천의 통합기(1950년 전후~1970년 전후)

사회복지실천의 큰 흐름은 1940년대 제2차 세계대전을 거치고 1950년대에 들어서면서 매우 다원화된 이론적 패러다임으로 발전하게 된다. 즉, 심리사회적인 접근법을 비롯하여 문제해결 모델, 행동수정 모델, 가족치료 등이 그것이다.

1962년 미국사회복지사협회 내부의 분회제도를 폐지하고 통합적인 방법을 지향하는 '사회복지실천'이라는 용어가 등장하여 일반화되기 시작했다(나동석 외, 2014).

1960년대 들어서는 마틴 루터 킹 목사로 대표되는 인권운동이 확산되면서 인종차별과 편견에 대한 관심이 고조되었다. 인권을 중시하는 시대적 상황에서 1963년 케네디 대통령은 지역사회정신보건센터법(the Community Mental Health Centers Act)을 제정했다. 1963년 케네디 대통령은 전 국민의 1/5을 차지하는 빈곤층에 대한 대책을 세우도록 지시하였고, 그 대책 가운데 하나가 사회보장법 제정 당시 도입되었던 18세 이하의 요보호 아동이 있는 편모가정에 대한 부양아동부조(Aid to Dependent Children, ADC)를 1962년 '부양아동가족부조(Aid to Families with Dependent Children, AFDC)로 개혁한 것이다. 그는 AFDC를 통해 지원대상을 기존의 편모뿐만 아니라 편부가정까지 확대하고, 양부모가 있는 가정도 주 소득원이 실업상태에 있는 경우에는 지원을 받을 수 있도록 하였다(임완섭 외, 2015; 심상용 외, 2016). 1964년 존슨 정부는 빈곤과의 전쟁(the War on Poverty)을 선포하고, 경제기회법(the Economic Opportunity Act)과 시민권법(the Civil Rights Act)을 제정하였다. 이 법에 따라 위대한 사회 프로그램(the Great Society Programs)이 실시되었다. 존슨 대통령은 빈곤을 개인이 아닌 국가의 문제로 규정하고 이 문제를 해결하기 위해서 연방정부 차원의 적극적인 해결의 중요성을 인식하고 이를 강화하는 정책을 펼쳤다. 그중에서도 교육, 소득보장, 일자리창출과 같은 정책이 빈곤과의 전쟁에 사용된 핵심무기였다고 볼 수 있다(심상용 외, 2016).

사회복지의 통합화는 1960년대 이후로부터 사회복지에 대한 하나의 전문직으로의 통합을 요구받았었는데, 우선적으로 '사회사업 실천이론의 통합'을 시도했었다. 이론의 공통기반과 준거틀의 명확화를 추구했으며, 공통적인 가치, 지식, 개입 방법을 분명히 하고 사회복지 고유의 초점과 시점을 명확히 하면서 사회복지실천의 전체적 틀 속에서 통합화를 시도했다(백은령 외, 2006).

5) 사회복지실천의 다양화와 확장기(1970년대~현재)

1970년부터는 사회복지실천 모델에 대한 탐구가 일어나면서 많은 실천모델들이 출현하기 시작하였다. 증가하는 AFDC 수혜자를 줄이기 위하여 1976년에 사회보장법이 개정되었는데, 개정법에는 당근과 채찍이라는 두 가지 방법이 포함되었다. 즉, 근로유인프로그램[Work Incentive Program, WIP, 이후 WIN(Work Incentive Now)으로 변경]을 수립하였다. 이 프로그램은 AFDC를 제공받고 있는 수혜자, 즉 주로 남편이 없는 엄마들에게 일할 것을 요구하는 것으로 수혜자들이 정당한 사유 없이 고용을 수락하지 않거나 훈련프로그램에 참여하지 않으면 AFDC자격을 박탈하는 것이다(심상용, 2016).

1970년대 이후 미국 존슨의 사회복지정책에 대한 보수주의자들의 공격으로 인해 공공부문의 직업과 훈련수당을 삭감하는 어려움을 겪으면서 발전하게 된 것이 임상사회사업이다. 기존의 미국사회복지사협회(NASW)가 사회 변화에 관심을 지나치게 가지고 있다고 생각하던 직접적인 실천의 지지자들은 1971년에 임상사회사업연맹을 구성하였다. 이 시기에 개업 사회복지사(private practice)의 출현도 이와 같은 클라이언트의 심리사회적 문제에 대한 사회복지사의 전문적 직접서비스에 대한 관심의 반영이라고 할 수 있다.

임상사회사업가의 역할에 대한 요구는 건강보호시스템, 보건교육, 가족계획 상담을 위한 입·퇴원 서비스영역, 산업체의 서비스 욕구, 아동학대, 교정, 그리고 가정 폭력 분야 등에서 점차 증가되고 있다.

이러한 경향들로 인해 사회복지에서의 전통적 방법론들, 즉 개별사회사업, 집단사회사업, 지역사회조직의 각각 분리된 영역을 추구하는 이론의 개발은 더 이상 이루어지지 않았다. 대신 통합화된 사회복지 전문영역을 추구하는 이론들이 개발되었고 이는 문제와 욕구 중심의 접근을 가능하게 했다. 이러한 전환은 일반주의 사회복지실천이라는 통합화된 접근법의 출현을 가져왔다. 이는 클라이언트가 가진 복잡하고 다원화된 문제 및 상황에 효과적으로 대처하기 위해서는 여러 방법 혹은 접근법들을 병행해서 사용해야 할 필요성에 의한 것이었다. 그러나 이러한 통합화가 기존의 방법들이 완전히 없어진 것을 의미하는 것은 아니다. 이론적인 패러다임이 바뀌더라도 원조의 대상으로서 개인과 집단과 지역사회는 변할 수 없는 부분이기 때문이다(이은희·김남숙, 2014).

1980년대 이후에는 신자유주의의 영향을 받아 보수적인 분위기가 확산되었고, 그에 따라 사회복지 예산과 프로그램이 대폭 축소되었다. 사회사업도 다시 사회문제보다는 개인문제에 초점을 두게 되었고, 공공복지 대신 민간복지와 영리적 사회복지 프로그램에 대한 관심이 커졌다(원석조, 2018).

1980년대에는 미국사회복지사협회를 중심으로 공통적인 지식기반, 실천방법, 실천현장, 가치와 기술 등에 대한 합의를 도출하려는 노력을 통해 통합방법론과 일반사회 사업실천이 등장하였다. 일반체계이론, 생태체계이론 등이 통합화의 유용한 이론으로 등장하였고, 전통적인 방법론으로부터 생태체계론적 관점에 입각한 새로운 방향으로 전환되었다(이은희·김남숙, 2014). 최근에는 다중 관점 및 다중 개입전략이 각광을 받고 있다(백은령 외, 2006).

3. 우리나라 사회복지실천의 역사

우리나라 사회복지실천의 역사를 어디서부터 살펴보는가는 여러 논란이 있을 수 있다. 우리나라 사회복지실천의 개념과 기술 등의 대부분은 미국으로부터 유입되었다고 볼 수 있다(엄명용 외, 2017). 우리나라 사회복지실천의 역사를 초기 사회사업의 발달, 사회복지실천의 도입기, 사회복지실천의 확대기와 전문화 등으로 나누어 살펴보고자 한다.

1) 초기 사회사업의 발달

근대 사회복지사업이 우리나라에서 시작된 것은 조선 말엽인 1888년에 프랑스의 천주교에 의해 고아원이 설립된 것이 최초이며, 갑오경장 후 인천의 교회부속고아원 설립, 1907년 평양 맹아학교가 개교되었다.

한국 개별사회사업실천의 기원은 일제 강점기 방면위원제도에서 그 뿌리를 찾을 수 있다. 방면위원제도는 1927년 일제에 의해 인보관사업과 사회사업서비스를 원활히 한다는 명목으로 도입되었는데, 주로 빈민의 생활상태를 조사하고 빈곤의 원인을 판명하여 적절한 지도교화 및 구제방법을 강구하는 데 있었다.

우리나라 최초의 지역사회복지관은 1921년 설립된 태화여자관(현, 태화기독교종합사회복지관)이다. 태화기독교종합사회복지관은 저소득층 주민과 여성의 권익 옹호에 힘썼으며, 설립 초부터 여성을 대상으로 사회복지서비스를 제공하였고, 1925년부터는 여자맹인학교를 설립하여 안마법, 한글, 일본어 등을 가르쳤다(나동석 외, 2014).

미군정시대의 사회복지시책은 기아의 방지, 최저생계 유지, 보건 및 의료보호, 응급 주택 보급 등에 중점을 두고 있었으나 적극적이고 계획적인 사업 추진이나 장기 계획은 거의 이루어지지 않았다.

1947년에 이화여자대학교 기독교사회사업학과가 설립되었고, 1948년 이화여대에서 사회사업 인력을 배출하였다.

2) 사회복지실천의 도입기: 한국전쟁 전후의 사회복지실천 발달

한국에 미국식 사회복지실천 방법이 본격적으로 도입되기 시작한 것은 1950년대 초라고 볼 수 있다. 한국전쟁으로 인한 사회적 혼란과 삶의 황폐 현상에 개입하고자 많은 외국민간원조단체(이하 외원단체)가 우리나라에 들어오기 시작한 것이다(엄명용 외, 2017). 한국전쟁 직후에 많은 외국 민간 외원단체가 들어온 것을 계기로 기독교아동복지회(Christian Children Fund, CCF), 홀트아동복지회(Holt Adoption Program, HAP), 선명회(World Vision of Korea) 등과 같은 외원 사회사업기관과 한국외원단체협의회(Korea Association of Voluntary Agencies, KAVA)를 중심으로 하여 기관을 통한 개별사회사업실천이 행해졌다. KAVA는 서비스 제공자 간의 협력, 조정, 정보교환과 공동사업 계획 등을 통한 사업의 원활한 추진을 위해 1952년 3월, 7개의 외원단체가 피난지 임시 수도였던 부산에서 결성되어 1954년 4월에는 총회를 통해 KAVA의 정관이 채택되었다. 이 당시 등록된 외원단체 수는 33개였는데, 1960년대에는 최고 123개까지 증가하였다가 1970년대 중반 이후 감소하는 추세를 보였다(카바 40년사 편찬위원회, 1995; 엄명용 외, 2017). KAVA는 전쟁 기간과 전후 상당 기간 동안 기본적인 생계문제, 여러 유형의 가족 해체, 전쟁고아문제, 전쟁으로 인한 장애아동 및 성인들의 생활문제, 교육문제, 사회재활문제 등 중요한 문제를 지원하였다. 이들 외원단체들은 전문적 사회복지실천보다 종교적 선교활동에 목적을 두었기 때문에 사회복지 전문성은 갖추지 못하였다.

외원단체 활동은 한국의 사회사업 발전에 다음과 같은 영향을 끼치게 되었다. ① 한국의 사회사업이 종교(특히 기독교)와 밀접한 관련하에 전개되도록 하였고, ② 한국에서 전문사회사업이 시작되도록 촉발하였으며, ③ 시설 중심의 사회사업이 발전하는 계기를 만들었다. ④ 한국의 사회복지가 거시적인 사회정책보다는 미시적인 사회사업 위주로 발전하게 하였으며, ⑤ 사회사업을 구호사업 또는 자선사업과 같은 것으로 한국인들이 인식하는 데 기여하였고, ⑥ 외원단체의 철수에 따라 외원에 크게 의존하던 한국의 민간 사회사업부문이 정부에 의존하게 됨으로써 민간 사회사업 부문이 정부 통제하에 편입되게 하는 데 기여한 것 등이 있다(최원규, 1996; 엄명용 외, 2017).

1960년대 후반부터는 많은 외원단체가 한국을 떠나기 시작하여 사회복지실천이 자리 잡지 못해 수용보호의 전통적 방법에서 탈피하지 못한 채 대인서비스 기술 개발보다는 노인, 아동, 부녀, 정신질환의 분야로 나뉘어 수용보호임무를 수행했다고 볼 수 있다(곽미정 외, 2016; 길귀숙 외, 2018).

1959년에 의료사회사업이 시작되었고, 1965년 '한국개별사회사업가(case worker)협회'가 결성되었다. 이것은 한국 최초의 전문사회사업가 집단이라고 할 수 있으며, 1977년에는 모든 분야의 전문사회사업가를 총망라한 '한국사회사업가협회'가 조직되었고, 이것은 후에 '한국사회복지사협회'로 발전하였다(길귀숙 외, 2018).

1970년대에는 「사회복지사업법(1970)」이 제정되고, 1960년대에 입법화된 각종 제도들이 시행되었으나, 경제개발 우선정책에 밀려서 사회복지 분야는 괄목할 만한 발전을 보이지 못했었다(백은령 외, 2006). 우리나라의 경우 1970년대부터 제도적 접근의 필요성과 사회사업이라는 용어에 대한 국민의 부정적 이미지 극복 수단으로 사회사업학과가 사회복지학과로 바뀌는 경향이 나타났고, 동시에 거시적 실천의 도입과 관심이 커지기 시작했다(김융일, 2003; 엄명용 외, 2017).

3) 사회복지실천의 확대기와 전문화: 1980년대 이후

1980년대에 이르러서는 지역사회복지와 재가복지사상이 도입되면서 전국적으로 사회복지관사업이 활성화되었다. 1983년에 개정된 「사회복지사업법」을 토대로 사회복지관의 설립 및 운영을 지원하는 근거가 마련되었고, 1989년 사회복지관 설치 운영 규정이 만들어지면서 정부는 지방자치단체와 협력하여 저소득층 밀집지역에 사회복지관의 설치를 확대하는 정책을 추진하였다. 1985년부터 지역사회 중심의 사회복지실천을 위하여 각 시·도 단위로 종합사회복지관이 설립되었으며, 공공영역에서는 1987년 7월 1일부터 생활보호업무를 담당하는 '사회복지 전문요원(현 사회복지 전담공무원)'을 저소득층 밀집지역과 전국 동사무소에 배치함으로써 사회복지전달체계가 확립되었고 문제를 가진 개인 및 가족에 대한 개별적 접근이 다양하게 이루어지게 되었다.

1997년 「정신보건법」이 시행되면서 '정신보건사회복지사'의 탄생으로 전문화가 강화되었다. 그러나 현재 전문적 개입의 필요성이 심각하게 요청되고 있는 학교사회복지, 군사회복지, 교정사회복지, 폭력 및 학대와 관련된 영역 등 다양한 분야에서의 사회복지실천 욕구를 만족시키기 위해서는 체계화된 전문적 훈련과 국가 차원에서의 제도적 장치가 마련되어야 할 것이다.

1998년 「사회복지사업법 시행령」과 같은 법 시행규칙 등이 개정되어 사회복지사 자격 국가시험을 신설하였으며, 임상사회복지사제도에서 전문사회복지사제도로 명칭이 바뀌어 시행되고 있다. 1998년 「사회복지사업법」 개정과 함께 대학교육 교과목이 개별사회사업과 집단사회사업이 통합·분할되어 사회복지실천론과 사회복지실천기술론으로, 지역사회조직은 지역사회복지론으로 변경

되었다(엄명용 외, 2017; 길귀숙 외, 2018).

우리나라 사회복지실천의 발전과정을 정리해 보면 서구에 비해서는 조금 느리나 그동안 빠르게 발전하기 시작하는 단계라고 볼 수 있다. 앞으로 우리나라 사회복지실천의 발전을 위해서는 다양한 문제에 대한 전문적인 개입을 위한 인접학문과의 교류나 다학문적인 접근을 통하여 전문적 지식과 기술 향상을 위해서 지속적으로 노력해야 한다. 또한 우리 사회에 맞게 사회복지의 이론과 개입기술을 정립하고 적용하려는 노력이 필요할 것이다.

앞으로의 한국 사회복지실천은 한국 사회가 지난 반세기 동안 겪은 도시화·산업화·핵가족화 그리고 가치관의 변화로 겪고 있는 빈곤문제, 가족 해체로 인한 아동 보호문제, 알코올과 약물오남용문제, 실직자와 부랑인문제, 장애인·노인·여성·다문화가족 등 사회적 소외계층의 적응과 통합을 다룰 수 있는 한국적 접근 방법이 더 개발되어야 할 것이다(백은령 외, 2006).

향후 우리나라 사회복지실천 현장의 과제와 방향을 엄명용 등(2017)은 다음과 같이 제시하고 있다.

① 현재 사회복지기관들이 보다 전문화된 기관으로 거듭나야 할 것이다.
② 사회복지기관에 대한 재정지원 창구를 다양화함으로써 사회복지기관의 종류별, 지역별로 특성화된 프로그램이 개발되어야 할 것이다.
③ 사회복지기관 간 협력 체제 및 연결망(network)을 구축해야 할 것이다.
④ 우리의 상황과 전통, 가족제도, 사회제도에 걸맞은 사회복지 프로그램을 개발·적용해야 할 것이다.
⑤ 해외지원 사업을 보다 체계적·조직적·전문적으로 책임 있게 수행할 수 있는 철저한 사전 준비와 절차에 대한 대책을 모색해야 할 것이다.
⑥ 사회복지실천 영역이 전문화되고 우리 고유의 토착적인 사회복지실천 방법이 뿌리를 내리기 위해서는 전문가 집단에 걸맞은 사회복지사의 위상 강화와 처우 개선이 요구된다.

3장

사회복지실천 현장

1. 사회복지실천 현장의 개념과 분류

1) 사회복지실천 현장의 개념

최근들어 사회복지가 다양화되고 전문화됨에 따라 사회복지실천의 영역도 매우 다양화되어 가고 있다. 다양화되어 있는 실천현장에서 사회복지사의 역할에 더욱 전문적인 지식이 요구되고 있으며, 이와 더불어 사회복지실천의 장에 대한 개념도 다의적으로 해석할 수 있다. 포괄적인 사회복지실천 현장은 사회복지실천이 이루어지는 장으로서, 사회복지실천 분야 또는 서비스의 초점이 되는 문제영역을 포괄하는 개념으로 정의할 수 있다. 좁은 의미의 사회복지실천 현장이란 사회복지실천이 이루어지는 구체적인 장소 혹은 사회복지서비스를 직접 또는 간접적으로 클라이언트에게 제공하는 장(場)으로서의 사회복지기관 즉, 지역사회종합사회복지관, 장애인복지관, 노인복지관 등이 이에 속한다. 한편, 넓은 의미의 사회복지실천 현장이란 물리적인 '장소'라는 개념을 초월하여 사회복지실천이 이루어지는 분야(field) 혹은 서비스의 초점이 되는 '문제', '대상집단(클라이언트)' 등 모든 사회복지실천 영역을 포함한다(최옥채, 2006; 김혜영 외, 2014).

2) 사회복지실천 현장의 분류

사회복지실천 현장의 분류는 기관의 기능 혹은 목적에 따른 분류, 기관의 설립주체 및 재원조달방식에 따른 분류, 서비스 제공방식에 따른 분류, 주거서비스 제공 여부에 따른 분류로 구분할 수 있다(김혜영 외, 2014).

(1) 기관의 기능 혹은 목적

① 1차 현장

1차 현장은 기관의 주된 기능과 목적이 사회복지 서비스를 제공하는 것으로 사회복지사가 중심이 되어 활동하는 세팅이다. 기관의 예는 지역사회 종합사회복지관, 노인복지관, 장애인복지관, 사회복귀시설 등이 있다.

② 2차 현장

2차 현장은 기관의 1차 기능, 즉 고유의 기능은 별도로 있고, 대상자에 대한 복지 제공을 위한 부가적인 필요에 의해 사회복지서비스를 제공하는 기관이다. 예를 들면, 학교, 병원, 교정시설, 기업, 보육시설, 행정복지센터 등에서 이루어지는 학교사회복지, 정신건강사회복지, 의료사회복지, 교정사회복지, 기업복지 등이 있다.

(2) 기관 설립주체 및 재원조달 방식

① 공공기관

정부의 지원에 의해 재원이 조달되고, 운영되며, 사회복지사의 업무는 정부규정이나 지침에 의해 규정되고 서비스를 계획하고 관리, 지원하는 행정체계와 서비스를 직접 제공하는 집행체계로 나뉜다. 예를 들면, 행정복지센터가 있다.

② 민간기관

공공과 민간의 파트너십을 통해 재원조달이 되거나, 순수하게 수익사업을 통해 운영되는 기관 등이 포함된다. 따라서 공공기관에 비해 기관 내의 수익사업이 존재하여, 기부금이나 후원금, 재단전입금, 서비스이용료 등을 주요 재원으로 한다. 해당되는 기관은 시민단체, 사회복지법인 및 재단의 산하기관들이 속할 수 있다.

(3) 서비스 제공방식

① 행정기관

사회복지 서비스 전달체계를 효율적으로 운영하기 위해 행정업무를 수행하고 기관 간 연계 및 협의 업무를 담당하는 큰 조직이 해당되며, 여기서는 사회복지실천의 직접적인 서비스 제공보다는 서비스가 이루어질 수 있도록 이를 제도화, 정책화하는 업무를 주로 담당하게 된다. 관련 주요 부처로서 중앙정부의 사회복지 행정기관으로 보건복지부, 고용노동부, 교육부, 문화체육관광부 등이 있으며, 민간행정조직으로는 사회보장협의체 등이 있다.

② 서비스 기관

주요 대상이나 문제 영역에 따라서 서비스 기관이 분류되고 클라이언트에게 직접적인 서비스 제공이 목적인 기관이다. 예를 들면, 종합사회복지관, 아동상담소, 아동 및 청소년 시설, 노인 보호 시설, 보육시설 등이 있다.

(4) 주거서비스 제공 여부

① 생활시설

생활시설은 기관에서 의·식·주의 생활 전반에 걸쳐 필요한 일상생활에서의 모든 행위들이 이루어질 수 있는 공간 제공 및 복지 서비스가 제공되는 기관이다. 예를 들면, 장애인생활시설, 아동단기보호시설, 청소년쉼터, 노숙인쉼터, 노인전문요양시설, 미혼모 시설, 가정폭력 피해자 쉼터, 그룹홈 등이 있다.

② 이용시설

이용시설은 자신이 거주하는 공간에서 사회복지 서비스를 이용하기 위해 일정시간 동안 방문하여 서비스를 이용하는 기관으로 주거서비스는 포함되지 않는다. 예를 들면, 종합사회복지관, 노인복지관, 장애인복지관, 청소년상담센터, 자활후견기관, 정신장애인 사회복귀시설, 영유아 보육시설, 성폭력피해상담소 등이 있다.

2. 다양한 사회복지실천 현장

사회복지실천의 현장은 대상군에 따라, 실천현장의 기능에 따라 매우 광범위한 종류의 기관들이 있다. 본 장에서는 현재 우리나라에 있는 실천현장들을 중심으로 크게 행정기관, 직접적인 사회복지서비스를 제공하는 서비스기관으로 구분하여 살펴보고자 한다(김혜영, 2014).

1) 행정기관

(1) 공공기관

중앙부처인 보건복지부가 국가예산을 광역자치단체인 서울특별시, 각 광역시, 각 도로 하달하면 시·도는 다시 지방에 배정된 예산을 기초로 기초자치단체인 시·군·구로 하달한다. 이는 다시 시·군·구에 의해 구체적인 집행내역을 토대로 최일선 기관인 읍·면·동과 사회복지기관에 하달하여 사회복지전달체계의 서비스 수행을 위한 곳에 사용된다.

(2) 민간기관

① 한국사회복지협의회

한국사회복지협의회는 비영리법인으로 한국의 사회복지사업 기관들의 협의체를 말한다. 이 협의회는 「사회복지사업법」에 의거, 사회복지를 목적으로 하는 각종 사업과 활동을 돕고, 이를 위한 국민의 참여를 촉진하여 한국사회복지의 향상과 발전에 기여하기 위하여 회원 및 관련단체 간의 연락·협의·조정·협동과 사회복지사업의 조장·지도를 주 업무로 하며, 정부에 대해서는 사회보장제도의 확립과 사회복지시책의 과감한 시행·개선 등을 건의하는 기능을 수행한다.

② 사회복지공동모금회

사회복지공동모금회는 국민의 성금으로 마련된 재원을 효율적이고 공정하게 관리·운용하기 위해 설립된 단체를 말한다. 「사회복지공동모금회법」의 개정으로 1998년 중앙과 전국 16개 시·도지회의 통합 모금 단체로 설립되었으며, 보건복지부 장관의 지도·감독을 받는다. 주요 활동은 사회복지공동모금, 공동모금재원의 배분·운용·관리, 사회복지공동모금에 관한 조사·연구·홍보 및 교육훈련, 사회복지 공동모금과 관련된 국제교류 및 협력 증진, 다른 기부금품 모집자와의 협력 등이 있다.

③ 직능단체

직능단체에는 한국사회복지관협회, 한국노인복지중앙회, 한국장애인복지관협회, 한국지역자활센터협회, 한국재가노인복지협회, 한국아동복지협회, 한국정신건강사회복지사협회 등이 있다. 이러한 단체들은 서비스대상자들에게 직접적인 서비스를 제공하기보다는 민간사회복지 행정조직체로서 사회복지기관의 운영을 지원하고, 이를 통해 사회복지 서비스 대상자들을 간접적으로 지원하는 역할을 담당하고 있다.

2) 사회복지 서비스기관

(1) 사회복지관

사회복지관이란 지역사회를 기반으로 일정한 시설과 전문 인력을 갖추고 지역주민의 참여와 협력을 통하여 지역사회복지문제를 예방하고 해결하기 위하여 종합적인 복지서비스를 제공하는 시설을 말한다. 여기서 지역사회복지란 주민의 복지증진과 삶의 질 향상을 위하여 지역사회차원에서 전개하는 사회복지를 말한다. 사회복지관은 사회복지서비스 욕구를 가지고 있는 모든 지역사회주민을 대상으로 보호서비스, 재가복지서비스, 자립능력 배양을 위한 교육훈련 등 그들이 필요로 하는 복지서비스를 제공하고, 가족기능 강화 및 주민상호 간 연대감 조성을 통한 각종 지역사회문제를 예방 · 치료하는 종합적인 복지서비스 전달기구로서 지역사회 주민의 복지증진을 위한 중심적 역할을 수행하여야 한다. 사회복지관은 지역사회의 특성과 지역주민의 복지욕구에 대한 조사결과를 바탕으로 사업내용을 자율적으로 결정하되, 아래 분야별 사업 및 내용 중에서 해당 사회복지관의 실정에 적합한 프로그램을 선정하여 수행한다(보건복지부, 2018a).

〈표 3-1〉 사회복지관의 사업(사회복지사업법 시행규칙 별표 3)

기능	사업분야	사업 및 내용
사례관리기능	사례발굴	지역 내 보호가 필요한 대상자 및 위기 개입대상자를 발굴하여 개입계획 수립
	사례개입	지역 내 보호가 필요한 대상자 및 위기 개입대상자의 문제와 욕구에 대한 맞춤형 서비스가 제공될 수 있도록 사례개입
	서비스연계	사례개입에 필요한 지역 내 민간 및 공공의 가용자원과 서비스에 대한 정보 제공 및 연계, 의뢰
서비스제공기능	가족기능강화	1. 가족관계증진사업: 가족원 간의 의사소통을 원활히 하고 각자의 역할을 수행함으로써 이상적인 가족관계를 유지함과 동시에 가족의 능력을 개발·강화하는 사업 2. 가족기능보완사업: 사회구조 변화로 부족한 가족기능, 특히 부모의 역할을 보완하기 위하여 주로 아동·청소년을 대상으로 실시하는 사업 3. 가정문제해결·치료사업: 문제가 발생한 가족에 대한 진단·치료·사회복귀 지원사업 4. 부양가족 지원사업: 보호대상 가족을 돌보는 가족원의 부양부담을 줄여 주고 관련 정보를 공유하는 등 부양가족 대상 지원사업 5. 다문화가정, 북한이탈주민 등 지역 내 이용자 특성을 반영한 사업

<table>
<tr><th>기능</th><th>사업분야</th><th>사업 및 내용</th></tr>
<tr><td rowspan="3">서비스 제공 기능</td><td>지역사회보호</td><td>1. 급식서비스: 지역사회의 요보호 노인이나 결식아동 등을 위한 식사제공 서비스
2. 보건의료 서비스: 노인, 장애인, 저소득층 등 재가복지사업대상자들을 위한 서비스
3. 경제적 지원: 경제적으로 어려운 지역사회 주민들을 대상으로 생활에 필요한 현금 및 물품 등을 지원하는 사업
4. 일상생활 지원: 독립적인 생활능력이 떨어지는 요보호 대상자들이 시설이 아닌 지역사회에 거주하기 위해서 필요한 기초적인 일상생활 지원 서비스
5. 정서 서비스: 지역사회에 거주하는 독거노인이나 소년소녀가정 등 부양가족이 없는 요보호 대상자들을 위한 비물질적인 지원 서비스
6. 일시보호 서비스: 독립적인 생활이 불가능한 노인이나 장애인 또는 일시적인 보호가 필요한 실직자·노숙자 등을 위한 보호서비스
7. 재가복지봉사서비스: 가정에서 보호를 요하는 장애인, 노인, 소년소녀가정, 한부모가족 등 가족기능이 취약한 저소득 소외계층과 국가유공자, 지역사회 내에서 재가복지봉사서비스를 원하는 사람에게 다양한 서비스 제공</td></tr>
<tr><td>교육문화</td><td>1. 아동·청소년 사회교육: 주거환경이 열악하여 가정에서 학습하기 곤란하거나 경제적 이유 등으로 학원 등 다른 기관의 활용이 어려운 아동·청소년에게 필요한 경우 학습 내용 등에 대하여 지도하거나 각종 기능 교육
2. 성인기능교실: 기능습득을 목적으로 하는 성인사회교육사업
3. 노인 여가·문화: 노인을 대상으로 제공하는 각종 사회교육 및 취미교실운영사업
4. 문화복지사업: 일반주민을 위한 여가·오락프로그램, 문화 소외집단을 위한 문화프로그램, 그밖에 각종 지역문화행사사업</td></tr>
<tr><td>자활지원 등 기타</td><td>1. 직업기능훈련: 저소득층의 자립능력배양과 가계소득에 기여할 수 있는 기능훈련을 실시하여 창업 또는 취업을 지원하는 사업
2. 취업알선: 직업훈련 이수자 기타 취업희망자들을 대상으로 취업에 관한 정보제공 및 알선사업
3. 직업능력개발: 근로의욕 및 동기가 낮은 주민의 취업욕구 증대와 재취업을 위한 심리·사회적인 지원프로그램 실시사업
4. 그 밖의 특화사업</td></tr>
<tr><td rowspan="3">지역 조직화 기능</td><td>복지네트워크 구축</td><td>지역 내 복지기관·시설 등과 네트워크를 구축함으로써 복지서비스 공급의 효율성을 제고하고, 사회복지관이 지역 복지의 중심으로서의 역할을 강화하는 사업
- 지역사회연계사업, 지역욕구조사, 실습지도</td></tr>
<tr><td>주민조직화</td><td>주민이 지역사회 문제에 스스로 참여하고 공동체 의식을 갖도록 주민 조직의 육성을 지원하고, 이러한 주민협력 강화에 필요한 주민의식을 높이기 위한 교육을 실시하는 사업
- 주민복지증진사업, 주민조직화 사업, 주민교육</td></tr>
<tr><td>자원 개발 및 관리</td><td>지역주민의 다양한 욕구 충족 및 문제해결을 위해 필요한 인력, 재원 등을 발굴하여 연계 및 지원하는 사업
- 자원봉사자 개발·관리, 후원자 개발, 관리</td></tr>
</table>

출처: 보건복지부(2018a). 2018 사회복지관 운영관련 업무처리 안내.

(2) 노인복지시설

노인들의 건강하고 안정된 노후생활을 위하여 각종 노인복지서비스를 제공하는 시설을 말한다.

종류	시설 및 설치목적	
노인주거복지시설	양로시설	노인을 입소시켜 급식과 그 밖에 일상생활에 필요한 편의를 제공함을 목적으로 하는 시설
	노인공동생활가정	노인들에게 가정과 같은 주거여건과 급식, 그 밖에 일상생활에 필요한 편의를 제공함을 목적으로 하는 시설
	노인복지주택	노인에게 주거시설을 임대하여 주거의 편의 · 생활지도 · 상담 및 안전관리 등 일상생활에 필요한 편의를 제공함을 목적으로 하는 시설
노인의료복지시설	노인요양시설	치매 · 중풍 등 노인성질환 등으로 심신에 상당한 장애가 발생하여 도움을 필요로 하는 노인을 입소시켜 급식 · 요양과 그 밖에 일상생활에 필요한 편의를 제공함을 목적으로 하는 시설
	노인요양공동생활가정	치매 · 중풍 등 노인성질환 등으로 심신에 상당한 장애가 발생하여 도움을 필요로 하는 노인에게 가정과 같은 주거여건과 급식 · 요양, 그 밖에 일상생활에 필요한 편의를 제공함을 목적으로 하는 시설
노인여가복지시설	노인복지관	노인의 교양 · 취미생활 및 사회참여활동 등에 대한 각종 정보와 서비스를 제공하고, 건강증진 및 질병예방과 소득보장 · 재가복지, 그 밖에 노인의 복지증진에 필요한 서비스를 제공함을 목적으로 하는 시설
	경로당	지역노인들이 자율적으로 친목도모 · 취미활동 · 공동작업장 운영 및 각종 정보교환과 기타 여가활동을 할 수 있도록 하는 장소를 제공함을 목적으로 하는 시설
	노인교실	노인들에 대하여 사회활동 참여욕구를 충족시키기 위하여 건전한 취미생활 · 노인건강유지 · 소득보장 기타 일상생활과 관련한 학습프로그램을 제공함을 목적으로 하는 시설

종류	시설 및 설치목적	
재가노인복지시설	방문요양서비스	가정에서 일상생활을 영위하고 있는 노인(이하 '재가노인')으로서 신체적 · 정신적 장애로 어려움을 겪고 있는 노인에게 필요한 각종 편의를 제공하여 지역사회 안에서 건전하고 안정된 노후를 영위하도록 하는 서비스
	주 · 야간보호서비스	부득이한 사유로 가족의 보호를 받을 수 없는 심신이 허약한 노인과 장애노인을 주간 또는 야간 동안 보호시설에 입소시켜 필요한 각종 편의를 제공하여 이들의 생활안정과 심신기능의 유지 · 향상을 도모하고, 그 가족의 신체적 · 정신적 부담을 덜어주기 위한 서비스
	단기보호서비스	부득이한 사유로 가족의 보호를 받을 수 없어 일시적으로 보호가 필요한 심신이 허약한 노인과 장애노인을 보호시설에 단기간 입소시켜 보호함으로써 노인 및 노인가정의 복지증진을 도모하기 위한 서비스
	방문 목욕서비스	목욕장비를 갖추고 재가노인을 방문하여 목욕을 제공하는 서비스
	그 밖의 서비스	그 밖에 재가노인에게 제공하는 서비스로서 보건복지부령이 정하는 서비스
노인보호전문기관	- 노인학대 신고전화의 운영 및 사례접수 - 노인학대 의심사례에 대한 현장조사 - 피해노인 및 노인학대자에 대한 상담 - 피해노인가족 관련자와 관련 기관에 대한 상담 - 상담 및 서비스제공에 따른 기록과 보관 - 일반인을 대상으로 한 노인학대 예방교육 - 노인학대행위자를 대상으로 한 재발방지 교육 - 노인학대사례 판정을 위한 지역노인학대사례판정위원회 운영 및 자체사례회의 운영 - 그 밖에 노인의 보호를 위하여 보건복지부령으로 정하는 사항	

출처: 노인복지법 제32조, 제34조, 제36조, 제38조, 제39조의5.

(3) 장애인복지시설

장애인의 인간다운 삶과 권리보장을 위해 장애인의 의료, 교육, 직업재활, 생활환경 개선 등을 제공하여 장애인의 생활안정에 기여하는 등의 장애인복지서비스를 제공하는 시설을 말한다.

종류	시설	내용
장애인 거주시설	장애유형별 거주시설	장애유형이 같거나 유사한 장애를 가진 사람들을 이용하게 하여 그들의 장애유형에 적합한 주거지원 · 일상생활지원 · 지역사회생활지원 등의 서비스를 제공하는 시설
	중증장애인거주시설	장애의 정도가 심하여 항상 도움이 필요한 장애인에게 주거지원 · 일상생활지원 · 지역사회생활지원 · 요양서비스를 제공하는 시설
	장애인영유아거주시설	6세 미만의 장애영유아를 보호하고 재활에 필요한 주거지원 · 일상생활지원 · 지역사회생활지원 · 요양서비스를 제공하는 시설
	장애인단기거주시설	보호자의 일시적 부재 등으로 도움이 필요한 장애인에게 단기간 주거서비스, 일상생활지원서비스, 지역사회생활서비스를 제공하는 시설
	장애인공동생활가정	장애인들이 스스로 사회에 적응하기 위하여 전문인력의 지도를 받으며 공동으로 생활하는 지역사회 내의 소규모 주거시설
장애인 지역사회재활시설	장애인복지관	장애인에 대한 각종 상담 및 사회심리 · 교육 · 직업 · 의료재활 등 장애인의 지역사회생활에 필요한 종합적인 재활서비스를 제공하고 장애에 대한 사회적 인식개선사업을 수행하는 시설
	장애인주간보호시설	장애인을 주간에 일시 보호하여 장애인에게 필요한 재활서비스를 제공하는 시설
	장애인체육시설	장애인의 체력증진 또는 신체기능 회복활동을 지원하고 이와 관련된 편의를 제공하는 시설
	장애인수련시설	장애인의 문화 · 취미 · 오락활동 등을 통한 심신수련을 조장 · 지원하고 이와 관련된 편의를 제공하는 시설

종류	시설	내용
장애인 지역사회재활시설	장애인 생활이동지원센터	이동에 상당한 제약이 있는 장애인에게 차량운행을 통한 직장 출퇴근 및 외출보조나 그 밖의 이동서비스를 제공하는 시설
	한국수어 통역센터	의사소통에 지장이 있는 청각·언어장애인에게 한국수어 통역 및 상담서비스를 제공하는 시설
	점자도서관	시각장애인에게 점자간행물 및 녹음서를 열람하게 하는 시설
	점자 도서 및 녹음서 출판시설	시각장애인을 위한 점자간행물 및 녹음서를 출판하는 시설
	장애인 재활치료시설	장애아동을 포함한 장애인에게 언어·미술·음악 등 재활치료에 필요한 치료, 상담, 훈련 등의 서비스를 제공하고 서비스를 이용한 자로부터 비용을 수납하여 운영하는 시설
장애인 직업재활시설	장애인보호작업장	직업능력이 낮은 장애인에게 직업적응능력 및 직무기능 향상훈련 등 직업재활훈련 프로그램을 제공하고, 보호가 가능한 조건에서 근로의 기회를 제공하며, 이에 상응하는 노동의 대가로 임금을 지급하며, 장애인근로사업장이나 그 밖의 경쟁적인 고용시장으로 옮겨갈 수 있도록 돕는 역할을 하는 시설
	장애인근로사업장	직업능력은 있으나 이동 및 접근성이나 사회적 제약 등으로 취업이 어려운 장애인에게 근로의 기회를 제공하고, 최저임금 이상의 임금을 지급하며, 경쟁적인 고용시장으로 옮겨갈 수 있도록 돕는 역할을 하는 시설
	장애인 직업적응훈련시설	작업능력이 극히 낮은 장애인에게 작업활동, 일상생활 훈련 등을 제공하여 기초작업능력을 습득시키고, 작업평가 및 사회적응훈련 등을 실시하여 장애인 보호작업장 또는 장애인근로사업장이나 그 밖의 경쟁적인 고용시장으로 옮겨갈 수 있도록 돕는 역할을 하는 시설
장애인 생산품판매시설	장애인 생산품의 판매활동 및 유통을 대행하고, 장애인 생산품이나 서비스·용역에 관한 상담, 홍보, 판로 개척 및 정보제공 등 마케팅을 지원하는 시설	
장애인 의료재활시설	장애인을 입원 또는 통원하게 하여 상담, 진단·판정, 치료 등 의료재활서비스를 제공하는 시설	

출처: 장애인복지법 시행규칙 제41조.

(4) 아동 · 청소년 복지시설

시설	내용
아동양육시설	보호대상 아동을 입소시켜 보호, 양육 및 취업훈련, 자립지원 서비스 등을 제공하는 것을 목적으로 하는 시설
아동일시보호시설	보호대상 아동을 일시보호하고 아동에 대한 향후의 양육대책 수립 및 보호조치를 행하는 것을 목적으로 하는 시설
아동보호치료시설	아동에게 보호 및 치료 서비스를 제공하는 다음 각 목의 시설 가. 불량행위를 하거나 불량행위를 할 우려가 있는 아동으로서 보호자가 없거나 친권자나 후견인이 입소를 신청한 아동 또는 가정법원, 지방법원소년부지원에서 보호위탁된 19세 미만인 사람을 입소시켜 치료와 선도를 통하여 건전한 사회인으로 육성하는 것을 목적으로 하는 시설 나. 정서적 · 행동적 장애로 인하여 어려움을 겪고 있는 아동 또는 학대로 인하여 부모로부터 일시 격리되어 치료받을 필요가 있는 아동을 보호 · 치료하는 시설
공동생활가정	보호대상 아동에게 가정과 같은 주거여건과 보호, 양육, 자립지원 서비스를 제공하는 것을 목적으로 하는 시설
자립지원시설	아동복지시설에서 퇴소한 사람에게 취업준비 기간 또는 취업 후 일정 기간 동안 보호함으로써 자립을 지원하는 것을 목적으로 하는 시설
아동상담소	아동과 그 가족의 문제에 관한 상담, 치료, 예방 및 연구 등을 목적으로 하는 시설
아동전용시설	어린이공원, 어린이놀이터, 아동회관, 체육 · 연극 · 영화 · 과학실험전시시설, 아동휴게숙박시설, 야영장 등 아동에게 건전한 놀이 · 오락, 그 밖의 각종 편의를 제공하여 심신의 건강유지와 복지증진에 필요한 서비스를 제공하는 것을 목적으로 하는 시설
지역아동센터	지역사회 아동의 보호 · 교육, 건전한 놀이와 오락의 제공, 보호자와 지역사회의 연계 등 아동의 건전육성을 위하여 종합적인 아동복지서비스를 제공하는 시설
아동보호전문기관	아동학대 예방 강화 및 피해아동에 대한 적극적인 보호를 통해 아동의 안정적인 성장환경 조성 및 권리증진을 도모하는 시설
가정위탁지원센터	보호대상 아동의 보호를 위하여 성범죄, 가정폭력, 아동학대, 정신질환 등의 전력이 없고 「아동복지법」이 정하는 기준에 적합한 가정에 보호대상 아동을 일정 기간 위탁하는 것

출처: 아동복지법 제52조.

시설	내용
청소년쉼터	가정 밖 청소년에 대하여 가정 · 학교 · 사회로 복귀하여 생활할 수 있도록 일정 기간 보호하면서 상담 · 주거 · 학업 · 자립 등을 지원하는 시설
청소년자립지원관	일정 기간 청소년쉼터 또는 청소년회복지원시설의 지원을 받았는데도 가정 · 학교 · 사회로 복귀하여 생활할 수 없는 청소년에게 자립하여 생활할 수 있는 능력과 여건을 갖추도록 지원하는 시설
청소년치료재활센터	학습 · 정서 · 행동상의 장애를 가진 청소년을 대상으로 정상적인 성장과 생활을 할 수 있도록 해당 청소년에게 적합한 치료 · 교육 및 재활을 종합적으로 지원하는 거주형 시설
청소년회복지원시설	「소년법」 제32조 제1항 제1호에 따른 감호 위탁 처분을 받은 청소년에 대하여 보호자를 대신하여 그 청소년을 보호할 수 있는 자가 상담 · 주거 · 학업 · 자립 등 서비스를 제공하는 시설

출처: 청소년복지지원법 제31조.

(5) 한부모가족 복지시설

한부모가족의 생활안정과 복지증진에 이바지함을 목적으로 한다.

시설	내용
모자가족복지시설	모자가족에게 다음 각 목의 어느 하나 이상의 편의를 제공하는 시설 가. 기본생활지원: 생계가 어려운 모자가족에게 일정 기간 동안 주거와 생계를 지원 나. 공동생활지원: 독립적인 생활이 어려운 모자가족에게 일정 기간 동안 공동생활을 통하여 자립을 준비할 수 있도록 주거 등을 지원 다. 자립생활지원: 자립욕구가 강한 모자가족에게 일정 기간 동안 주거를 지원
부자가족복지시설	부자가족에게 다음 각 목의 어느 하나 이상의 편의를 제공하는 시설 가. 기본생활지원: 생계가 어려운 부자가족에게 일정 기간 동안 주거와 생계를 지원 나. 공동생활지원: 독립적인 생활이 어려운 부자가족에게 일정 기간 동안 공동생활을 통하여 자립을 준비할 수 있도록 주거 등을 지원 다. 자립생활지원: 자립욕구가 강한 부자가족에게 일정 기간 동안 주거를 지원

시설	내용
미혼모자가족복지시설	미혼모자가족과 출산 미혼모 등에게 다음 각 목의 어느 하나 이상의 편의를 제공하는 시설 가. 기본생활지원: 미혼 여성의 임신·출산 시 안전 분만 및 심신의 건강 회복과 출산 후 아동의 양육 지원을 위하여 일정 기간 동안 주거와 생계를 지원(제5조에 따른 지원대상자 중 미혼이 아닌 여성의 임신·출산 시 안전 분만과 출산 후 양육 지원을 포함한다) 나. 공동생활지원: 출산 후 해당 아동을 양육하지 아니하는 미혼모 또는 미혼모와 그 출산 아동으로 구성된 미혼모자가족에게 일정 기간 동안 공동생활을 통하여 자립을 준비할 수 있도록 주거 등을 지원
일시지원복지시설	배우자(사실혼 관계에 있는 사람을 포함한다)가 있으나 배우자의 물리적·정신적 학대로 아동의 건전한 양육이나 모의 건강에 지장을 초래할 우려가 있을 경우 일시적 또는 일정 기간 동안 모와 아동 또는 모에게 주거와 생계를 지원하는 시설
한부모가족복지상담소	한부모가족에 대한 위기·자립 상담 또는 문제해결 지원 등을 목적으로 하는 시설

출처: 한부모가족지원법 제19조.

(6) 정신건강증진시설

정신장애인과 가족의 욕구에 기초하여 정신장애인의 지역사회 생존과 적응에 필요한 다양한 재활과 복지서비스를 개발, 연결, 제공하며, 정신장애인의 능력 고취와 기능수준 향상을 통해 사회복귀를 돕기 위해 설립된 시설을 말한다.

시설	내용
정신의료기관	의료법에 의한 의료기관 중 주로 정신질환자의 진료를 행할 목적으로 제36조 시설기준 등에 적합하게 설치된 병원(이하 '정신병원')과 의원 및 병원급 이상의 의료기관에 설치된 정신건강의학과를 말한다.
정신요양시설	정신의료기관에서 의뢰된 정신질환자와 만성정신질환자를 입소시켜 요양과 사회복귀 촉진을 위한 훈련을 행하는 시설을 말한다.
정신재활시설	정신질환자를 정신의료기관에 입원시키거나 정신요양시설에 입소시키지 아니하고 사회복귀 촉진을 위한 훈련을 행하는 시설을 말한다. - 생활시설: 정신질환자 등이 생활할 수 있도록 주로 의식주 서비스를 제공 - 재활훈련시설: 정신질환자 등이 지역사회에서 직업활동과 사회생활을 할 수 있도록 주로 상담·교육·취업·여가·문화·사회참여 등 각종 재활활동 지원 - 그 밖에 대통령령으로 정하는 시설

시설	내용
정신건강복지센터	정신보건서비스의 질적 향상을 위한 노력과 초기, 중증 정신질환자의 지역사회 정신보건 전달체계 및 지지체계 형성, 재활 및 사회적응을 도와 인간적인 삶을 영위할 수 있도록 하고, 소아청소년을 포함한 일반 시민들의 정신질환의 예방과 증진을 도모한다.
국가트라우마센터	재난이나 그 밖의 사고로 정신적 피해를 입은 사람과 그 가족 및 재난이나 사고 상황에서 구조, 복구, 치료 등 현장대응업무에 참여한 사람으로서 정신적 피해를 입은 사람을 대상으로 심리적 안정과 사회 적응을 지원한다.
중독관리 통합지원센터	알코올, 마약, 도박, 인터넷 등의 중독 문제와 관련하여 지역사회 내 중독자의 조기 발견체계 구축, 중독자 대상 상담, 치료, 재활 및 사회복귀 지원사업, 중독폐해 예방 및 교육사업, 중독자 가족에 대한 지원사업 등 종합적인 지원사업을 수행한다.

출처: 정신건강복지법 제19조, 제22조, 제27조, 제15조, 제15조의2, 제15조의3.

(7) 노숙인복지시설

노숙인 발생 예방 및 노숙인들이 심신장애를 극복하여 정상적인 사회생활로 복귀할 수 있도록 신체적, 심리적 치료의 재활기능을 담당하고, 실직 노숙인들에게 숙식서비스를 제공하여 생활안정도모, 입소자들의 생활을 도와 취업의 기회를 제공하는 시설을 말한다.

시설	내용
노숙인일시보호시설	노숙인 등에게 일시보호 및 복지서비스 연계 등을 제공하는 시설
노숙인자활시설	노숙인 등의 자립을 지원하기 위하여 전문적인 직업상담 · 훈련 등의 복지서비스를 제공하는 시설
노숙인재활시설	신체 및 정신장애 등으로 자립이 어려운 노숙인 등에게 치료 및 재활서비스를 제공하는 시설
노숙인요양시설	건강상의 문제 등으로 단기간 내 가정 및 사회복귀가 어려운 노숙인 등에게 요양서비스를 제공하는 시설
노숙인급식시설	노숙인 등에게 필요한 급식서비스를 제공하기 위한 급식시설
노숙인진료시설	노숙인 등에게 필요한 의료서비스를 제공하기 위한 진료시설
쪽방상담소	쪽방 밀집지역에서 쪽방 거주자에 대한 상담 · 취업지원 · 생계지원, 그 밖의 행정지원 서비스를 제공하는 시설

출처: 노숙인복지법 제11조, 제12조, 제16조.

(8) 여성 및 가족, 다문화 복지시설

여성 및 가족복지기관은 여성 개개인의 인간다운 삶을 보장하고 조화로운 가족관계를 활성화하고, 가족생활이 지닌 가치를 강화하며, 가족구성원 개개인의 건전한 인격발달과 사회인으로서의 기능을 수행할 수 없는 개인과 가족을 지원하기 위해 설립된 기관을 말한다. 또한 다문화 복지시설은 급속도로 증가한 이주민들을 위한 다문화 관련 복지서비스를 지원해 주는 기관을 말한다.

시설	내용	
성매매피해자 등을 위한 지원시설	일반 지원시설	성매매피해자 등을 대상으로 1년의 범위에서 숙식을 제공하고 자립을 지원하는 시설
	청소년 지원시설	19세 미만의 성매매피해자 등을 대상으로 19세가 될 때까지 숙식을 제공하고, 취학 · 교육 등을 통하여 자립을 지원하는 시설
	외국인 지원시설	외국인 성매매피해자 등을 대상으로 3개월 범위에서 숙식을 제공하고, 귀국을 지원하는 시설
	자립지원 공동생활시설	성매매피해자 등을 대상으로 2년의 범위에서 숙박 등의 편의를 제공하고, 자립을 지원하는 시설
성매매피해자 자활지원센터	성매매피해자 등의 회복과 자립에 필요한 지원을 제공하기 위하여 작업장 등의 설치 · 운영, 취업 및 기술교육, 취업 및 창업을 위한 정보를 제공한다.	
성매매피해상담소	성매매 피해자를 보호하기 위하여 상담 및 현장 방문, 지원시설 이용에 관한 고지 및 지원시설에의 인도 또는 연계, 성매매피해자 구조 등의 업무를 수행한다.	
성매매방지 중앙지원센터	성매매방지활동 및 성매매피해자 등에 대한 지원서비스 전달체계의 효율적인 연계 · 조정 등을 위하여 지원시설 · 자활지원센터 · 상담소 간 종합 연계망 구축, 성매매피해자 등 구조체계 구축 · 운영 및 성매매피해자 등 구조활동의 지원, 법률 · 의료 지원단 운영 및 법률 · 의료 지원체계 확립, 성매매피해자 등의 자립 · 자활 프로그램 개발 · 보급, 성매매피해자 등에 대한 지원대책 연구 및 홍보활동, 성매매 실태조사 및 성매매 방지대책 연구, 성매매 예방교육 프로그램의 개발, 상담소 등 종사자의 교육 및 상담원 양성, 상담기법의 개발 및 보급 업무를 수행한다.	

출처: 성매매피해자보호법 제9조, 제11조, 제15조, 제17조, 제19조.

<table>
<tr><th>시설</th><th colspan="2">내용</th></tr>
<tr><td>건강가정지원센터</td><td colspan="2">건강가정지원센터는 가정 문제의 예방 · 상담 및 치료, 건강 가정 유지를 위한 프로그램의 개발, 가정생활문화운동의 전개, 가정 관련 정보 및 자료제공 등을 위한 업무를 수행한다.
1. 가정 문제의 예방 · 상담 및 개선
2. 건강 가정 유지를 위한 프로그램의 개발
3. 건강 가정 실현을 위한 교육[민주적이고 양성(兩性) 평등적인 가족관계 교육을 포함]
4. 가정생활문화운동의 전개
5. 가정 관련 정보 및 자료제공
6. 가정에 대한 방문 및 실태 파악
7. 아동보호전문기관 등 지역사회 자원과의 연계
8. 그 밖에 건강가정사업과 관련하여 여성가족부장관이 정하는 활동</td></tr>
<tr><td rowspan="2">다문화가족지원 기관</td><td>다문화가족 종합정보 전화센터</td><td>다국어에 의한 상담 · 통역 서비스 등을 결혼이민자 등에게 제공하기 위한 기관</td></tr>
<tr><td>다문화가족지원 센터</td><td>다문화가족 구성원이 안정적인 가족생활을 영위하고 사회구성원으로서의 역할과 책임을 다할 수 있도록 다음의 사항들을 지원한다.
1. 다문화가족을 위한 교육 · 상담 등 지원사업의 실시
2. 결혼이민자 등에 대한 한국어교육
3. 다문화가족 지원서비스 정보제공 및 홍보
4. 다문화가족 지원 관련 기관 · 단체와의 서비스 연계
5. 일자리에 관한 정보제공 및 일자리의 알선
6. 다문화가족을 위한 통역 · 번역 지원사업
7. 다문화가족 내 가정폭력 방지 및 피해자 연계 지원
8. 그 밖에 다문화가족 지원을 위하여 필요한 사업</td></tr>
</table>

출처: 건강가정기본법 제35조, 건강가정기본법 시행령 제4조, 다문화가족지원법 제11조, 제12조.

(9) 자원봉사관련기관

자원봉사센터는 자원봉사활동, 개발 · 장려 · 연계 · 협력 등의 사업을 수행하기 위하여 법령과 조례 등에 의하여 설치된 기관 · 법인 · 단체 등을 말한다. 광역시 · 시 · 도(16개소) 및 시 · 군 · 구(232개)에서 총 248개소의 자원봉사센터가 운영되고 있다(자원봉사기본법 제19조).

(10) 학교 현장

학교를 중심으로 하여 공동생활을 영위하는 사회 집단의 복지를 위하여 일하는 직종으로 그간은 민간 자격으로 유지되다가, 2018년 국가자격으로 신설되었다. 학교사회복지 사업은 학교 및 교육복지센터 등에서 사례관리, 지역사회자원 개발, 학교폭력 대처 및 예방, 아동학대, 인터넷 중독 등 업무를 담당한다(보건복지부, 2018c).

(11) 교정기관과 시설

수용자들의 권익보호와 교정교육, 직업훈련 등 사회적응 능력의 배양을 통하여 건전한 사회복귀를 도모하고자 설치 운영하는 시설을 말한다.

시설	내용
보호감호소	죄를 지은 사람으로서 동종 또는 유사한 죄를 재범할 위험성이 있다고 인정되는 자를 수용하여 감화·교화, 사회복귀에 필요한 직업훈련과 근로 등을 행하는 시설을 말한다.
교도소	징역형·금고형 또는 구류형의 선고를 받아 그 형이 확정된 사람과 벌금 또는 과료를 완납하지 아니하여 노역장 유치명령을 받은 사람(수형자)을 격리하여 교정·교화하고 건전한 국민사상과 근로정신을 함양하며, 기술교육·직업훈련 등을 실시하여 건전한 사회복귀를 도모하고자 법무부 지방교정청장 소속하에 설치 운용되는 시설을 말한다.
구치소	형사피의자 또는 형사피고인으로서 체포되거나 구속영장의 집행을 받은 사람(미결수용자)을 수용하기 위하여 법무부 지방교정청장 소속하에 설치 운용되는 시설을 말한다.
소년원	보호처분에 의하여 송치된 소년을 수용·보호하고 이들의 교정교육을 위하여 법무부장관 소속하에 설치 운영하는 시설을 말한다.
소년분류심사원	법원소년부로부터 위탁한 소년을 수용·보호하고 이들의 분류심사, 인성교육, 상담조사 및 일반 중·고등학교 부적응 학생 등에 대한 특별교육, 청소년 적성검사실 운영을 위하여 법무부장관 소속하에 설치 운영하는 시설을 말한다.

출처: 「형의 집행 및 수용자의 처우에 관한 법률」 제2조, 「법무부와 그 소속기관 직제」 제12조, 「건축법 시행령」 별표 1, 「교정시설경비교도대설치법」 제1조, 「도시계획시설의 결정·구조 및 설치기준에 관한 규칙」 제94조.

(12) 산업복지실천현장

산업복지는 전문적 사회복지의 지식과 기술을 적용하여 산업이라는 장에서 발생하는 심리적·제도적·사회적 문제에 효과적으로 대처함으로써 근로자와 그 가족의 복지를 추구하는 현장이다(박경일 외, 2010). 기업에서는 사회공헌이라는 사회적 기여를 실현하기 위한 수단으로 사회복지를 전공한 전문직을 채용하며 이들을 통해 기업의 사회공헌 활동뿐 아니라, 산업체 내의 근로자들을 위한 상담 및 집단 프로그램 등을 시행한다(최덕경 외, 2012).

(13) 군사회복지실천 현장

군사회복지는 군대 내의 장병들의 적응과 복지 개입을 위해 상담과 각종 프로그램을 실시하는 업무를 수행한다(최덕경 외, 2012).

3. 사회복지 전문직의 역할과 정체성

사회복지 전문직에서 정체성이란 타 전문직으로부터의 분리와 사회복지 전문직의 내적 일관성 내지 일치성을 말한다. 결국 사회복지학이 다른 학문으로부터 무엇으로 얼마나 구별되는가, 학문 구성요소 간에 얼마나 유기적인 일관성과 일치성이 존재하는가 하는 질문과 관련 있다(김혜영 외, 2014).

1) 사회복지 전문직의 역할

(1) 사회복지 전문직

전문직은 특정 분야에 있어 전문성을 가진 직업 혹은 그 직업에 종사하는 사람들의 집단을 일컫는 용어로, 사회복지 전문직은 사회복지적인 지식과 전문적 기술을 바탕으로 하여 공익적인 목적을 위해 어려움에 처한 사람들의 복지증진에 기여하는 전문직이다(박용오, 2003; 박귀영 외, 2015).

(2) 사회복지 전문직의 역할

① 전문직업적 정체성을 갖춘 사회복지사

사회복지 전문직업적 정체성은 사회복지활동 전문가로서 지식, 기술, 자격을 소유한 사회복지사가 자율적으로 윤리강령을 준수하며, 사회복지를 실천하는 과정에서 형성, 변화되는 전문직업인으로서의 자긍심이라고 할 수 있다(박용오, 2003; 박귀영 외, 2015).

② 지역사회복지실천가인 사회복지사

사회복지사들은 지역주민의 표준적 생활수준의 향상을 목적으로 국가, 지방자치단체 및 주민조직, 민간단체 등과 협동하여 소득보장정책, 주거환경정책, 보건의료정책, 교육·문화정책, 교통·통신정책 등과 같은 지역복지정책과 이러한 것들을 대체 또는 보충하여 개별적, 종합적, 조직적으로 원조를 행하는 지역복지활동을 전개할 수 있는 지역사회조직가, 지역사회개발가, 지역사회복지사로 성장해야 한다(박귀영 외, 2015).

③ 지역자원 개발 네트워커인 사회복지사

다양한 사회문제의 급진적 발전, 고령과 그리고 사회복지문제의 다양화 경향에 따른 사회복지 대상의 확대 등과 같은 우리나라 사회변화를 고려하여 미래지향적이고 효과적인 지역사회복지를 위해 그 조직에서 사회복지현장 업무를 담당하고 있는 사회복지사는 사회복지의 여러 자원 간을 중재하고, 네트워킹을 리드해 가는 사회복지 네트워커로서의 제 기능과 역할을 강화해야 한다(박귀영 외, 2015).

④ 경영마인드를 갖춘 사회복지사

우리 사회는 여전히 '사회복지사는 불쌍한 이웃을 돕는 사람', '희생과 봉사정신이 강한 사람'이라는 온정주의적 인식이 팽배하다. 21세기 사회복지 환경의 변화에 따른 사회복지의 변화는 수동적으로 대응하는 차원을 넘어 환경의 변화를 미리 예측하고, 창조할 수 있는 활동, 즉 사회복지사가 자신의 역량을 개발, 추진해야 하는 경영학적인 마인드가 요구된다(박귀영 외, 2015).

2) 사회복지사의 역할(박귀영 외, 2015)

사회복지사의 실무적인 역할은 다양한 기준에 의해 구분되는데 본서에서는 기능에 따른 역할로 크게 직접서비스 제공하기, 체계와 연결하기, 체계 유지 및 강화하기, 연구 및 조사 활용하기, 체계 개발하기의 다섯 가지 역할을 중심으로 살펴보고자 한다.

(1) 직접서비스 제공하기

사회복지사는 클라이언트와 직접 대면하여 서비스를 제공한다. 이에 해당되는 서비스는 개인상담, 혹은 가족치료, 집단을 대상으로 하는 개입으로 지지집단이나 치료집단 등을 운영하면서 사회복지실천을 제공한다. 또한 정보를 제공하거나 교육시키는 일을 한다.

(2) 체계와 연결하기

클라이언트는 사회의 다양한 자원의 연결을 필요로 하며, 이에 관한 서비스 실천을 위해 자원을 연결하고 조정하는 역할을 수행할 수 있다.

① 중개자

클라이언트와 자원 및 서비스를 연결하는 역할로서 사례관리의 핵심적 기능을 수행하는 역할이다. 클라이언트에게 긴급하게 식량이나 주거, 법률적 도움이나 다른 필요한 자원을 얻을 수 있도록 도와준다. 이에 사회복지사는 지역사회의 자원에 대해 많은 정보를 알고 있어야 하며 그 자원들을 활용할 수 있는 전문적인 능력을 갖추어야 한다.

② 사례관리자/조정자

클라이언트의 욕구를 사정하고 다른 자원에 의해 제공된 필수 재화와 서비스의 전달을 조정하고 클라이언트가 시기 적절하게 서비스와 재화 등의 자원을 제공받도록 보장하는 역할을 수행한다.

③ 중재자

이 역할은 견해가 다른 개인이나 집단 사이의 의사소통상의 문제를 해결하고 타협하도록 돕는 중재자의 역할로, 양측의 입장을 중립적으로 이해하는 중립 유지의 역할이 중요하다.

④ 옹호자

옹호는 클라이언트를 대신하여 자원과 서비스를 획득하는 활동과정으로 클라이언트를 위해 진행하고 대변하는 역할을 수행한다.

(3) 체계 유지 및 강화하기

체계 유지 및 강화란 사회복지사가 사회복지 서비스 기관의 직원으로서 서비스를 전달할 때, 효율성을 떨어뜨리는 기관 내의 구조, 정책, 기능적 관계상의 문제가 없도록 이를 점검하고 모니터링하는 역할을 의미한다.

① 조직분석가

기관의 구조, 정책, 절차 내에서 서비스 전달에 부정적인 영향을 미치는 요인을 정확하게 지적하고 찾는 역할이다.

② 촉진자

서비스 전달을 방해하는 요인을 정확하게 찾은 후, 서비스 전달 체계를 강화하는 데에 있어 방법을 계획하고, 실행하는 촉진가의 역할이다. 따라서 관련된 정보데이터를 제공하고, 회의를 추진하며, 다른 직원들과 공동으로 작업하는 등의 추진력 있는 활동을 수행하게 된다.

③ 팀 성원

사회복지사는 여러 기관에 소속되어 클라이언트의 문제와 전달체계를 사정하는 과정에서 협동하는 조직 구성원의 일원으로서 역할을 수행한다.

④ 자문가

사회복지사가 전문가로서 클라이언트에 대한 지식, 기술을 발전시켜 클라이언트에게 보다 효과적인 서비스 전달이 되도록 하는 데에 일조하는 역할이다. 사회복지사는 지역사회 내에서 자문의 역할도 수행해야 하지만, 지속적인 슈퍼비전 형태의 자문을 받아야 한다.

(4) 연구 및 조사 활용하기

사회복지사는 그들이 수행한 개입 내용에 대해 효과성 및 효율성을 과학적인 방법을 활용하여 평가하고, 이를 근거중심의 사회복지실천 자료로서 보관 및 연구활동에 적극 참여해야 한다. 이를 위해 사회복지사들은 지속적인 교육과정에 참여해야 한다.

(5) 체계 개발하기

사회복지사는 기관의 서비스를 확대하거나 개선하기 위해 체계 발전과 관련된 역할들을 담당한다.

① 프로그램 개발자

사회복지사는 클라이언트의 다양한 욕구를 반영 및 그들의 보다 나은 삶의 질 향상을 위해 다양한 프로그램을 개발하는 개발자로서의 역할을 수행해야 한다.

② 기획가

사회복지사는 앞서 언급한 프로그램 개발을 바탕으로 하여 이를 실천 가능하도록 추진력 있는 태도로 총 기획자의 역할을 수행해야 한다.

③ 정책개발자

사회복지사는 어떤 정책과 절차들이 클라이언트의 관심에 부합하는지 평가할 수 있는 지식을 가지고 있어야 하며, 이들의 권익증진과 더 나은 서비스 제공을 위해 적극적인 태도로 정책 의사결정 과정에 참여해야 한다.

3) 사회복지 전문직의 정체성

'사회복지사는 전문직인가?'라는 질문은 우리가 전문직이라는 타이틀을 갖고, 자격을 공식적인 통로를 통해 부여받은 현재의 시점에서도 계속 제시되는 불편한 의문이다.

사회복지실천에서 정체성 이슈가 끊임없이 제기되는 데는 다음의 몇 가지 이유가 있다. 첫째, 사회복지직은 속성상 다양한 분야와 다양한 문제영역, 다양한 개입 방법으로 인해 고유한 공통적인 이론체계가 다양하지 않다는 것이다. 둘째, 사회복지실천의 정착은 개별사회사업을 바탕으로 하는 일반주의적 접근에서 시작되었다. 그러나 전문성이 강조되고 전문분야 사회복지직이 등장하면서 세부분야의 사회복지 영역 간에 사회복지실천의 내적 일관성과 일치성이 부족할 수 있다는 점에서 정체성 이슈가 제기될 수 있다. 셋째, 사회복지 전문직의 경계가 확장되고 변화되고 있어, 정체성을 유지하는 데에 어려움이 있을 수 있다(김혜영 외, 2014).

사회복지 전문직의 정체성을 확립하기 위해서는 사회복지교육의 기능과 가치를 기본으로 하면서 우리나라의 현실을 제대로 반영하는 토착적 위상정립이 요구된다(박귀영 외, 2015).

4장

사회복지실천의 가치와 윤리

1. 사회복지 전문직의 가치

사회복지는 인간 존엄성을 기본가치로 삼고 실천하는 학문으로 인간의 삶의 과정에 관심을 갖고, 그들을 도와주기 위해 과학적인 지식과 전문적인 기술을 활용한다. 따라서 사회복지사는 과학적이고 전문적인 지식을 갖추어야 할 뿐 아니라 사회복지실천의 가치와 윤리를 알아야 하고 자신의 개인적 가치관도 갖고 있어야 한다. 이는 사회복지실천 과정에서 가치가 수반되는 문제를 만날 수 있기 때문이다. 이렇듯 인간을 대상으로 사회복지실천의 과정을 펼치는 사회복지사는 인간의 진정한 삶의 방법과 목적을 위한 역할과 기능을 수행하면서 가치관을 기초로 하여 윤리적인 결정을 해야만 하는 경우가 다른 전문직들보다 많다. 그렇기 때문에 오늘날 사회복지사들에게 변화하는 현대사회에서의 과학기술발달에 대한 윤리적·철학적인 사고의 올바른 확립이 윤리적 결정을 위한 중요한 과제로 등장하고 있다.

1) 가치의 의미

웹스터(Webster) 사전은 '가치'를 "본래적으로 가치 있는 또는 바람직한 무엇"이라고 정의하였다. 고든(William Gordon)에 의하면 가치란 선호되는 것을 의미하는 반면, 지식은 알려진 것 또는 알 수 있는 것을 의미한다고 했다. 레비(Levy)가 시사하는 바에 의하면 "가치란 사람에 관하여 그리고 사람을 다루는 적절한 방법에 대하여 전문직이 갖고 있는 신념으로 생각될 수 있다."라고 했다. 따라서 존재를 설명하는 지식과는 정반대로, 가치는 해야 하는 의무를 설명한다.

2) 전문직 가치의 범위

레비(Levy, 1973)는 실천가치에 우선하는 사회복지 전문직 자체의 가치를 세 개 그룹으로 구분하여 설명하고 있다. 사람, 결과, 수단에 대한 가치로서, 사회복지 전문직이 업무를 수행하는 데 있어 신봉해야 하는 믿음의 체계를 나열해 놓은 것이다.

첫째, '사람 우선 가치'는 전문직 수행의 대상인 사람자체에 대해 전문직이 갖추고 있어야 할 기본적 가치관이다. 개인의 가치와 존엄성, 개인의 건설적인 변화에 대한 능력, 상호책임성, 소속의 욕구, 공통적인 인간의 욕구, 그리고 개개인의 독특성에 대한 가치 등이 거론된다. 클라이언트를 하나의 개별화된 인간으로 보고, 능력을 인정해 주며, 그에 따라 권한을 인정해 주는 가치관이다. 이는 사회복지실천의 기본 철학과 같은 것이다.

둘째, '결과 우선 가치'는 사람에 대해 서비스를 제공했을 때 초래하는 결과에 대한 가치관이다. 이는 개인의 발전을 위해 사회참여에 대한 동등한 기회를 제공해야 하는 사회적 책임에 대한 믿음이다. 뿐만 아니라 빈곤, 질병, 차별대우,

부적절한 주거환경 및 불공평한 교육기회 등에 대한 문제를 해결하거나 미연에 방지해야 할 사회적 책임에 대한 가치이며 이와 동시에 이와 같은 욕구를 충족시킬 수 있는 자원을 제공해야 하는 사회적 책임에 대한 믿음이다.

셋째, '수단 우선 가치'는 서비스를 수행하는 방법 및 수단과 도구에 대한 가치관이다. 이는 사람이 존경과 존엄으로 다루어져야 하고, 자기결정의 권리를 가져야 하고, 사회 변화에 참여하도록 북돋워져야 하며, 하나의 독특한 개인으로 인정되어야 한다는 믿음과 같은 것이다. 인간의 자율성으로 요약될 수 있는 수단 우선 가치는 아마도 사회복지실천 과정에서 매우 중요하게 실천되어야 할 가치체계일 것이다. 사회복지사에게 아무리 바람직해 보이는 결정도 클라이언트의 자율적 결정이 아닌 강요된 것이라면 이는 기본 가치관에 어긋나는 것이다. 모든 결정 과정에 있어 클라이언트의 자율성이 보장되어야 한다.

2. 사회복지 전문직의 윤리

1) 사회복지실천과 윤리

(1) 윤리

사회복지실천에서의 전문직 가치는 실무현장에서의 윤리적 원칙들을 정립하는 지침을 제시한다. 윤리란 어떤 행동의 옳고 그름에 대한 판단으로, 사회복지 가치기준에 맞는 실천을 하였는가에 대한 판단의 기준을 제시한다(양옥경 외, 1995). 이 판단 기준을 위해 윤리강령을 만들어 놓고 있으며 해당 전문가로 하여금 그에 준하는 행동을 하도록 지침을 제시하고 있다. 이 같은 전문직 윤리는 비단 사회복지 전문직뿐 아니라 다른 모든 전문직에도 적용된다.

윤리란 도덕철학이다. 도덕적으로 좋고 나쁘고 옳고 그른 것에 관한 것으로 가치와는 구분되는 개념이다. '가치'란 신념이며 선택인 것으로 인간을 위해 좋은 것과 바람직한 것에 대한 가정이다(Pincus & Minahan, 1973). 사실도 아니고 과학적인 근거도 없으며 따라서 규범적 가치기준이 절대적으로 필요하지 않을 수도 있다. 그에 반해 '윤리'란 실질적인 결정을 내릴 때 필수적인 것으로 옳고 그른 행동에 대한 사회적 태도를 가리킨다. 가치란 하나의 가정적 개념이어서 인간의 생각 속에서 그치지만 윤리는 행동으로 나타나는 것으로 윤리적 판단에 따른 행동수행에 있어 규범적 기준이 필요하게 된다.

따라서 윤리란 인간의 행동을 통제하거나 규제하는 기준이나 원칙까지도 포함하는 개념으로 일반적으로 타인에 대한 책임감에서 우러나오는 인간에 대한 기대를 말한다(문인숙 외 공역, 1985).

(2) 윤리의 출현

사회복지실천의 윤리가 본격적으로 논의되기 시작한 것은 겨우 1970년대에 들어서였다. 그 이전에는 가치가 윤리의 자리를 대신하였으며, 실천윤리를 논하여야 할 만큼 실천의 대상, 과정, 결과 등이 복잡하지 않았었다. 사회복지뿐 아니라 의학, 법, 간호, 언론 등의 분야에서처럼 사람을 대하는 전문직에서는 사람에 대한 존엄성의 가치가 행동에서 지켜질 수 있는 어떤 원칙과 기준이 있어야 함을 절실히 느끼기 시작한 것이다.

사회복지사들은 1920년대부터 윤리의 필요성을 절감하고 전문직 윤리강령을 만들고자 하였으나 잘 되지 않고 1960년에 와서야 최초의 사회복지사 윤리강령이 사회복지사협회에 의해 채택되었다(Reamer, 1999). 그전까지는 전문지식과 기술의 개발에 주로 초점을 두고 있었으며, 또한 가치에 중점을 두면 사회복지 전문직이 과학적이지 않게 보이는 성향 때문에 전문직의 발전을 위해 가치 및 윤리에 대한 관심이 활발히 진행되지 못하였다.

그러나 1970년대 후반에 들어와 윤리가 각광을 받게 되었는데, 다양한 사회의 변화와 과학과 기술의 발전이 그 원인이 되었다(Reamer, 1999). 의학과 공학의 발달로 인해 클라이언트들도 인공수정을 한다거나, 장기이식을 원한다거나,

안락사를 원한다거나, 성감별을 통한 유산을 원하는 등 다양한 형태의 윤리적 결정을 해야 하는 상황에 놓이게 되며 이 상황에 사회복지사들의 개입이 필요해지게 되었으며 결국 윤리적 실천지침의 필요성이 대두되었기 때문이다.

사회복지실천 가치에 의거한 윤리적 원칙은 〈표 4-1〉과 같다.

〈표 4-1〉 사회복지실천의 핵심 가치에 의거한 윤리적 원칙

핵심 가치	윤리적 원칙
서비스	사회복지사의 일차적 목적은 어려움에 처한 사람들을 돕고 사회문제를 다루는 것이다.
사회정의	사회복지사는 사회적 불의에도 도전한다.
개인의 존엄성과 가치	사회복지사는 개인의 내재적 존엄성과 가치를 존중한다.
인간관계의 중요성	사회복지사는 인간관계의 핵심적 중요성을 인정한다.
성실성	사회복지사는 신뢰할 수 있는 방식으로 행동한다.
역량	사회복지사는 역량 범위 내에서 실천하고 전문성을 발달시키고 향상한다.

출처: NASW(1999); 이원숙(2014).

2) 사회복지 전문직의 윤리강령

(1) 미국사회복지사협회(NASW) 윤리강령

① 윤리강령의 목적

사회복지의 임무는 핵심가치를 기반으로 하며 사회복지 전문직의 핵심가치를 반영한 광의의 윤리적 원칙을 요약한 것으로서 사회복지실천에 대한 지침으로 사용되어야 할 구체적인 윤리적 기준들을 설정한 것이다. 전문가로서의 책무의 갈등이나 윤리적으로 불확실한 상황이 발생할 때 적절한 판단이 무엇인지 확인할 수 있도록 하며 일반대중이 사회복지실천을 신뢰할 만하다고 판단하도록 하는 윤리적 기준을 제공한다. 사회복지실천 현장에 처음으로 입문한 초심

사회복지사들에게 이 일의 책무, 가치, 윤리적 원칙들과 윤리적 기준을 학습하게 하며 사회복지사들이 비윤리적 행위에 연관되었는지를 평가하기 위한 기준들을 명확하게 해 준다.

② 윤리강령의 핵심가치와 윤리원칙

윤리원칙들은 사회복지 서비스의 핵심 가치, 개인의 존엄성 및 가치, 사회정의, 성실성, 인간관계의 중요성의 능력을 바탕으로 한다. 이러한 모든 원칙들은 사회복지사들이 갈망하는 이상을 규정한다.

- **가치: 서비스 욕구의 제공**
- **윤리원칙: 사회복지의 주요 목표는 욕구에 처해 있는 사람들을 돕고 사회문제를 해결하고자 하는 것이다.**

사회복지사는 개인적인 이익을 초월하여 사람들에 대한 서비스를 고양시킨다. 욕구가 필요한 사람들을 돕고 사회의 문제를 해결하기 위하여 사회복지사는 자신이 지닌 지식과 가치 및 기술들을 활용한다. 사회복지사는 금전적 소득을 기대하지 않으면서 자신의 전문적 기술을 자발적으로 발휘하도록 권장한다.

- **가치: 사회정의의 증진**
- **윤리원칙: 사회복지사는 사회적 불공평에 도전한다.**

사회복지사는 유약하고 억압받는 사람들과 집단을 위한 사회적 변화를 추구한다. 사회복지가 추구하는 사회의 변화를 위한 노력은 실업, 빈곤, 차별, 기타 유형의 사회적으로 불공평함에 그 주된 초점을 맞추며, 억압과 문화적, 인종적 차이의 다양성에 관한 지식의 민감성을 더욱더 증진시켜야 한다. 사회복지사는 필요한 정보, 기회의 균등, 서비스·자원에 대한 접근, 모든 사람을 위한 의사결정에 매우 의미 있는 참여를 보장하고자 노력한다.

- **가치: 개인의 존엄성 및 가치 존중**
- **윤리원칙: 사회복지사는 각 개인의 존엄성과 가치를 존중한다.**

사회복지사는 사람의 개인적인 차이와 문화적 및 인종적 다양성을 염두에 두고 이들을 보호하고 존중하는 마음으로 모든 사람을 대해야 한다. 사회복지사는 사회적으로 책임 있는 클라이언트의 자기결정을 위해 노력한다. 사회복지사는 클라이언트의 욕구를 변화시키고 해결하기 위하여 이들의 역량과 기회를 강화시키고자 한다. 사회복지사는 클라이언트와 더 넓은 사회에 대한 이중적인 책임을 인식한다. 사회복지사는 사회복지 전문직의 가치·윤리원칙·윤리기준에 일관되는 사회적인 책임에 대한 의식을 하면서 클라이언트와 더 넓은 사회의 이해관계 사이에서의 갈등을 해결하기 위하여 노력한다.

- **가치: 인간관계의 중요성 인식**
- **윤리원칙: 사회복지사는 인간관계의 본질적인 중요성을 인식한다.**

사회복지사는 사람들 사이에서의 관계가 변화를 도모하기 위한 중요한 매개체라는 것을 인식하며, 지원 과정에서 클라이언트들을 파트너로서 대우한다. 또한 사회복지사는 개인, 가족, 조직, 사회집단, 지역사회의 복지를 증진·회복·유지시키기 위하여 사람들 사이에서의 인간관계를 강화시키고자 한다.

- **가치: 성실성, 충실(신뢰성 확립)**
- **윤리원칙: 사회복지사는 신뢰성을 줄 수 있도록 행동한다.**

사회복지사는 항상 사회복지 전문직의 임무·가치·윤리원칙·윤리기준을 염두에 두며 이러한 것에 일관성 있게 실천에 임하며, 정직하고 책임성 있게 행동하고 자신이 속해 있는 조직의 입장에서 윤리적인 실천을 증진한다.

· **가치: 능력증진**

· **윤리원칙: 사회복지사는 자신의 능력의 영향력 범위 안에서 실천을 하며 자기 자신의 전문기술들을 발전 및 강화시킨다.**

사회복지사는 자기 자신의 전문지식과 기술을 확충하기 위하여 끊임없는 노력으로 이러한 지식과 기술을 실천에 적용하며, 사회복지 전문직의 지식기반에 이바지하고자 노력을 기울여야 한다.

③ 윤리강령의 윤리기준

윤리기준은 광범위한 내용들을 다루고 있으며 여섯 가지의 주요 범주들 아래에 구체적 원칙들이 분류되어 있다.

윤리기준들은 모든 사회복지사의 사회복지 전문직 활동과 관련된다.

① 사회복지사의 클라이언트에 대한 윤리적 책임
② 사회복지사의 동료에 대한 윤리적 책임
③ 사회복지사의 실천의 장에 대한 윤리적 책임
④ 사회복지사의 전문직으로서의 윤리적 책임
⑤ 사회복지 전문직에 대한 윤리적 책임
⑥ 사회복지사의 더 넓은 사회에 대한 윤리적 책임을 고려한다.

(2) 한국사회복지사 윤리강령

우리나라의 윤리강령은 사회복지 전문직으로서의 전문성 확보와 업무상의 윤리적 판단에서의 기준 마련, 즉 전문직에 대한 질서를 유지하기 위해 1970년부터 사회복지사 윤리강령 제정의 필요성이 논의되어 오다가 1988년 채택·공포되었고 1992년에 개정·공포되었으며 2001년 12월 15일에 재개정되었다. 한국 사회복지사 윤리강령의 내용은 다음과 같다.

※ 한국사회복지사 윤리강령

전문: 기본 이념

사회복지사는 인본주의·평등주의 사상에 기초하여 모든 인간의 존엄성과 가치를 존중하고 천부의 자유권과 생존권의 보장활동에 헌신한다. 특히 사회적·경제적 약자들의 편에 서서 사회정의와 평등·자유와 민주주의 가치를 실현하는 데 앞장선다. 또한 도움을 필요로 하는 사람들의 사회적 지위와 기능을 향상시키기 위해 저들과 함께 일하며 사회제도 개선과 관련된 제반활동에 주도적으로 참여한다.

사회복지사는 개인의 주체성과 자기결정권을 보장하는 데 최선을 다하고 어떠한 여건에서도 개인이 부당하게 희생되는 일이 없도록 한다. 이러한 사명을 실천하기 위하여 전문적 지식과 기술을 개발하고 사회적 가치를 실현하는 전문가로서의 능력과 품위를 유지하기 위해 노력한다. 이에 우리는 클라이언트·동료·기관 그리고, 지역사회 및 전체사회와 관련된 사회복지사의 행위와 활동을 판단·평가하며 인도하는 윤리기준을 다음과 같이 선언하고 이를 준수할 것을 다짐한다.

Ⅰ. 사회복지사의 기본적 윤리기준

1. 전문가로서의 자세
   1) 사회복지사는 전문가로서의 품위와 자질을 유지하고, 자신이 맡고 있는 업무에 대해 책임을 진다.
   2) 사회복지사는 클라이언트의 종교·인종·성·연령·국적·결혼상태·성취향·경제적 지위·정치적 신념·정신, 신체적 장애·기타 개인적 선호, 특징, 조건, 지위를 이유로 차별대우를 하지 않는다.
   3) 사회복지사는 전문가로서 성실하고 공정하게 업무를 수행하며 이 과정에서 어떠한 부당한 압력에도 타협하지 않는다.
   4) 사회복지사는 사회정의 실현과 클라이언트의 복지증진에 헌신하며 이를 위한 환경조성을 국가와 사회에 요구해야 한다.
   5) 사회복지사는 전문적 가치와 판단에 따라 업무를 수행함에 있어 기관 내외로부터 부당한 간섭이나 압력을 받지 않는다.
   6) 사회복지사는 자신의 이익을 위해 사회복지 전문직의 가치와 권위를 훼손해서는 안 된다.
   7) 사회복지사는 한국사회복지사협회 등 전문가 단체 활동에 적극 참여하여 사회정의 실현과 사회복지사의 권익옹호를 위해 노력해야 한다.
2. 전문성 개발을 위한 노력
   1) 사회복지사는 클라이언트에게 최상의 서비스를 제공하기 위해 지식과 기술을 개발하는 데 최선을 다하며 이를 활용하고 전파할 책임이 있다.
   2) 클라이언트를 대상으로 연구하는 사회복지사는 저들의 권리를 보장하기 위해 자발적이고 고지된 동의를 얻어야 한다.
   3) 연구과정에서 얻은 정보는 비밀보장의 원칙에서 다루어져야 하고 이 과정에서 클라이언트는 신체적·불편이나 위험·위해 등으로부터 보호되어야 한다.

4) 사회복지사는 전문성을 개발하기 위해 노력하되, 이를 이유로 서비스의 제공을 소홀히 해서는 안 된다.
5) 사회복지사는 한국사회복지사협회 등이 실시하는 제반교육에 적극 참여하여야 한다.

3. 경제적 이득에 대한 태도

1) 사회복지사는 클라이언트의 지불능력에 상관없이 서비스를 제공해야 하며 이를 이유로 차별대우를 해서는 안 된다.
2) 사회복지사는 필요한 경우에 제공된 서비스에 대해 공정하고 합리적으로 이용료를 책정해야 한다.
3) 사회복지사는 업무와 관련하여 정당하지 않은 방법으로 경제적 이득을 취하여서는 안 된다.

II. 사회복지사의 클라이언트에 대한 윤리기준

1. 클라이언트와의 관계

1) 사회복지사는 클라이언트의 권익옹호를 최우선의 가치로 삼고 행동한다.
2) 사회복지사는 클라이언트에 대하여 인간으로서의 존엄성을 존중해야 하며 전문적 기술과 능력을 최대한 발휘한다.
3) 사회복지사는 클라이언트가 자기결정권을 최대한 행사할 수 있도록 도와야 하며 저들의 이익을 최대한 대변해야 한다.
4) 사회복지사는 클라이언트의 사생활을 존중하고 보호하며 직무수행과정에서 얻은 정보에 대해 철저하게 비밀을 유지해야 한다.
5) 사회복지사는 클라이언트가 받는 서비스의 범위와 내용에 대해 정확하고 충분한 정보를 제공함으로써 알 권리를 인정하고 존중해야 한다.
6) 사회복지사는 문서·사진·컴퓨터 파일 등의 형태로 된 클라이언트의 정보에 대해 비밀보장의 한계·정보를 얻어야 하는 목적 및 활용에 대해 구체적으로 알려야 하며 정보공개 시에는 동의를 얻어야 한다.
7) 사회복지사는 개인적 이익을 위해 클라이언트와의 전문적 관계를 이용하여서는 안 된다.
8) 사회복지사는 어떠한 상황에서도 클라이언트와 부적절한 성적 관계를 가져서는 안 된다.
9) 사회복지사는 사회복지증진을 위한 환경조성에 클라이언트 동반자로 인정하고 함께 일해야 한다.

2. 동료의 클라이언트와 관계

1) 사회복지사는 적법하고도 적절한 논의 없이 동료 혹은 다른 기관의 클라이언트와 전문적 관계를 맺어서는 안 된다.
2) 사회복지사는 긴급한 사정으로 인해 동료의 클라이언트를 맡게 된 경우 자신의 의뢰인처럼 관심을 갖고 서비스를 제공한다.

Ⅲ. 사회복지사의 동료에 대한 윤리기준

1. 동료
   1) 사회복지사는 존중과 신뢰로써 동료를 대하며 전문가로서의 지위와 인격을 훼손하는 언행을 하지 않는다.
   2) 사회복지사는 사회복지 전문직의 이익과 권익을 증진시키기 위해 동료와 협력해야 한다.
   3) 사회복지사는 동료의 윤리적이고 전문적인 행위를 촉진시켜야 하며 이에 반하는 경우에는 제반 법률규정이나 윤리기준에 따라 대처해야 한다.
   4) 사회복지사가 전문적인 판단과 실천이 미흡하여 문제를 야기시켰을 때에는 적절한 조치를 취하여 클라이언트의 이익을 보호해야 한다.
   5) 사회복지사는 전문직 내 다른 구성원이 행한 비윤리적 행위에 대해 제반 법률규정이나 윤리기준에 따라 조치를 취해야 한다.
   6) 사회복지사는 동료 및 타 전문직 동료의 직무가치와 내용을 인정·이해하며 상호 간에 민주적인 직무관계를 이루도록 노력해야 한다.
2. 슈퍼바이저
   1) 슈퍼바이저는 개인적인 이익의 추구를 위해 자신의 지위를 이용해서는 안 된다.
   2) 슈퍼바이저는 전문적 기준에 의해 공정하게 책임을 수행하며 사회복지사·수련생 및 실습생에 대한 평가는 저들과 공유해야 한다.
   3) 사회복지사는 슈퍼바이저의 전문적 지도와 조언을 존중해야 하며 슈퍼바이저는 사회복지사의 전문적 업무수행을 도와야 한다.
   4) 슈퍼바이저는 사회복지사·수련생 및 실습생에 대해 인격적·성적으로 수치심을 주는 행위를 해서는 안 된다.

Ⅳ. 사회복지사의 사회에 대한 윤리기준

1) 사회복지사는 인권존중과 인간평등을 위해 헌신해야 하며 사회적 약자를 옹호하고 대변하는 일을 주도해야 한다.
2) 사회복지사는 필요한 사회서비스를 개발하기 위한 사회정책의 수립·발전·입법·집행에 적극적으로 참여하고 지원해야 한다.
3) 사회복지사는 사회환경을 개선하고 사회정의를 증진시키기 위한 사회정책의 수립·발전·입법·집행을 요구하고 옹호해야 한다.
4) 사회복지사는 자신이 일하는 지역사회의 문제를 이해하고 그것을 해결하는 일에 적극적으로 참여해야 한다.

Ⅴ. 사회복지사의 기관에 대한 윤리기준

1) 사회복지사는 기관의 정책과 사업목표의 달성·서비스의 효율성과 효과성의 증진을 위해 노력함으로써 클라이언트에게 이익이 되도록 해야 한다.
2) 사회복지사는 기관의 부당한 정책이나 요구에 대하여 전문직의 가치와 지식을 근거로 이에 대응하고 즉시 사회복지윤리위원회에 보고해야 한다.
3) 사회복지사는 소속기관 활동에 적극 참여함으로써 기관의 성장발전을 위해 노력해야 한다.

Ⅵ. 사회복지윤리위원회의 구성과 운영

1) 한국사회복지사협회는 사회복지윤리위원회를 구성하여 사회복지윤리실천의 질적인 향상을 도모하여야 한다.
2) 사회복지윤리위원회는 윤리강령을 위배하거나 침해하는 행위를 접수받아 공식적인 절차를 통해 대처하여야 한다.
3) 사회복지사는 한국사회복지사협회의 윤리적 권고와 결정을 존중하여야 한다.

※ 사회복지사 선서

나는 모든 사람이 인간다운 삶을 누릴 수 있도록 인간존엄성과 사회정의의 신념을 바탕으로 개인·가족·집단·조직·지역사회·전체 사회와 함께한다. 나는 언제나 소외되고 고통받는 사람들의 편에 서서 저들의 인권과 권익을 지키고 사회의 불의와 부정을 거부하면서 개인이익보다는 공공이익을 앞세운다. 나는 사회복지사 윤리강령을 준수함으로써 도덕성과 책임성을 갖춘 사회복지사로 헌신한다. 나는 나의 자유의지에 따라 명예를 걸고 이를 엄숙하게 선서합니다.

출처: 사회복지사협회 홈페이지.

3. 사회복지실천 현장의 윤리적 딜레마

가치는 선(good)이며 바람직한 것으로서, 인간이 적절한 행동을 선택하는 데에 지침 또는 기준으로 작용한다. 사회복지실천에서 가치는 사회복지사들이 지향해야 할 목적을 나타내며, 인간을 다루는 방법에 관하여 전문직이 갖는 신념이다.

한편 윤리는 사람이 사회적 관계에 있어서 마땅히 행하거나 지켜야 할 도리를 말한다. 가치와 윤리의 관계에 있어서, 가치는 윤리적 결정을 위한 판단의 기초가 되며 모든 윤리적 이슈들은 결정의 기반으로서 가치를 포함한다. 따라서 가치와 윤리는 궁극적으로 일치하므로, 윤리와 가치라는 말이 혼용되어 쓰이는 경향이 있다.

그러나 윤리와 가치의 차이점은 가치는 무엇이 좋고 바람직한가와 관련되고, 윤리는 무엇이 옳고 바르냐를 나타낸다. 가치는 이상적인 면을 다루고 윤리는 현실적인 면을 다룬다. 예를 들어서 개인의 자율성 존중이 우리 사회의 가치라면, 클라이언트 스스로 자기의 일을 결정할 수 있도록 해야 한다는 것은 사회복지실천의 윤리이다. 또한 개인의 사생활 보장이 우리 사회의 가치라면, 사회복지사와 클라이언트와의 면담을 녹화하는 데에 클라이언트의 사전 동의를 얻어야 한다는 것은 사회복지실천의 윤리이다.

윤리적 딜레마란 '다른 행동을 취할 훌륭한 이유가 있는 상황'으로 규정된다. 양자의 선택이 다 나름대로의 장단점이 있고 그 장단점들도 확률로 표현되기 때문에 어떤 선택을 택해야 할지 명확하게 결정하기 어려운 경우를 윤리적 딜레마라고 한다. 윤리적 딜레마는 전문직에서 두 개 이상의 가치, 원칙, 의무가 상충할 때 발생한다. 즉 윤리적 딜레마는 사회복지사가 두 가지 이상의 윤리적 의무를 갖고 있지만, 한 가지를 위반하지 않고는 다른 것을 지킬 수 없는 상황에서 필연적으로 발생한다.

1) 사회복지실천에서의 윤리적 딜레마

사회복지사는 아주 다양한 윤리적 딜레마와 만난다. 이는 주로 클라이언트, 동료, 사회복지 전문직과 사회에 대한 의무가 다양하고 때로는 대립하는 데에서 나타난다. 사회복지실천 상황에서 나타날 수 있는 윤리적 딜레마에는 클라이언트의 자기결정권, 비밀보장, 진실성 고수와 알 권리, 제한된 자원의 공정한 분배, 상충되는 의무와 기대, 클라이언트의 이익과 사회복지사의 이익, 동료관계, 규칙과 정책 준수 등이 있으며, 넓게 보면 이 모든 딜레마들이 사회복지사와 클라이언트와의 관계에 관련을 가지고 있다. 즉, 사회복지실천을 수행해야 하는 상황에서 두 가지 이상의 윤리적 의무들이 있는데 한 가지를 지키기 위하여 다른 한 가지를 포기해야만 하는 상황이 발생하는 것이다.

(1) 자기결정권

클라이언트의 자기결정권은 앞에서 밝힌 대로 사회복지실천의 기본적 가치로서 인간의 존엄성 및 자율성 존중에 기반을 두고 있다. 이는 클라이언트가 어떤 문제에 대하여 어떠한 서비스를 받고, 자기 인생에 있어서 어떤 결정을 내릴 것인지에 대하여 클라이언트가 결정할 권리가 있다는 것을 의미한다. 따라서 사회복지사는 자신의 전문적 지식 및 경험에 근거하여 그의 생각을 클라이언트에게 강요하거나 간섭할 수 없다는 뜻이다.

이때 윤리적으로 옳은 개입방향이 무엇인지에 대해서는 논란의 여지가 많다. 한쪽 입장은 사회복지사가 클라이언트의 자기결정권을 제한할 필요가 있다는 입장이다. 즉 클라이언트의 욕망이나 자유에 간섭하여, 자학적인 클라이언트를 제재하거나 클라이언트에게 자기의 의사에 반하는 서비스를 받을 것을 요구하는 것 등이다. 그 근거는 클라이언트가 바른 판단을 할 수 없을 때 그들을 보호할 책임이 사회복지사에게 있다는 믿음이다. 반면 자기결정권을 최대한 보장하려는 입장도 있다. 그 근거는 클라이언트는 자기 인생에 있어서 어떤 자학적 행동을 하거나 위험을 감수할 권리가 있다는 믿음이다.

(2) 비밀보장

비밀보장은 클라이언트와의 관계에서 기본적인 윤리이다. 클라이언트가 사회복지사에게 말한 내용 및 다른 사람이 클라이언트에 대하여 제공한 내용은 공개되어서는 안 된다. 이 원칙은 거의 모든 경우에 고수되어야 하지만, 사회복지사가 비밀정보 공개를 고려해야 하는 경우도 있다. 즉 ① 클라이언트가 자기의 생명이나 타인의 생명을 해칠 위험이 있다고 판단될 때, ② 힘이 약한 가족성원(아동, 배우자, 노인, 장애인)에 대한 학대가 일어날 때, ③ 전염성이 있는 위험한 질병에 걸렸을 때, ④ 클라이언트가 사법체계에 연루되어 사법체계에서 클라이언트에 관한 정보를 요청할 때 등이다. 이러한 경우의 극단적 상황에서 사회복지사는 어쩔 수 없이 비밀정보를 공개할 수 있다고 인정된다.

(3) 진실성 고수와 클라이언트의 알 권리

클라이언트는 자기의 보호, 치료, 복지에 관련된 문제에 관해서 진실한 정보를 얻을 수 있는 권리를 가지고 있다. 그러나 어떤 경우에는 클라이언트에게 정보를 제공하지 않거나 잘못된 정보를 제공하는 것이 용납되며, 심지어는 그래야 한다는 주장도 있다. 이러한 의견의 근거는 때로는 클라이언트를 해로부터 보호할 필요가 있다는 믿음이다.

(4) 윤리적 결정을 내리는 지침

윤리적 딜레마는 사회복지사가 두 가지 이상의 윤리적 의무를 갖고 있지만, 한 가지를 위반하지 않고서는 다른 것을 지킬 수 없는 상황에서 필연적으로 발생한다. 윤리적 딜레마에 대하여 명쾌한 하나의 답을 제시하는 것은 불가능하지만, 올바른 결정을 위한 지침은 있을 수 있다.

(5) 자기인식의 중요성

자기인식이란 자신의 가치, 신념, 태도, 행동습관을 깨닫고, 이들이 사회복지실천에서의 관계와 의사결정에 어떻게 영향을 미치는지를 정확하게 아는 것을 의미한다. 사회복지사 개인의 가치 혹은 편견은 의식적, 무의식적으로 클라이언트와의 관계 및 윤리적 의사결정에 영향을 주기 때문에, 사회복지사는 자기의 가치가 효과적 개입활동에 걸림돌이 되지 않는지를 끊임없이 살펴야 한다. 즉 자신이 어떠한 믿음과 가치를 가지고 있는지를 자각하고 왜 이런 가치관을 가지고 있는지, 또 자신이 이런 가치관에 입각해서 어떻게 사회복지 실무를 수행하는지에 대한 명확한 자기인식이 있어야 한다. 따라서 사회복지사는 자기 자신에게 진실되어야 하고 자기 자신을 잘 이해하고 있어야 한다.

사회복지사가 자기의 가치문제에 대하여 생각을 많이 하고 갈등을 많이 겪을수록 더 성숙한 전문인이 될 수 있다. 브릴은 사회복지사의 자기인식을 명확히 하기 위한 노력으로서 다음과 같은 사항을 제시하고 있다.

① 자신의 가치관이 그 존재를 거의 지각할 수 없을 정도로 깊숙이 내면화되어 있음을 깨닫고, 여기에는 자신의 감정적 요소가 다분히 개입되어 있음을 인식한다.
② 자신의 편견이 무엇인가를 의식하는 데에 최선을 다한다.
③ 자신의 가치관을 객관적이고 현실적으로 평가하도록 노력한다. 즉 자신의 가치관의 근원 및 업무에 어떻게 영향을 미치는가를 검토한다.
④ 이러한 평가에 근거하여 변화가 필요한 가치관은 변화시키도록 노력한다. 클라이언트의 생활양식이 사회복지사와 다르다고 하더라도, 이것이 클라이언트의 욕구를 충족시킨다면 그 차이를 분별하고 인정해야 할 것이다. 또한 사회복지사는 다양한 생활경험을 통해 여러 부류의 사람들과 접해 보고 다양한 생활양식 및 가치관을 이해하도록 노력해야 한다.

2) 윤리적 딜레마의 해결책

사회복지실천 현장에서 사회복지사는 클라이언트와의 복잡한 문제들을 해결하는 데 있어서 다양한 요인으로 인하여 가치갈등과 윤리적 딜레마가 발생하게 되는 데 이를 해결하기 위한 방법들을 살펴보면 다음과 같다.

(1) 윤리원칙 준거틀

로웬버그와 돌고프(Loewenberg & Dolgoff, 1996)는 윤리적 의무들이 서로 갈등적인 상황에서 어떤 원칙이나 법적 의무를 우선시해야 하는지를 결정하는 것을 돕기 위해 '윤리원칙 준거틀'을 위계서열 형태로 〈표 4-2〉와 같이 제시하였다(엄명용 외, 2009).

〈표 4-2〉 윤리원칙 준거틀

윤리원칙	내용
① **윤리원칙 1**: 생명보호의 원칙	인간의 생명보호가 모든 것에 최우선된다.
② **윤리원칙 2**: 평등과 불평등의 원칙	능력 또는 권력이 같은 사람들은 '똑같이 취급을 받을 권리'가 있고 능력 또는 권력이 다른 사람들은 '다르게 취급을 받을 권리'가 있다.
③ **윤리원칙 3**: 자율과 자유의원칙	클라이언트의 자율성, 독립성, 자유는 중시되나 무제한적으로 중시되는 것은 아니라는 것으로, 자신이나 타인의 생명을 학대하거나 위협할 권리 등은 없다.
④ **윤리원칙 4**: 최소한 손실의 원칙	선택을 해야 할 대안이 다 유해할 때는 가장 최소한으로 유해하게 미치는 것을 선택해야 한다.
⑤ **윤리원칙 5**: 삶의 질의 원칙	클라이언트 개인뿐 아니라 지역사회와 모든 사람의 삶의 질을 증진시킬 수 있는 것들을 선택해야 한다.
⑥ **윤리원칙 6**: 사생활 보호와 비밀보장의 원칙	사회복지사가 클라이언트에 대하여 알게 된 사실들을 다른 사람들에게 공개를 해서는 안 된다.
⑦ **윤리원칙 7**: 진실성과 완전개방의 원칙	사회복지사는 오직 진실만을 이야기해야 하며 클라이언트 및 타인과 관련된 모든 정보에 대하여 충분하게 공개해야 한다.

출처: 이은희 · 김남숙(2014).

① 윤리원칙 1

인간의 생명보호(protection of life)는 클라이언트를 비롯한 모든 사람에게 적용된다. 이 원칙은 다른 여러 의무나 원칙들보다 우선하여 발생한다. 쿠즈와 싱어(Kuhse & Singer, 1985)는 '생명의 권리'에 대해 "모든 권리 중에서 가장 기본적인 것이며 만약 생명의 권리가 침해되면 어느 누구도 다른 권리를 누릴 수 없다."고 하였다.

② 윤리원칙 2

평등(equality)과 불평등(inequality)의 원칙은 동등한 사람들의 처우는 평등해야 하는 권리를 가지며 동등하지 않은 사람들은 만약 그 동등하지 않은 이유가 문제가 되고 있는 사안 그 자체에 있다면 그에 따라 다르게 처우되어야 한다는 권리를 말한다. 이 원칙이 적용되는 대표적인 상황은 아동학대의 사례이다. 학대받는 아동은 성인과 '동등한' 위치에 있지 않기 때문에 학대 상황이 비록 생과 사의 심각한 경우가 아니어도 학대하는 성인에 대한 비밀보장과 자율성의 원칙은 아동을 보호하는 의무에 비해 더욱 낮은 순위를 차지한다.

③ 윤리원칙 3

사회복지사는 개인의 자율성, 독립성과 자유를 신장시키는 실천적인 결정을 해야 한다. 그러나 자유가 비록 매우 중요한 가치이긴 해도 자신이나 다른 사람의 생명의 원칙 또는 생존의 원칙이 갖는 중요성보다 우선할 수 없다. '어떠한 결정을 하든지 그것은 자신의 자율적인 권리이므로 자신 혹은 다른 사람을 해칠 수도 있다.'는 주장은 그 어느 누구에게도 설득력이 없다. 어떤 사람이 이러한 결정을 하려 할 때, 사회복지사는 이에 개입해야 할 의무가 있는데 그 이유는 원칙 3보다 원칙 1이 앞서기 때문이다.

④ 윤리원칙 4

최소해악의 원칙은 클라이언트에게 해가 되는 윤리적 교착상태에 직면하게 되면 사회복지사는 위해가 되는 상황을 사전에 방지하거나 피하도록 해야 한다. 대안 중 어떤 것을 선택하더라도 누군가에게 위해가 될 수 있는 상황이라면 사회복지사는 클라이언트나 타인에게 최소한의 해가 되는 선택을 해야 한다.

⑤ 윤리원칙 5

삶의 질 원칙은 사회복지사는 클라이언트 개인뿐 아니라 지역사회의 삶의 질을 촉진하기 위한 실천을 해야 한다. 사회복지사는 지역에서부터 세계에 이르기까지 복지사회를 구현해야 하며 사람과 지역사회 그리고 환경의 발달을 촉진해야 한다.

⑥ 윤리원칙 6

사회복지사는 모든 사람의 사생활보호와 비밀보장의 권리를 강화하기 위해 노력해야 한다. 그러나 비밀보장을 하는 것이 오히려 위해가 될 경우 폭력이나 손해를 예방하는 것이 이 원칙보다 우선되어야 한다.

⑦ 윤리원칙 7

정직과 완전공개의 원칙에 따라 사회복지사는 진실한 말을 해야 하며 자신의 클라이언트 및 타인과 관련된 모든 정보에 대해서 충분하게 공개해야 한다. 전문적인 관계가 원활하게 되기 위해서는 신뢰를 요하며 신뢰는 정직을 기본으로 한다.

제2부

사회복지실천 과정

5장

접수

1. 접수의 개념

사람과 사람 사이의 만남에서도 첫인상이 이후 관계에 영향을 미치는 것과 같이 사회복지실천 과정에서 클라이언트가 기관과 사회복지사를 처음 경험하게 되는 접수 과정은 앞으로 클라이언트와 사회복지사와의 관계를 결정하는 주요한 단계이다. 사회복지상담에서 접수면접은 면접자와 피면접자 두 사람 사이의 의사소통으로 이루어진다는 점에는 일반면접과 차이는 없지만 특정한 목적을 가지고 사회복지사에 의해 전문적 · 의도적으로 이루어진다는 점이 특징이다.

따라서 사회복지실천 장면에서의 접수면접은 서비스가 이루어지는 상호작용 관계 속의 만남 즉, 사회복지사와 클라이언트의 만남을 의미한다. 또한 면접은 사회복지사와 클라이언트와 함께 특정한 서비스 목적을 결정하고, 계약 후 그 목적을 달성하기 위해 이루어지는 모든 과정을 의미한다. 따라서 접수는 전문적 지식과 인간관계형성 기술을 갖춘 사회복지사가 클라이언트의 욕구를 이해하며 상담 서비스를 진행한다는 목적을 가지고, 그 목적을 달성하기 위해 개입 방법을 논의하고 실천하는 전문적 대화라고 할 수 있다.

접수는 다양한 형식으로 이루어진다. 전화나 인터넷, 방문 등 방법도 여러 가지이면서, 그 내용에서도 첫 면담으로 끝나는 경우에서부터 실제 면담을 실행하고, 많은 내용을 이야기하는 것까지 다양하다. 사회복지기관이나 시설에 따라서는 접수면담만을 담당하는 사회복지사(intake worker)가 있고 계속적인 면담과정은 다른 사회복지사가 담당하는 경우도 있다.

※〈알아두기〉 의뢰방식과 접수의 유형

사회복지실천 장면에서 접수가 이루어지는 상황은 의뢰의 주체와 클라이언트의 자발성에 따라 다음과 같은 유형으로 나누어 볼 수 있다.

- **적극적 자기의뢰**: 자기의뢰는 클라이언트가 스스로 사회복지기관이나 사회복지사를 방문하여 서비스 또는 지원을 신청하는 경우이다.
- **비공식체계에 의한 의뢰**: 친구나 이웃 등 클라이언트와 클라이언트의 문제를 알고 있는 주변 사람이 클라이언트를 위해 기관이나 사회복지사에게 서비스나 도움을 요청하는 유형의 접수이다.
- **공식체계에 의한 자발적 의뢰**: 자기의뢰에 의해 사회복지기관에 도움을 신청한 클라이언트가 방문한 기관의 서비스를 이용할 수 있는 자격요건을 갖추고 있지 않거나 기관이 클라이언트의 욕구에 대응하는 서비스를 제공할 수 없을 때, 기관은 클라이언트를 적절한 기관에 의뢰한다.
- **공식체계에 의한 비자발적 의뢰**: 클라이언트의 문제를 해결하기 위해 정부 또는 공공기관을 비롯한 공식체계가 기관이나 사회복지사에게 서비스를 신청해 이루어지는 접수이다. 예를 들면, 범법행위를 한 청소년의 심리적 재활을 위해 지방가정법원이 해당 청소년의 의사와 관계없이 심리상담 프로그램을 신청한 경우가 공식체계에 의한 비자발적 의뢰에 해당된다.
- **발굴**: 발굴은 클라이언트나 클라이언트의 대리인이 서비스를 신청하지 않는다는 면에서 이전의 접수 유형과 차이가 있다. 발굴이란 사회복지사가 도움을 필요로 하는 클라이언트를 찾아 나서는 이웃리치(outreach)를 통해 클라이언트가 서비스를 신청하게 되는 접수의 유형이다.

2. 접수의 단계와 과업

접수단계는 사회복지실천 과정의 한 단계이지만 이 또한 세부적인 일련의 활동들로 이루어져 있다. 클라이언트가 자신의 이야기를 할 수 있도록 안전하고 편안한 환경을 마련하여 참여를 이끌어 낸다. 이후 기본적인 인적 사항과 클라이언트의 문제 및 욕구를 파악하고, 주어진 정보에 근거해 서비스 제공이 이후 단계를 밟을 것인지 또는 적절한 서비스를 제공할 기관에 의뢰할 것인지를 결정한다. 접수단계는 이와 같은 일련의 활동들이 이루어지기 때문에 클라이언트

참여유도, 도전 및 욕구의 확인, 서비스 동의 그리고 의뢰의 과업을 갖게 된다.

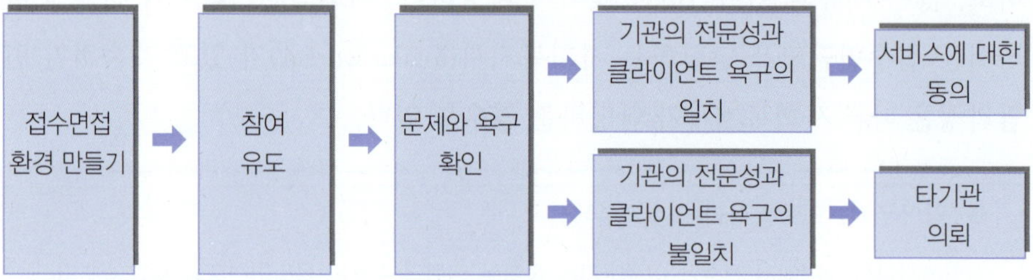

[그림 5-1] 접수면접 단계의 과정과 과업

1) 접수면접 환경 만들기

클라이언트가 안정감과 편안함을 느낄 수 있는 환경을 마련하는 것은 접수단계를 실시하기 위해 매우 중요한 요소가 된다. 접수면접을 진행하기 위한 환경은 일반적으로 물리적 환경, 구조적 환경 그리고 심리적 환경으로 구분된다.

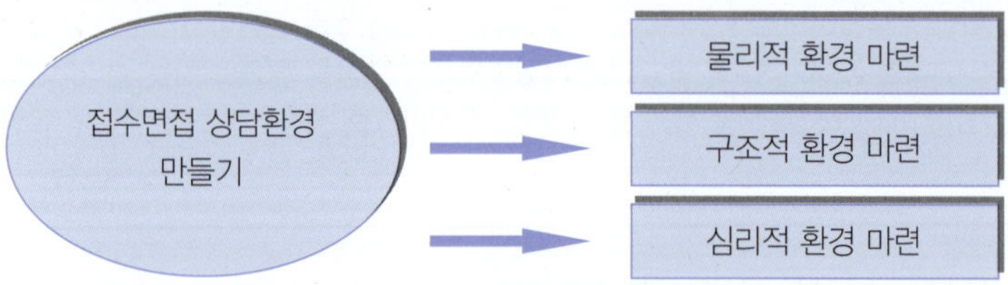

[그림 5-2] 안정된 환경 마련을 위한 요소

(1) 물리적 환경 마련

물리적 환경이란 접수면접을 위한 내부 시설이나 비품, 가구 마련은 물론 실내 디자인에 이르는 전반적인 것을 포함하게 된다. 물리적 환경을 위해 최우선적으로 고려해야 할 부분은 클라이언트와의 면담이 사적인 내용일 때는 비밀보장을 위하여 별도의 공간을 마련하는 것이다. 비밀보장이 필요 없는 일반적인 내용이더라도 면담내용이 개인의 사생활에 관련된 내용이고, 타인에게 면담내용이 들리거나 클라이언트가 누구인지 알려지는 것이 바람직하지 않다고 판단된다면 사회복지사는 독립 공간으로 안내하는 것이 좋다.

중요한 것은 클라이언트가 자신의 비밀을 보장받는다는 안전한 느낌이 들 수 있어야 한다. 방음이 잘되는 독립된 공간, 적절한 크기의 창문, 아늑한 채광과 조명 설치, 적절한 온도 유지, 공간에 어울리는 가구와 실내장식, 편안한 의자와 테이블 등 클라이언트에게 안전하고 편안함을 줄 수 있는 물리적 환경 마련이 필요하다. 때로는 클라이언트가 갑작스럽게 눈물을 흘릴 수도 있기 때문에 화장지와 휴지통을 구비하는 것도 클라이언트를 위한 섬세한 배려 차원의 준비가 된다. 무엇보다 편안한 물리적 분위기를 연출하기 위하여 접수 면담 공간을 청결하게 유지하고 사전에 미리 체크하는 것이 중요하다.

※ 사회복지실천 장면 이외의 환경에서의 접수면접상담

사회복지사가 접수면접을 위한 물리적 장소를 사회복지기관에 마련하였지만 상황에 따라서는 클라이언트의 집을 방문하여 면담이 진행되는 경우가 있다. 방문 서비스, 찾아가는 상담 서비스는 클라이언트가 보다 편안하고 익숙한 공간에서 진행되므로 안전한 느낌을 가질 수 있도록 돕고, 집 밖으로 이동이 어려울 때에도 도움이 된다. 또한 클라이언트의 생활환경에 대한 정보를 직접적으로 수집하는 데 도움이 된다. 그러나 지나치게 상세한 내용과 불필요한 사생활까지 노출해야 하는 면에서 클라이언트의 수치심과 거부감을 자극할 수 있다는 것을 명심해야 한다. 만약 면접을 위해 찾아간 클라이언트 가정의 청결상태가 지나치게 좋지 않고 독립적으로 면접이 진행되기 어려운 위협적인 환경인 경우에는 다른 가족과 독립적인 공간을 마련하여 진행하거나 가까운 집 근처의 다른 장소로 옮겨서 진행하는 것이 필요하다.

사회복지기관 이외에서 클라이언트를 만나는 것은 특별한 사유로 기관의 승인을 받는다면 가능한 일이겠지만 그렇지 않을 때는 외부 장소에서 면담을 하는 것은 그다지 바람직하지 않다. 예외적으로 병원이나 군대 등과 같이 클라이언트가 외부로 이동이 불가능한 공간에 있어서 사회복지사가 찾아가야 하는 상황, 클라이언트가 주관적 또는 객관적으로 느끼기에 사회복지기관에 찾아가는 것이 너무 힘들지만 사회복지 서비스가 필요하다고 판단되어 만나야 하는 경우에 사회복지사는 외부 공간에서 클라이언트를 만날 수 있다.
그러나 특별한 사유로 기관의 승인을 받지 않고 클라이언트를 사적으로, 비공식적인 장소에서 만나는 것은 윤리적인 문제 또는 전이-역전이의 문제에 휘말릴 가능성이 크므로 각별히 주의해야 한다.

(2) 구조적 환경 마련

구조적 환경이란 면접시간, 면접 장소, 면접 일정 등 상담과 관련된 다양한 계약 및 규칙 등을 포함하는 환경이다. 구조적 환경이 잘 마련된 경우 클라이언트에게 안정감을 주고 일관적인 규칙이 적용되면 클라이언트에게 신뢰감을 줄 수 있으며 일관성 있는 접수면접 환경과 사회복지사와 관계를 유지하도록 돕는다. 일반적으로 구조적 환경은 클라이언트와 처음으로 접수를 받는 날 결정하거나 결정된 내용을 구체적으로 전달하여 클라이언트에게 안정감과 신뢰감을 주도록 해야 한다.

접수면접 시간은 사회복지사와 클라이언트가 사전에 날짜와 시간을 정해서 이루어진다. 때에 따라서 위급사항의 경우 약속을 정하지 못하고 즉석에서 이루어지기도 하나, 일반적으로 면접 시간은 면접의 목적이나 내용에 따라 다를 수 있지만 50분 정도로 하는 것이 바람직하다. 더 길어지면 지루해지고 집중력이 떨어져 면접의 효과가 낮아질 수 있으나, 어디까지나 클라이언트의 주의집중력과 의사소통능력에 따라 조정되어야 할 것이다.

(3) 심리적 환경

심리적 환경이란 사회복지사의 말투, 옷차림 등 인격적인 분위기를 포함하는 환경을 의미한다. 처음 사회복지기관을 찾은 클라이언트의 불안을 다룰 수 있도록 차분하고 안정적인 태도로 다가서며, 클라이언트가 가진 어려움에 대하여 진지한 관심을 가지고 도움을 제공하려는 따뜻한 마음가짐의 자세로 진정성 있게 다가서도록 한다.

어떤 유형의 클라이언트를 만나더라도 개인적 감정이나 선입견에 근거하여 반응하지 않고 공식적인 업무를 수행하는 전문가로서 따뜻함이 배어 있는 친절한 자세로 클라이언트를 만나야 한다. 친절은 환한 표정과 부드러운 미소, 편안한 목소리, 적절한 어조, 그리고 클라이언트를 세심하게 배려하는 행동으로 나타날 수 있다. 따라서 사회복지사는 항상 온화하고 수용적이고 공감적인 태도와 자세로 클라이언트를 맞이하여 접수면접상담이 안전하게 지속될 수 있도록 심리적인 환경 마련에 최선을 다해야 할 것이다.

2) 참여유도

참여유도는 클라이언트가 접수를 비롯한 사회복지실천의 전 과정에 주체적이고 적극적으로 관여하도록 이끌어 내는 것을 의미한다. 클라이언트의 참여는 사회복지사와의 라포(rapport) 형성을 기본으로 한다. 라포형성이란 사회복지사에 대한 클라이언트의 신뢰를 바탕으로 클라이언트와 사회복지사 사이에 긍정적인 정서적 교류와 진실된 교감이 가능한 관계의 수립을 의미한다.

라포형성은 클라이언트의 개방성을 증진시킨다. 사회복지사와의 라포형성이 성공적으로 이루어진 클라이언트는 자신을 도우려는 사회복지사의 진심을 이해하기 때문에 자신의 문제와 욕구를 드러내는 데 있어 두려움이나 주저함이 상대적으로 낮다. 또한 라포가 형성된 사회복지사와의 관계를 통해 클라이언트에게 전달된 사회복지사의 지지와 변화에 대한 기대는 클라이언트에게 변화에 대한 동기를 높인다.

3) 문제와 욕구 확인

문제와 욕구 확인은 클라이언트가 사회복지기관의 도움을 요청하게 된 직접적인 원인으로 클라이언트가 변화 또는 해결이 필요하다고 느끼는 조건이나 상황을 의미한다. 문제와 욕구를 확인하는 것은 클라이언트를 지원하기 위한 적절한 전문성을 갖고 있는가를 판단하는 근거가 된다.

접수면접단계에서 문제와 욕구의 확인은 주로 클라이언트의 주관적인 경험과 해석에 근거해 클라이언트가 호소하는 어려움을 중심으로 이루어진다. 어떤 클라이언트의 경우, 여러 가지 복합적인 문제들을 호소한다. 우울 및 무기력 증세와 함께 아버지에 대한 증오심, 학교 대인관계에서의 고충, 자신의 우유부단함 등을 한꺼번에 쏟아내기도 한다. 그러나 사회복지사는 클라이언트를 도와서 문제를 요령 있게 제시할 수 있도록 도와야 한다. 여기서의 요령은 문제들을 복합적으로 제시하지 말고 구분하여 구체적으로 제시하도록 도와주는 것이 중요하다.

※ 주호소문제 확인을 위한 접수면접지 형식과 면담방식

클라이언트에게 호소문제를 확인할 때에는 단순히 방대한 정보를 수집하는 것보다 호소문제와 관련시켜서 정보를 수집하는 것이 바람직하다. 또한 호소문제는 클라이언트의 말과 용어를 그대로 기록하도록 한다. 그렇게 해야만 클라이언트의 심정, 상황적인 사정, 도움을 요하는 사정 등이 더욱 현실과 가깝게 기술될 수 있고 클라이언트의 고유한 상황이 반영될 수 있기 때문이다.

- 주호소문제와 관련하여 질문하기
  - "도움을 받고 싶으신 일은 무엇인가요?"
  - "힘든 부분들이 있으신가요?"
- 구체화시키기
  - "조금만 더 자세히 설명해 주시겠어요?"
  - "최근에 구체적인 사건들이 있었나요?"
- 대처방식 파악하기
  - "전에 이와 비슷한 문제로 고민해 본 적이 있으세요?"
  - "과거에 같은 문제가 생겼을 때 어떻게 대처했나요?"
- 우선순위 결정하기
  - "이 중에서 가장 힘든 일이나 가장 해결하고 싶은 것은 무엇인가요?"
- 욕구 확인하기
  - "저희 기관에서 어떤 서비스를 받기를 원하시는지요?"
  - "어떤 방식의 도움을 받고 싶으신지요?"
  - "ㅇㅇㅇ님의 어려움을 해결하기 위해서 어떤 도움을 필요로 하시는지요?"

번호	호소내용	지속기간	대처방법	문제의 변화 및 주변반응	기타 (위험요인 or 자원 등)
1					
2					
3					
4					

4) 서비스에 대한 동의

서비스에 대한 동의는 접수의 결과 중 하나이다. 기관이 클라이언트의 주호소 문제와 욕구해결에 적절한 전문성을 가지고 있으며, 클라이언트가 기관으로부터 지원을 받을 수 있는 자격요건을 갖추고 있을 때 서비스에 대한 동의가 이루어진다. 접수단계에서 이루어지는 서비스에 대한 동의는 계약과는 다른 개념으로 클라이언트가 해당 기관으로부터 서비스를 받기를 희망하며, 실제적인 지원을 받기 위해 기관에서 요구하는 이후의 절차들을 따를 것에 합의했음을 의미한다.

서비스에 대한 동의는 클라이언트의 자발적 의사결정을 전제로 한다. 사회복지사는 클라이언트가 서비스에 동의하도록 심리적 압력을 주는 외부조건은 없는지, 또는 사회복지사의 태도가 암묵적으로 서비스에 대한 동의를 강요하는 것은 아닌지 등에 민감해야 한다. 따라서 서비스에 대한 동의를 얻기 전에 사회복지사는 기관의 서비스와 서비스 제공절차에 대한 충분한 정보를 제공해야 한다. 앞으로 어떤 절차들이 있을 것이고, 각 절차마다 클라이언트에게 요구되는 것은 무엇인지, 기관에서 클라이언트에게 지원할 수 있는 서비스는 무엇이며, 각 서비스의 특성은 무엇인지에 대한 설명이 제시되어야 한다.

5) 의뢰

의뢰는 특정한 이유로 사회복지사나 기관이 클라이언트를 지원할 수 없을 때, 클라이언트가 필요로 하는 지원을 받기에 적합하다고 판단되는 타 기관이나 전문가에게 클라이언트를 연결해 주는 것과 관련된 모든 유형의 노력을 의미한다. 따라서 의뢰는 클라이언트에게 가장 적절한 서비스를 받을 수 있는 기회를 제공한다는 점에서 의의가 있다.

의뢰는 적절한 절차와 기술이 필요하며 클라이언트의 절대적인 동의가 필요하다. 사회복지사는 클라이언트에게 적합한 서비스를 제공할 수 있을 것으로 기대되는 기관과 서비스에 대한 정보를 클라이언트에게 객관적으로 자료를 제공해야 한다. 사회복지사는 클라이언트가 선택한 기관의 담당자에게 직접 클라이언트를 연결해 주어야 한다. 전화나 이메일 등 다양한 매체를 이용해 클라이언트를 의뢰할 수 있으며, 클라이언트에게는 기관의 위치, 만나야 할 담당자, 방문일자 등을 정확히 알려 주어야 한다. 필요한 경우에는 클라이언트와 직접 의뢰대상 기관을 방문하기도 한다. 그리고 접수면접 상담에서 진행된 클라이언트에 대한 정보와 면담 내용을 의뢰 기관에 제공하고 양도하는 과정도 필요하다.

3. 접수면담 준비단계

1) 접수면담 사전계획과 점검

면담 전의 준비단계는 중요한 과정이면서 관심을 받지 못한 부분이다. 사회복지사가 클라이언트를 만나기 전에 준비단계에서 원조과정의 전반을 체계적으로 검토하고 준비하는 것은 사회복지실천 과정의 효과를 향상시키는 초석을 놓는 것과 같다.

면담에 대한 준비를 통해 사회복지사는 면담을 구조적으로 진행할 수 있으며, 면담에서의 과업을 파악하고 이를 성취하기 위한 방법을 모색하게 되며, 시간활용방법의 구체적 계획을 수립할 수 있게 된다. 면담을 구조화하는 것은 구조화된 질문지를 가지고, 정해진 절차대로 수행하는 것을 지칭한다. 예를 들어, '이름, 생년월일, 주소, 클라이언트를 기관에 의뢰한 사람은 누구인가?, 클라이언트의 부모나 형제와의 관계' 등으로 구조화된 질문지를 활용할 수 있다. 사전에 구조화된 질문지와 관련된 사전계획서를 작성해 둔다면 도움이 될 수 있다. 하지만 면담과정이 반드시 준비된 대로 진행되는 것은 아니므로 유연성을 가지고 진행될 수 있도록 한다.

※ 접수면담의 구조화를 위한 사전계획서 예시

사전계획은 클라이언트에 대한 사전검토와 탐색과정을 마치고 면담을 어떻게 진행할 것인지에 대해서 개략적으로 예비 계획을 세워 기록으로 남기는 것을 의미한다. 면담과정에서의 목적은 무엇이며 달성하고자 하는 것은 무엇인지, 사회복지사의 역할은 무엇이며, 어떻게 이 면담을 시작할 것인지 등 스스로에게 질문을 던지고 그에 답함으로써 사전계획과 기록기술을 시작할 수 있다.

1. 사회복지사의 업무내용과 특성을 소개한다. 이때 'ㅇㅇㅇ씨'라고 부를 것인지, 클라이언트에게 어떻게 부르는 것이 좋은지 물어본다.
2. 클라이언트에게 자신을 소개해 달라고 요청해 본다.
3. 기관을 찾아오게 된 경로 등에 대해서 물어보고 도움 받고 싶은 부분은 무엇인지 천천히 구체적으로 질문한다.
4. 가족관계 등 접수면담에 필요한 내용을 질문하고, 자신에게 영향을 미치는 사람들에 대해서 질문한다.
5. 다음 면담 시간을 정하고, 다른 도움을 줄 수 있는 사람을 함께 고려하고 양해를 구한다.
6. 기타

사회복지사는 면담을 성공적으로 이끌기 위해서 클라이언트에 대해 최근에 진행되었던 사례일지나 최근 사건, 사건과 관여된 사람들 등에 대해 숙지하고 면담에 임해야 할 것이고, 초기면접이라면 접수양식의 내용과 전화로 도움을 요청받은 경우의 요청내용 등에 대한 충분한 점검이 이루어져야 할 것이다. 사회복지사에게 도움을 요청하는 사람들은 전문가에 대한 막연한 두려움이나 불안감을 가질 수 있으므로 클라이언트가 요청하는 도움과 문제의 근본이 무엇인지를 정확하게 이해하는 것은 매우 중요한 상담준비기술이다.

2) 면담 신청서 작성

(1) 면담 신청서 작성을 위한 준비

면담 신청서를 작성하기 위해서는 면담 신청서, 필기도구, 책상과 의자를 준비한다. 또 면담을 위하여 찾아온 클라이언트가 고령자일 때는 돋보기를 준비하여 쉽게 작성할 수 있도록 한다. 클라이언트와 함께 찾아온 아동이 지루함을 견디지 못할 때는 보호자가 면담 신청서를 작성하는 동안 놀이를 할 수 있는 간단한 놀잇감을 준비하는 것도 필요하다.

(2) 설명하기

면담 신청서를 제공하기 전에 사회복지사는 면담 신청서를 나누어 주면서 작성의 취지를 간단히 설명한다. 면담 신청서는 클라이언트에 대한 내용을 신속하고 명확하게 파악할 수 있지만, 경우에 따라는 작성을 원하지 않을 수도 있다. 특별히 면담의 목적이 아니라 간단한 정보를 파악하기 위하여 방문한 사람일 때는 굳이 면담 신청서를 제공하지 않아도 된다.

> "이것은 ○○○님이 어떤 분이고, 어떤 목적으로 방문하셨는지를 파악하기 위하여 만들어진 면담 신청서입니다. 잘 읽으시고 내용을 적어 주세요. 혹시 이해가 안 되는 사항이 있으면 말씀해 주십시오."

(3) 별도의 도움 제공과 재촉하지 않기

문서 작성이 어려운 외국인, 고령자, 장애인인 경우에 사회복지사가 대신 작성해 줄 수도 있다. 이때는 차근차근 하나씩 물어보고, 클라이언트가 대답하는 내용을 적는다. 때로는 문서 작성의 속도가 느린 클라이언트가 있을 수 있는데, 이때는 클라이언트를 재촉하지 말고 편안하게 작성할 수 있도록 하며, "혹시 잘 이해가 되지 않는 사항이 있으시면 저에게 물어봐 주세요."라고 말할 수 있다.

(4) 작성한 면담 신청서의 내용 확인하기

면담 신청서 작성이 끝나면 사회복지사는 신청서를 다시 받아 빠진 내용, 불분명한 내용이 있는지를 확인해야 한다. 클라이언트가 의도적으로 내용을 작성하지 않았는지, 실수로 작성하지 않았는지에 대해서도 파악한다. 일반적으로 비자발적으로 의뢰된 클라이언트, 수치스러운 부분을 드러내고 싶지 않은 클라이언트, 이혼이나 재혼과 같은 가족 변동 사항을 드러내고 싶지 않은 클라이언트 등은 의도적으로 내용을 작성하지 않거나 생략하여 부분만 기록하는 경우가 많다. 그런 경우에는 공감적 반응을 해 주거나, 용기를 북돋워 주는 격려의 말을 하는 것이 바람직하다.

그러나 지나치게 생략된 내용들이 많을 때는 다시 돌려주어 재작성하도록 요구할 수 있고, 때로는 면담을 진행하면서 라포가 형성된 이후에 사회복지사가 확인하여 기록해 넣도록 한다.

3) 접수면담의 시작 기술

면담을 어떻게 시작하는가에 따라 면담의 성공 여부가 결정된다고 해도 과언이 아니다. 성공적인 첫 면담은 조기종결이나 중도탈락을 예방할 수 있는 기회를 제공할 뿐 아니라 비자발적이거나 참여의지가 미약한 클라이언트의 참여동기를 강화할 수 있기 때문에 매우 중요하다.

(1) 첫 만남에 대한 불안(저항) 다루기

첫 면담은 사회복지사와 클라이언트 모두에게 다양한 감정과 반응을 불러일으킨다. 문제해결에 대한 희망을 품으면서도 한편으로 사회복지기관으로부터 문제해결에 실질적인 도움을 받을 수 있을지 그리고 자신의 문제 상황을 이해하고 수용할 수 있을지 등 갖가지 의문을 품게 된다. 아울러 클라이언트는 다양한 부정적 감정들을 가지고 관계 속에 들어오기도 한다. 도움을 받는 그 자체에 대해 부정적이고 불편한 감정을 느끼고, 자신이 무력하고 죄스러우며, 무가치하거나 부족하다고 느낀다. 또한 클라이언트들은 이전의 서비스 제공자들에 대한 부정적 경험으로부터 생긴 분노를 표출할 수도 있을 것이다.

따라서 사회복지사는 본격적인 면담에 들어가기 전에 이러한 두려움과 의문, 양가감정 등을 다룰 수 있어야 한다. 이러한 두려움과 의문들이 존재할 수 있다는 점을 이야기할 수 있는 기회를 가지고, 그럴 수 있다는 점을 인식시킬 필요가 있고, 의문사항에 대해 충분히 의사소통할 필요가 있다. 또한 사회복지사는 첫 면접을 구조화시키는 방법으로 클라이언트의 첫 면접에 대한 불안감, 불확실성을 감소시킬 수 있다. 즉 첫 면담이 어떻게 진행될 것이고, 몇 분간 진행될 것이며, 첫 면담에서 행할 과업들이 무엇인지 설명해 준 후 본격적인 면담을 진행하는 것이다. 또한 사회복지사가 클라이언트의 역할과 클라이언트에 대한 기대, 즉 클라이언트의 감정을 공유하고, 문제를 함께 토의하며, 의사결정에 참여하고, 면접을 위한 시간 약속을 지킬 것, 과제를 성실히 수행할 것 등을 설명하면 이러한 불안이나 불확실한 느낌을 감소시킬 수 있다.

(2) 비공식적인 대화로 시작

클라이언트를 따뜻하게 맞이하는 방법 가운데 하나는 날씨 혹은 기관에 찾아오는 과정에서의 어려움(예: 주차문제, 교통편의 등)과 같은 주제를 택하여 비공식적인 대화로써 시작하는 것이다. 이러한 비공식적인 대화를 얼마나 오랜 시간 동안 할 것인가는 사회복지사의 직관력에 달려 있지만, 지나치게 짧게 하는 것은 서두르고 있다는 느낌을 주고, 지나치게 길게 하는 것은 불필요한 대화에 시간 낭비하는 것과 같은 느낌을 갖게 한다. 인사말이나 비공식적 주제들은 항상 클라이언트의 맥락에서 고려되어야 한다. 어떤 클라이언트들은 비공식적인 인사치레나 과장 섞인 말을 너무 많이 하는 것을 겉과 속이 다른 부자연스러운 것으로 생각할 수 있다.

소위 '사교적 잡담(social chat)'이라고 불리는 이런 종류의 대화는 면담이 시작되기 전에 클라이언트가 사회복지사에 대해 좋은 인상을 가지는 기회가 되므로 소홀히 다뤄져서는 안 된다. 사회복지사 입장에서도 이런 대화는 사람들이 도움을 청하거나 말하기 어려운 주제들을 이야기할 수 있는 분위기를 조성해 주므로 긍정적으로 이용해야 한다. 비공식적인 대화를 어떤 방식으로 하느냐에 따라 사회복지사들에 대한 첫인상이 달라질 수 있을 것이다.

(3) 시작기술

면접의 시작기술은 클라이언트와의 첫 만남 동안 아주 광범위하게 시용되는 것이 일반적이지만, 사회복지현장에서는 특별히 의식하지 않고 지나가는 경향이 있다. 사회복지사 또는 사회복지기관에 대한 첫인상이 중요한 만큼 시작기술을 적절하게 활용할 필요가 있다.

① 자기소개

첫 면담을 시작할 때 사회복지사는 이름과 직업, 소속기관과 부서에 대해 말해 주어야 한다.

> "안녕하세요, 김○○씨죠(손을 내밀어 악수를 할 수도 있다). 저는 이○○ 사회복지사입니다. 이곳 복지관에서 가족복지팀에 소속되어 있습니다. 가족문제를 가진 사람들을 돕는 일을 합니다."

이때 친절한 얼굴표정과 따뜻하면서도 확신에 찬 의미의 악수는 서로 통하는 접촉을 전달하는 데 도움이 된다. 날씨나 교통 및 차량 등에 대한 몇 마디의 코멘트 또한 클라이언트가 편안함을 느끼게 하는 데 도움이 될 수 있다. 또한 자신을 소개하는 과정에서 클라이언트와 공통되는 부분, 흡사한 경험, 관심사 등을 발견하게 된다면 인간적인 관계를 맺는 계기가 될 수 있다.

② 클라이언트에게 소개 요청하기

사회복사의 소개가 끝나면 클라이언트에게 자신을 소개하도록 권유할 필요가 있고, 상황에 따라 함께 참석한 보호자나 피보호자의 소개를 요청할 수 있다. 사전에 클라이언트에 대해 알고 있다면 기관을 방문한 사람의 이름을 확인해 보고 인사를 나눈다. 경우에 따라서는 클라이언트와 동행한 분을 어떻게 부를 것인지에 대해서 확인하는 것이 필요하다.

> "○○○님! 자신이 어떤 분인지 소개해 주십시오."
> "어르신 성함과 연세가 어떻게 되세요?"
> "○○○씨, ○○어머님이라고 불러도 괜찮을까요?"

③ 면접의 목적 설명하기

자연스럽게 인사를 마치면 사회복지사는 면담의 목적을 설명할 필요가 있다. 면담 목적을 설명함으로써 클라이언트로 하여금 적절한 기대를 갖게 하고 불필요한 혼동과 막연한 불안을 해소할 수 있다.

> "오늘 처음 기관을 방문하셨습니다. 무슨 문제 때문에 오셨는지, 어떤 도움을 원하시는지, 어떤 프로그램을 진행하는 것이 도움이 될 것인지 등 ○○○씨를 도울 수 있는 방안들에 대해서 이야기 나눌 것입니다."

④ 클라이언트의 역할 설명하기

전문적 원조과정의 시작단계 동안 클라이언트는 자신들에게 기대되는 것과 관련하여 상당한 불확실감과 불안을 경험한다. 자신이 도움을 받기 위해서는 어떻게 해야 하는지, 어떻게 행동해야 하는지 등에 대해 자신들이 행할 수 있을까 하는 의구심을 가진다. 자신들에게 기대되는 것이 무엇인지 잘 모르는 것은 서비스의 높은 단절률과 탈락률과 관계가 있다, 이러한 상황을 분명히 하기 위해 사회복지사는 클라이언트가 원조과정에서 어떻게 협조할 수 있는지에 대해 설명해 주어야 한다.

> "방금 오늘 ○○씨와 함께 이야기해야 할 내용에 대해 말씀드렸는데, 현재 처한 문제와 상황에 대해 천천히, 솔직하게 말씀해 주시면 될 것이고, ○○씨께서 말씀하신 내용에 대해서는 비밀보장이 충분히 될 것입니다. 이후 ○○씨께서 동의한다면, 일주일에 한 번 정해진 날짜와 시간에 만날 것입니다. 약속 시각은 꼭 지켜 주셔야 하고, 만약 약속이행이 어려운 경우에는 사전에 말씀해 주시면 됩니다. 또한 과제가 있을 수 있는데, 과제는 충실히 하시면 문제를 해결하는 데 도움이 될 것입니다."

⑤ 기관의 정책과 윤리적 요소 설명하기

법적·정책적·윤리적 차원의 요인들에 대해 논의하는 것은 시작단계에 적용할 수 있는 매우 중요한 상담기술이다. 행동의 원칙을 이해하는 것이야말로 진실하고 정직하며 신뢰성 있는 관계를 발전시키는 데 매우 중요하다. 사회복지사는 기관에 대해 간략하게 설명하고, 기관의 서비스와 서비스 수혜자격과 요건, 수혜기간, 전달 방법, 절차, 후속조치 등에 대해 클라이언트가 이해할 수 있는 수준으로 충분히 설명하고, 기관이 서비스를 제공하는 데 있어서 취하고 있는 정책적 지향과 윤리적인 요소들에 대해서 설명해야 한다.

> "특정 서비스에 대해서 저희 기관은 유료로 하고 있습니다. 이유는 …… 이러합니다. 또한 우리가 나눈 이야기는 비밀보장이 원칙입니다. 그러나 예외가 있습니다. 만약 ○○씨가 그 내용을 다른 기관에 제공하기를 원하는 경우, 아동학대나 방임의 가능성이 있는 경우, 그리고 어떤 사람이 자해하거나 타인을 해할 것이라는 증거가 있는 경우도 비밀보장을 유지할 수 없습니다. 비밀보장이 어려운 이유는 인간의 생명을 보호하기 위한 조치 때문입니다. 인간생명의 가치는 비밀보장의 가치보다 우선합니다."

⑥ 피드백 요청하기

피드백을 구하는 기술을 사용할 때 사회복지사는 클라이언트로 하여금 초기 목적, 사회복지사의 역할, 클라이언트의 역할, 기관의 정책과 윤리적 요인을 비롯한 여러 측면에 대한 언급을 스스로 정리할 수 있도록 장려해야 한다. 지금까지 전달된 내용에 대해 정확히 듣고 이해했는가를 살피기 위함이며 이러한 과정을 통해 상호 보다 명료화할 수 있고 클라이언트와의 동의 과정이 시작하게 되는 것이다.

> "어떻게 생각하십니까? 지금까지 우리가 이야기한 것에 대해 어떻게 생각하십니까? 질문이나 의문점은 없습니까? 우리가 행동원칙에 대해 말씀드렸는데 어떤 생각이 드십니까?"

4. 접수면담 의사소통기술

1) 초기 시작 기술

(1) 참여와 관심

참여와 관심은 사회복지사가 클라이언트의 세계에 들어가는 것을 뜻한다. 참여와 관심을 통해서 사회복지사와 클라이언트의 관계는 돈독해질 수 있다. 이를 위해서 사회복지사는 클라이언트의 의사소통 방식을 이해하고 존중하면서, 그의 사적 영역 및 가치관을 침해하지 않을 것이라는 안전함을 전달하는 데까지 배려해야 한다.

참여와 관심은 면접의 첫 장면에서 중요한 기술이다. 특히 미러링(mirroring)은 라포(rapport)를 맺는 기술 중 손쉬운 기술이지만 그 효과는 결코 적지 않다. 미러링이란 거울에 상대가 투영되듯이 상대의 작은 습관이나 행동을 따라 하는 것을 말한다. 남녀의 연애과정에서도 미러링 기술은 중요하다. 휴대폰 카톡과 같은 SNS 의사소통에서 'ㅋㅋ, ㅎㅎㅎ' 등의 웃음표현을 개수에 맞추어 따라 하고 이모티콘을 따라 하는 것, 또한 말투와 어조 그리고 행동습관을 따라 하는 것도 그와 내가 동일한 세계 속에서 비슷한 습관과 의식을 공유한다고 믿어 한층 더 친근해지는 방법이 될 수 있다.

(2) 라포형성과 관계형성

클라이언트와의 전문적 관계 및 라포 형성은 상호 간의 존경과 신뢰를 바탕으로 이루어진다. 따라서 라포가 형성되었다는 것은 상호 간에 신뢰하며, 감정적으로 친근감을 느끼는 인간관계가 되었으며 상담적 관계에서 치료적 관계형성을 이루는 데 핵심이 된다.

라포와 관계 형성을 위해서는 클라이언트의 자기결정권을 존중하고, 클라이언트 문제에 따뜻하고 진실한 관심을 보이고, 그가 가진 문제의 개별성을 수용하고 존중하는 태도를 보여 주어야 한다. 또한 공감적인 이해와 진실성과 믿음을 보이면서 비밀보장에 대한 약속을 지켜 나가는 것이 중요하겠다. 또한 도움을 요청하기에 두려움과 불안감이 들지 않는 환경을 마련하는 데에도 세심한 배려를 하는 것이 중요하다.

2) 언어적·비언어적 표현의 해석

클라이언트가 말을 하기 전이나 말을 하고 있는 중에 나타나는 언어적·비언어적 표현에 대해 주의 깊게 관찰하여 그의 감정이나 대화의 의미를 이해하려는 것은 중요하다. 언어적·비언어적 표현에 대한 민감성을 가지고 관계를 맺게 되면 클라이언트의 감정과 의도에 대해서 보다 효과적으로 반응할 수 있고 초기 관계에서 신뢰를 줄 수 있기 때문에 중요한 작업이 될 수 있다.

(1) 비언어적 표현

① 침묵

클라이언트의 침묵은 초보 사회복지사에게 매우 부담스러운 일이다. 침묵에 대한 지침은 클라이언트가 말을 할 때까지 기다려야 하는 것이다. 그러나 무작정 기다릴 수만은 없기 때문에, 클라이언트가 침묵을 할 때 사회복지사는 그 의미와 의도에 대해서 생각을 해야 한다. 일반적으로 침묵은 거부, 혼란감, 자신감 없음, 답변의 구상, 동의 등의 여러 가지 의미가 있을 수 있다. 사회복지사는 침묵을 하는 맥락을 고려해야 하는 동시에, 클라이언트의 정서를 관찰하면서 조심스럽게 해석해야 한다.

〈표 5-1〉 클라이언트의 침묵

특성	침묵이 전달되는 내용
거부/분노	나는 당신과 더 이상 말하고 싶지 않다.
이해 부족	당신이 물어보는 것에 대하여서 나는 잘 듣지(이해하지) 못하였다.
답변 구상	나는 질문에 대하여서 뭐라고 대답할 것인지 생각하고 있는 중이다.
긴장감/소심	나는 말하는 것이 긴장되어 입을 열기 어렵다.
동의/승인	나는 당신이 한 말에 대하여서 같은 생각을 가지고 있다.
답변을 기다림	이번에는 당신이 말할 차례이다(자신이 대답해야 하는 순서를 혼동함).
무기력	나는 도저히 당신의 질문에 대답할 힘이 하나도 없다.

② 눈맞춤

'눈은 마음의 창'이라는 말이 있듯이 눈은 말로 하지 않는 많은 정보를 전달한다. 문화에 따라 차이는 있지만, 대개 관심이 있거나 열의가 있으면 사람들은 서로 대화하는 상대에게 눈을 맞추고 지루하거나 관심이 없으면 눈을 잘 맞추지 않는다. 특히 두려워하거나 불안할 경우 또는 솔직하지 못한 의사소통을 할 때에는 눈이 마주치는 것을 극구 피하는 것을 볼 수 있다.

③ 옷차림과 외양

우리는 옷차림을 통해 그 사람의 직업이나 연령, 성격, 처한 환경, 현재의 기분 등을 대개 짐작할 수 있다. 클라이언트의 외양이나 옷차림을 관찰함으로써 중요한 정보를 얻을 수 있다.

④ 표정

표정은 말로 전달하고자 하는 내용을 더욱 분명하게 해 준다. 눈썹을 치켜올리거나 눈을 크게 뜨는 것은 뜻밖이거나 놀랐다는 의미이고, 찡그리거나 미소를 짓는 것은 그 나름대로의 의미를 가감 없이 전달하게 된다.

⑤ 자세와 몸동작

자세와 몸동작, 몸가짐이나 손이나 팔, 다리 등의 동작도 많은 의미를 전달한다. 상대가 팔짱을 끼고 있으면 방어적이라는 인상을 받게 되고, 다리를 떨고 있으면 불안을 짐작할 수 있다. 사회복지사는 클라이언트의 이러한 비언어적 표현이 언어적 표현과 일치하는지를 점검할 필요가 있다.

⑥ 약속을 어기는 행동(저항 다루기)

저항은 원하지 않는 변화를 요구받을 때 강하게 발생하며, 주로 반발심과 같은 개념이다. 적극적인 저항은 반발심을 언어나 행동으로 표출하기 때문에 쉽게 알아차릴 수 있다. 반면에, 소극적인 저항은 은밀하게 표출되기 때문에 클라이언트 자신도 잘 모르는 경우가 있다. 만약 클라이언트가 약속 시간에 매번 늦거나, 약속한 내용들을 계속 어긴다면 이는 저항의 일종이라 할 수 있다. 사회복지사의 언행이 클라이언트에게 위협적으로 느껴졌거나, 죄책감 또는 수치감의 감정을 유발하였다면 클라이언트에게 저항이 발생하였을 수 있다. 반면 클라이언트가 약속을 지킬 수 없는 구조적 상황에 놓여 있기 때문일 수도 있다. 보호 관찰소의 수강 명령을 받은 성인 남성 클라이언트가 교육에 자주 늦는다면 거부감에 의한 저항일 수도 있지만, 직장을 마치고 먼 거리에서 오기 때문에 늦어지는 것일 수도 있다. 사회복지사는 여러 차원에서 클라이언트가 경험하는 것이 무엇인지를 살펴보아야 한다.

※〈읽어보기〉 신체적 반응과 사회복지사의 반응법

표정만큼이나 신체적 반응도 많은 정보를 알려 준다. 손, 발, 몸의 움직임을 관찰해 봄으로써 클라이언트가 말로 표현하지 않는 정보를 파악할 수 있다. 그러나 신체적 동작은 문화적 차이에 따라 다를 수 있으므로 조심스럽게 해석하고 이에 대해서 적절히 반응하도록 한다.

- 대화 도중에 손으로 목을 쓰다듬듯이 만지는 행위는 스트레스를 경험하고 있다는 의미일 수 있다.
- 몸과 발의 방향이 일치하지 않는 상태는 현재 진행되는 주제나 대화 상대가 부담스럽다는 것을 의미할 수 있다.
- 대화 도중에 다리를 떨고 있거나, 손톱을 물어뜯고 있다면 불안을 경험하고 있다는 신호가 될 수 있다.
- 하품을 하는 것은 지루하고 따분한 감정을 표현하는 것일 수 있다.
- 곁눈질을 하는 행동은 믿지 못하거나 납득하기 어려울 때 나타나기도 한다.
- 팔짱을 끼고 손으로 양쪽을 꽉 잡으면 불편함을 나타내는 신호일 수 있다.
- 어깨를 으쓱하는 행동은 의심이나 자신감이 없을 때 나타날 수 있다.

비언어적 표현에 대한 사회복지사의 반응은 상황에 따라 달라질 수 있다. 몇 가지 반응의 예를 살펴보면 다음과 같다.
첫째, 사회복지사가 클라이언트에게 솔직하게 언어적으로 반영하거나, 직면시키는 방법이 있다. "다리를 떠시는 것을 보면 이 면담이 긴장되시는 것 같습니다.", "면담시간에 늦으시는 것을 보니 여기 오시는 것에 부담을 느끼시는 것 같습니다."
둘째, 클라이언트에게 물어보는 방법이다. "오늘 무슨 일이 있으신가요?", "이야기에 집중하지 못하시는 이유가 궁금합니다."라는 질문을 하여 클라이언트의 자기인식을 도울 수 있다.
셋째, 주의 깊게 관찰하기만 하고 묵인하는 방법이다. 클라이언트가 감정이나 의도를 들켰을 때 보일 저항적 반응이 예상된다면 차라리 사회복지사가 침묵하는 것이 더 나을 수 있다. 대신 클라이언트가 보내는 비언어적 신체적 메시지에 대한 사회복지사의 자기 점검 또는 면담과정에 대한 성찰이 필요할 수도 있다.

(2) 언어적 표현

① 장황한 설명

장황한 설명이란 클라이언트가 말할 때 내용의 앞뒤가 서로 맞지 않고 이 주제에서 저 주제로 비약적인 전환이 일어나며, 말의 속도가 매우 빠르고 부분들을 설명할 뿐 전체적인 맥락 안에서 핵심을 말하지 못하는 경우이다. 이러한 경우 클라이언트가 문제에 압도되어 문제나 욕구를 스스로 정리하지 못하였거나,

제한된 시간에 최대한 많은 정보를 제공하려는 조급한 마음 때문일 수도 있다. 또 사회복지사의 질문에 대한 본질적인 대답을 회피하기 위한 것일 수도 있다. 이런 경우 사회복지사는 클라이언트가 전달하는 내용을 반영 요약해 주거나, 클라이언트의 감정과 인식에 초점을 두어 대화를 나눌 수 있다.

② 사적인 질문

클라이언트는 사회복지사의 사생활에 대하여 관심을 가질 수 있다. 이러한 관심은 순수한 호기심에 기인한 것일 수도 있고, 변화에 대한 저항의 한 형태일 수도 있다. 자주 발생하는 사적 질문은 사회복지사의 신상 정보, 특정 주제에 대한 사회복사의 견해, 클라이언트와 사회복지사의 관계에 대한 내용이 대부분이다. 이런 사적인 질문들은 사회복지사의 개입활동에 방해가 될 수 있다.

만약 클라이언트의 사적 질문이 일반적인 관심의 표현일 때에는 사회복지사는 간단하게 묻는 내용에 대답을 해 주고 본래의 주제로 되돌아가는 것이 바람직하다. 그러나 클라이언트가 대화의 주제를 전환시키려는 의도로 반응할 때 사회복지사는 직면을 활용하는 것이 좋다.

클라이언트가 "선생님은 결혼생활하시면서 권태기를 느껴 보셨어요? 저는 자주 느껴요."라고 물어본다면 사회복지사는 다음과 같이 대답할 수 있다.

> "저도 그런 느낌을 가질 때가 있습니다. 본인은 권태기를 어떤 때 느끼시는지요?"
> "그 질문은 오늘 다루어야 할 주제와 관련이 없는 것 같습니다. 우리가 아까 했던 이야기로 다시 돌아갔으면 좋겠습니다."

약물남용으로 보호관찰 처분을 받은 지 얼마 안 되어서 다시 본드를 흡입하여 사회복지관 약물남용예방 프로그램에 참여하고 있는 고등학교 2학년 남학생의 예를 보자. 이 학생이 약물을 끊기가 얼마나 어려운지 이야기하다가, "그런데 선생님은 본드 불어 보셨어요?"라고 질문을 할 수 있다. 사회복지사는 그 질문이 '당신은 약물을 사용해 본 적도 없으면서 나에게 이래라저래라 할 수 있습니까?'라는 의미를 가지고 있다고 느껴 당황할지도 모른다. 이처럼 사적인 질문은 사회복지사를 난처하게 한다. 그러나 사회복지사가 질문에 대해 답을 회피하거나 혹은 지나치게 자기 입장을 장황하게 설명할 필요는 없다. 클라이언트의 질문에 대한 사회복지사의 대답은 간결하고 솔직한 것이면 된다. "나도 고등학교 시절을 보냈고 약물남용에 대해 공부하면서 너와 같은 문제를 겪고 있는 아이들과 함께 일해 와서 네 심정을 잘 이해할 수 있어."와 같이 대답하면 충분하다. 클라이언트가 질문을 하는 이유는 정말 궁금해서일 수도 있지만, 자기가 의논하고 싶은 문제를 꺼내는 방법일 수도 있기 때문이다.

③ 내용과 형식의 불일치

클라이언트와 면담 가운데 언어적 메시지와 비언어적 메시지가 불일치하는 역설적 의사소통이 발생하기도 한다. 가령, '슬프다'라고 말하면서 웃기도 하고, '기쁘다'라고 말하면서 슬픈 표정을 지을 수 있다. 이러한 불일치는 클라이언트가 자신도 모르게 가지고 있는 양가적 감정의 표현이거나, 사회복지사에게 진심을 드러내고 싶지 않은 소극적 저항일 수도 있다.

예를 들면, 아버지는 아들이 시험에 불합격한 것에 대하여 속상하다고 말하지만 표정은 웃음을 띠거나, 목소리도 힘 있고 즐거운 듯하다면, 아버지는 아들의 불합격이 속상하기도 하지만, 아버지의 경고를 무시하였던 아들의 태도에 쾌감을 느끼는 것일 수도 있다. 어쩌면 아들이 스스로 알아서 한다고 말하면서 아버지의 경고를 무시하였을 때 아버지는 모욕감을 느꼈을 것이다.

> 클라이언트: 저희아들이 공부 안 하고 놀기만 하다가 시험에 떨어졌어요. 지난주 성적 발표에 우리 모두 많이 속상했어요. 조금만 더 열심히 했다면 그냥 합격하는 건데… 공부하라는 말을 그렇게 했건만… 그때마다 '내가 알아서 할게요.' 그러더라구요, 그래서 '자신이 알아서 하겠지.' 하면서도 조금은 걱정되기도 했어요. 이 녀석이 아빠 말을 조금만 신경 썼더라면 이런 일이 생기지 않을 텐데… 아무튼 아직도 저는 아들이 떨어졌다는 것이 믿기지 않아요. (밝게 웃음) 하하하하
>
> 사회복지사: 지금 아들이 떨어져서 속상하다고 하시면서 표정은 웃고 계시는군요.

이 밖에도 사회복지사가 관찰해야 할 내용으로는 시작하는 말과 종결하는 말의 내용, 주제의 이동이나 반복 그리고 내용의 불일치 등이 있다. 클라이언트가 처음 꺼내는 말과 종결하는 말은 클라이언트가 생각하는 우선순위, 자기 자신이나 환경에 대한 생각, 그리고 사회복지사에게 원하는 솔직한 의사를 담고 있을 가능성이 크다. 클라이언트가 특정 주제가 나올 때마다 화제를 바꾸려고 한다면, 이는 그 주제가 클라이언트에게는 민감한 것으로 이야기하기 싫거나 어렵다는 의미이므로 나중에라도 그 이유를 알아보아야 한다. 또 한 가지 주제를 반복적으로 제시하는 것은 그 주제가 매우 중요하다는 뜻일 것이다. 경우에 따라 클라이언트의 진술이 일관되지 않고 앞뒤 내용이 엇갈릴 경우도 있는데, 이는 클라이언트가 사실을 공개하고 싶어 하지 않는다는 것을 의미한다.

3) 언어적 상담기술

(1) 경청

경청은 단순한 듣기(hearing)가 아니라 상대방의 사고와 감정을 이해하기 위한 적극적인 청취활동(active listening)이다. 경청은 사회복지 면접상담에서 가장 중심이 되는 기술로 듣는 척하기-선택적 듣기-귀 기울여 듣기의 단계를 거

쳐 공감적 경청에 이르게 된다. 클라이언트는 사회복지사가 자기 말을 얼마나 성의 있게 열심히 경청하는가를 평가하면서 그 정도에 따라 마음을 열게 된다. 사회복지사는 경청을 통해 클라이언트가 가지고 있는 사고의 준거틀을 이해할 수 있고, 클라이언트에 대해 성급한 판단이나 평가를 예방하고 심도 있게 접근할 수 있다. 또한 사람들은 일단 하고 싶은 말을 잘 들어 주는 사람에게 다 말하고 나면 감정적 정화를 통해 치유를 경험하기도 한다. 사회복지사는 클라이언트의 말을 경청하고 있음을 다음과 같은 방법으로 전달할 수 있다.

- **클라이언트에 대해 지지적 언어반응하기**

클라이언트가 말을 하는 사이사이에 긍정적인 언어 반응("예.", "아, 그랬군요.", "알겠어요." 등)을 해 줌으로써 클라이언트로 하여금 사회복지사가 관심 있게 경청하고 있음을 알려 준다.

- **이면의 숨겨진 의도와 감정 듣기**

클라이언트가 표면적으로 나타내는 말뿐만 아니라 그 이면에 숨겨져 있는 의도와 욕구 그리고 감정까지도 세심하게 살피면서 듣는다.

- **편견 없이 듣기**

경청은 상대편의 입장이 되어 그 사람의 감정에서 아무런 편견 없이 듣고 있어야 하며, 부정하거나 비난하지 않음을 전달하여야 한다.

- **클라이언트 언어를 재구성하여 전달하기**

클라이언트의 말을 다른 단어로 재구성하는 방법으로, 예컨대 "다른 말로 하면, 그때 ㅇㅇ씨의 기분은 무시당한 것 같았다는 말씀인가요?"와 같이 반응하는 것이다. 이런 방법은 사회복지사가 클라이언트의 말의 의미를 확인하거나 클라이언트에게 자기 말의 의미를 다시 한번 생각해 볼 여유를 주기 위해서 사용하게 된다.

• **추가적인 질문하기**

클라이언트가 한 말 중에서 불분명하거나 추가적인 정보가 필요하면 적절한 질문을 통해 잘 듣고 있음을 전달하고 자기 인식을 돕도록 촉진할 수 있다.

• **침묵 존중하기**

경청하는 동안 보여지는 클라이언트의 침묵도 허용 또는 존중하고, 적절한 신체적 거리를 유지하면서 침묵하는 클라이언트에게 개방적인 자세로 집중하고 있음을 전달하도록 한다.

• **클라이언트의 감정에 대해 반응하기**

감정의 자유로운 표현은 상당히 어려운 일이다. 그러나 상담과정에서는 감정 표현이 관건이다. 이럴 때 사회복지사는 감정이입적 의사소통을 위해 "실직하여 가족을 볼 낯이 없다고 생각했군요."와 같이 공감을 표현해 준다.

(2) 질문하기와 답하기

• **개방형 질문**

사회복지사는 질문을 사용하여 클라이언트의 특성을 조사하고 정보를 수집해야 한다. "어떻게 해서 그 친구를 다시 만날 생각을 했습니까?"와 같은 질문은 클라이언트의 주관적인 견해와 많은 정보를 얻을 수 있는 개방형 질문이다. 이와 같이 '무엇' 또는 '어떻게'라는 의문문이 들어가는 개방형 질문은 클라이언트를 탐색할 때 유용하다. 아울러, '현재 가장 고통스러운 문제에 대하여 말씀해 주십시오.'와 같이 클라이언트에게 어떤 것을 요구하는 진술도 개방형 질문에 포함된다.

• **폐쇄형 질문**

폐쇄형 질문은 "예.", "아니오." 또는 단답형으로 대답할 수 있다. 예를 들어, "도와줄 친구가 있습니까?"라는 질문은 "예.", "아니오."로 대답할 수 있으며 "지금 몇시입니까?"는 "7시입니다."와 같이 단답형으로 대답할 수 있다. 폐쇄형 질문을 사용하면 정보를 신속하게 파악할 수 있고, 의사를 분명하게 이해할 수 있으며 구체적 사실을 간단히 확인할 수 있다. 그러나 클라이언트는 심문을 받는 느낌이 들 수 있고, 사회복지사는 풍부한 정보를 얻기가 어렵다.

• **명료화**

논리적이고 일관성 있게, 그리고 요점을 정확하게 표현할 수 있는 클라이언트는 많지 않다. 어떤 사람은 지나치게 상세히 말하기도 하고, 어떤 사람은 너무 간단히 말하기도 하고, 어떤 사람은 혼란스럽게 말하기도 한다. 명료화 기법은 불명확한 낱말이나 모호한 언급에 대하여 구체적이면서 정확하게 표현해 달라고 요청하는 것이다. 명료화 기법은 클라이언트의 진술을 정확하게 이해할 수 있도록 돕는다.

클라이언트: 남자들은 대체적으로 이기적이죠.
사회복지사: 이기적이라는 것은 구체적으로 어떤 것을 말하는 것이죠?

※〈알아두기〉 바람직하지 않은 질문

부적절한 질문 형태는 특정 대답을 끌어내려는 유도질문, 한 번에 여러 질문으로 혼란스럽게 만드는 다중질문, 추궁당하는 느낌이 들도록 만드는 왜 질문, 모호한 질문을 하여 면담 방향을 깨는 모호한 질문 등이 있다. 이러한 질문들은 면담을 방해하고, 정확한 상담진행을 어렵게 한다.

- **유도질문**: 사회복지사가 클라이언트의 응답의 방향을 미리 정해 놓고 이끌어 나가는 질문이다. 사회복지사의 개인적 견해나 감정을 해결책으로 제시하는 경향이 묻어나기 때문에 가급적 유도형 질문은 사용하지 않도록 한다.
  "대답하지 않는 것은 스스로 책임이 있다고 인정하는 것이죠?", "요양원에 할아버지를 보내시려는 건 집에서 모시기 너무 힘들어서죠. 그렇죠?"
- **다중질문**: 한 질문에 두 가지 이상의 내용이 중첩적으로 포함된 질문으로, 클라이언트는 이러한 질문의 요점을 파악하기 어렵고, 질문의 내용을 빠뜨리기도 쉽다.
  "부인에게 바라는 것과 그렇게 생각하는 이유와 그에 대한 부인의 생각은 어떠한지, 그리고 딸들은 이 상황에 대하여서 어떻게 생각하는지를 말씀해 주시겠습니까?"
- **왜 질문**: 클라이언트에게 잘못을 추궁당하는 것 같은 느낌을 주기 때문에 위협적이다. 잘못을 추궁당하게 되면 사람들은 자기 행동이나 정서를 합리화하게 되고 방어적 태도를 취하게 된다. 사회복지 면접에서 클라이언트가 마음을 닫고 방어적 태도를 취하게 되면 관계를 발전시키거나 문제해결을 위한 협조를 얻기가 어려워지므로 '왜'라는 질문은 되도록 피하는 것이 좋다.
  "왜 그렇게 하셨나요?", "왜요?"
- **모호한 질문**: 대명사를 많이 사용하거나 혹은 상황에서 벗어난 질문을 할 때 모호한 질문 형태가 발생한다. 모호한 질문은 특히 대인관계가 복잡한 상황에서 누가 누구와 어떤 관계 속에서 문제가 발생하였는지 파악할 때 많이 발생한다. 따라서 이러한 문제를 피하기 위해서 질문은 구체적일수록 좋다. 예를 들어, "당신에 대해서 말씀해 주세요."라고 하는 것보다는 "당신의 장단점에 대해서 말씀해 주세요."라고 하는 표현이 보다 구체적이다.

• 반영

반영에는 내용반영과 감정반영 두 가지로 크게 분류할 수 있다. 내용반영은 클라이언트가 말하는 내용을 사회복지사가 정확히 이해하였음을 전달하는 기술이다. 내용반영을 할 때는 클라이언트가 언급한 사실이나 의견에 초점을 두고 말한다. 내용반영은 녹음기처럼 내용을 똑같이 따라 하는 것이 아니라, 보다 간결하게 요약하거나 부연 설명을 하는 형태로 제공하며, 이때는 클라이언트가 사용한 낱말보다는 사회복지사의 낱말을 사용하는 것이 좋다.

클라이언트: 저는 매일 아침 6시에 일어나서 조기축구를 합니다. 가끔 혼자 운동장에 가서 1시간 정도 달리기를 하고 들어옵니다. 퇴근하고 집에 들어와서는 저녁 먹고 쉬었다가 다시 운동하러 공원에 나갑니다. 그러고는 곧바로 잠자리에 들지요.

사회복지사: 하루를 운동으로 시작해서 운동으로 마치시는군요.

감정반영은 감정이입의 한 형태이며, 클라이언트가 경험하는 감정을 사회복지사가 이해하였음을 전달한다. 이때는 클라이언트가 사용한 낱말을 사용하는 것이 더 효과적일 수 있다. 감정반영은 사회복지사가 느낀 감정을 전달하는 것이 아니라, 클라이언트가 느끼는 감정을 사회복지사가 말로 되돌려 주는 반응이다. 그러므로 사회복지사는 클라이언트의 정서에 관심을 가져야 하며, 클라이언트가 느끼는 것을 정확하게 파악해야 한다. 클라이언트가 전달하는 내용에서 나타나는 감정표현뿐만 아니라, 표정, 신체동작, 목소리 등의 비언어적 요소를 통해서도 클라이언트의 감정을 파악하는 노력이 필요하다. 감정반영을 잘하기 위해서는 다양한 감정의 낱말과 감정표현의 형태를 알고 있어야 한다.

클라이언트: 이번 시험에는 합격할 수 있을 것이라고 생각했어요. 지난번보다 문제가 쉬웠고, 저도 정답을 많이 썼다고 생각을 했거든요. 그런데 합격자 명단에는 제 이름이 없더라고요. 몇 번이고 다시 확인하였는데 제 이름이 없었어요. 실망을 안 하는 척하려고 해도 표정 관리가 안 되네요.

사회복지사: (안타까운 표정으로) 시험에 합격할 것이라고 기대하였는데, 그렇지 않아서 실망이 크겠군요.

6장

자료수집 및 사정

1. 자료수집 및 사정의 개념

자료수집은 클라이언트와 클라이언트가 가진 문제를 이해하기 위해 필요한 사실을 모으는 과정으로 정의될 수 있다. 접수 및 상담을 통해 수집된 자료는 클라이언트의 문제를 사정(assessment)하는 데에 활용된다(김혜영 외, 2014).

사정은 조사, 진단, 분석을 모두 포함하는 과정으로 최근에는 진단과 차별화된 특성이 강조되고 있다. 사정은 클라이언트와 그가 직면하고 있는 문제상황을 확인하고 이해하기 위하여 자료를 수집하고 분석함과 동시에 문제해결을 위한 계획을 수립하는 과정이다(박귀영 외, 2015). 이에 따라 사정은 클라이언트의 문제와 강점 및 약점, 자원을 이해하며, 문제에 영향을 주는 환경을 파악하고, 클라이언트와 환경 간의 상호교류를 이해하는 내용이 포함되어야 한다. 또한 그 교류가 문제에 어떻게 영향을 미치는지, 그리고 어떻게 영향을 받는가에 대해서도 파악하여야 한다(Hepworth & Larsen, 2007; 김혜영 외, 2014). 따라서 사정은 수집된 자료를 분석하여 문제를 규명하고, 그 문제를 일으킨 요인이 무엇인지를 파악하고 문제를 해결하기 위해 무엇을 할 것인지를 찾아내는 과정이라 할 수 있다. 사회복지사는 사정 작업 시 '환경 속의 인간(Person-in-environment)의 관점'을 고수하며, 개인의 상황뿐 아니라 주변의 인적자원 및 환경적인 요인에 대한 이해도 반드시 필요하다(최덕경 외, 2012; 김혜영 외, 2014).

2. 자료수집과 사정의 목표

1) 자료수집의 목표

자료수집의 목표는 개입가능성을 판단하고 개입에 도움이 될 수 있는 자료를 마련하는 데 있으며, 사회복지사는 클라이언트의 문제와 욕구를 명확하게 규정함으로써 개입의 방향성을 설정한다(최덕경 외, 2012).

2) 사정의 목표

사정은 클라이언트와 사회복지사가 개입을 위한 표적문제를 결정하고 개입목표를 설정할 수 있도록 돕는 것이다. 문제를 제시한 개인, 가족, 소집단, 기관, 지역사회를 보다 잘 이해하고 개별화하여 특수한 상황에 관련이 있는 요인을 발견하고 분석하는 것이 목표이다(최덕경 외, 2012).

3. 자료수집을 위한 정보의 출처

클라이언트의 자료는 보통 ① 클라이언트가 직접 작성한 양식, ② 클라이언트와의 면담, ③ 비언어적 행동에 대한 직접적 관찰, ④ 상호작용에 대한 직접적 관찰, ⑤ 부가적 정보, ⑥ 심리검사 및 사정도구, ⑦ 클라이언트의 직접적인 상호작용에 근거한 사회복지사의 경험 및 인식, ⑧ 클라이언트의 자기모니터링 등이 있다(양옥경 외, 2005; 김혜영 외, 2014).

1) 클라이언트가 직접 작성한 양식

기관의 초기 면접에서 클라이언트가 작성한 기록양식의 정보로 인테이크시트 등에 제시된 이름, 성별, 나이, 직업, 주소나 전화번호, 학력, 종교, 주요 문제, 가족력, 의뢰경위 등의 기초적인 자료들을 포함한다. 이것은 첫 번째로 중요 자료원이 된다(양옥경 외, 2005; 김혜영 외, 2014).

2) 클라이언트와의 면담

사회복지사와 클라이언트 간의 면담에서 클라이언트가 말하는 것을 토대로 하는 내용으로 이는 상당한 정보원이자, 어떤 경우에는 유일한 정보원이 되는 경우도 있다. 면담 내용은 면접과정에서 사회복지사가 클라이언트에게 질문을 하거나 클라이언트의 자발적인 의사 표현에 의해 이루어지며, '자신의 문제를 해결할 수 있는 유일한 사람은 바로 클라이언트 자신이다.'라는 능동적인 태도를 존중하면서 클라이언트의 상황을 파악한다. 여기에는 클라이언트가 표현하는 문제, 경험하고 있는 감정, 문제를 해결하기 위한 개인적 노력, 문제의 역사 등에 대한 개인의 의견이 포함된다. 그러나 이는 주관적인 인식이므로 사실과 달리 왜곡될 경우 취조식이 아닌 세심한 태도로 진위 여부를 파악하면서 정보를 수집해야 한다(양옥경 외, 2005; 김혜영 외, 2014).

3) 비언어적 행동에 대한 직접적 관찰

면담 중 클라이언트의 목소리나 어투, 태도 등을 통해 정서적 상태와 반응에 대한 직접적 정보를 획득할 수 있는 출처이다. 사회복지사는 언어적 표현 못지않게 비언어적 행동에서 중요한 정보를 얻을 수 있다. 여기에는 몸짓, 얼굴 표정, 손동작, 목소리톤, 어투 등이 해당된다. 어떤 경우에는 비언어적인 행동이 클라이언트의 감정과 사고를 더 정확하게 전달하는 도구로 활용되는 경우도 있으므로, 면담 중에는 사회복지사의 민감한 감지능력이 더욱 요구된다(양옥경 외, 2005; 김혜영 외, 2014).

4) 상호작용에 대한 직접적 관찰

클라이언트와 그의 삶에 중요한 다른 사람과의 상호작용을 직접 관찰함으로써 문제에 대한 실마리를 발견하는 출처를 말한다. 예를 들어, 배우자와의 상호작용, 그 외의 가족구성원들과의 상호작용, 집단 내에서의 상호작용 등 사회복지사가 직접 관찰을 하면서 얻을 수 있는 자료로 많은 정보를 얻을 수 있는 수단이 되기도 한다(양옥경 외, 2005; 김혜영 외, 2014).

5) 부가적 정보

클라이언트 외의 가족, 이웃, 친구, 친척, 학교, 종교기관 등 클라이언트를 제외한 다른 영역에서 얻는 정보로 객관적인 정보원이 되기도 한다. 그러나 상황에 따라서는 주관적인 자료가 될 가능성도 있으므로, 사회복지사는 정보 파악 시 신뢰성과 정확성을 염두에 두고 파악해야 한다. 부가적인 정보는 클라이언트의 동의가 반드시 필요하나, 상황에 따라 클라이언트의 자살문제나 타인에 대한 위협 등의 예외적인 경우는 융통성 있는 기술이 필요하기도 하다(박귀영 외, 2015).

6) 심리검사 및 사정도구

다양한 심리검사 및 사정도구를 통한 정보는 사정 시 매우 유용한 정보가 된다. 가장 기본적인 사정도구로는 가계도, 생태도나 사회복지사가 개발한 PIE

체계 사정 도구 등이 활용될 수 있다. 심리검사는 개인의 심리에 대한 과학적인 접근 방법을 통해 타당성이 입증된 도구로서, 객관적이고 표준화된 측정을 통해 클라이언트의 내적, 심리적인 특성을 파악하는 데에 활용된다. 대표적으로 많이 사용되는 검사는 자아존중감 및 자아정체감 검사, MMPI, MBTI, 사회성숙도 검사, 불안, 우울 등이 자주 활용된다. 검사도구 활용 시에는 척도 사용방법과 검사 결과 해석에 관해 분명하게 확인한 후 검사 및 결과 해석을 수행하며 필요하다면 심리전문가의 도움을 구할 수도 있다(박귀영 외, 2015).

7) 클라이언트의 직접적인 상호작용에 근거한 사회복지사의 경험 및 인식

클라이언트와의 직접적인 상호작용을 통한 사회복지사의 개인적 경험이 중요한 자료출처원으로 될 때가 있다. 클라이언트가 사회복지사와 직접적으로 상호작용하는 패턴은 그가 다른 인적자원들과 상호작용하는 모습에 관한 실마리를 제공한다. 평소 클라이언트의 대인관계 패턴과 의사소통 방식, 숨겨진 내면의 감정, 중요한 타인과의 관계에 대한 정보 등을 수집할 수 있으며, 이는 사회복지사의 전문가적인 직감을 통해 파악이 될 수 있다. 이 상호작용을 다루는 데에 있어 클라이언트가 사회복지사에게 가지는 전이와 반대로, 사회복지사가 클라이언트에게 가지는 역전이 등에 대한 정신적인 상호작용의 심리적 기제 등에 관한 지식도 알아두는 것이 필요하다(양옥경 외, 2005; 김혜영 외, 2014).

8) 클라이언트의 자기모니터링

클라이언트의 자기모니터링은 클라이언트가 자기 문제를 명확하게 인식하지 못하는 경우, 문제행동 빈도와 문제행동 발생 시 감정 등을 스스로 체크해 보도록 하는 것을 일컫는다. 이는 잠재적으로 유용한 자료가 될 수 있으며, 클라이언트가 스스로 자신의 상황을 적극적으로 파악하기 위해 참여하는 과정을 통해 통찰력을 갖게 하는 데 도움을 줄 수 있다(양옥경 외, 2005; 김혜영 외, 2014).

4. 자료수집

자료수집은 클라이언트의 문제를 이해하고, 분석하고, 해결하는 데에 필요한 자료를 모으는 것을 말한다. 사회복지사는 자료를 수집하면서 문제를 분석하고 또한 분석과정에서 필요한 정보를 계속적으로 수집해 가는 과정을 지속한다(이준우 · 임원선, 2011).

1) 자료수집의 영역 및 내용

자료수집의 내용은 객관적인 자료나 정보, 클라이언트의 주관적인 사실에 관한 인식의 파악을 포함한다. 일반적으로는 클라이언트의 생활력, 대인관계, 경제적인 상황 및 어려움, 건강 및 심리 · 정서적인 상태, 현재 어려움에 처한 문제 내용에 대한 사실적 자료들을 수집한다. 자료수집의 세부 영역은 다음과 같다(김혜영 외, 2014).

(1) 클라이언트의 일반적 사항

클라이언트의 인적사항 및 가족사항, 주거사항, 수급 및 차상위 여부 등 경제적 상황에 관한 기본 정보를 수집한다.

(2) 개인력

클라이언트의 개인적인 역사로 개인의 생애주기별 히스토리에 맞춰 시간의 흐름에 따라 서술된다. 생애주기별은 태내기, 영유아기, 아동기, 청소년기, 청년기,

장년기, 노년기 등으로 구분하여 각 주기별 생활사건, 클라이언트의 경험 및 감정, 정서적 흐름, 경제적, 사회적 상태, 대인관계 등 광범위한 정보를 수집한다.

(3) 가족력 및 가족관계

클라이언트의 가족은 보통 3대로 표현하는 것을 권장하며, 가족력과 가족관계에서는 가족의 역사, 가족구성, 가족구성원들의 간단한 인적사항, 가족관계 등에 관한 정보를 수집한다.

(4) 클라이언트의 기능

클라이언트의 신체적 기능, 심리·정서적 기능, 사회적 기능, 지적 기능 등에 관한 자료를 수집한다.

(5) 클라이언트의 강점과 약점 및 잠재능력

클라이언트의 강점과 약점, 잠재능력 등에 관한 정보를 수집한다.

(6) 클라이언트의 사회적 자원

공식적인 자원 및 비공식적 자원과 사회적 자원의 목록 및 이용 정도, 적절성, 자원 이용에의 문제점 등을 파악한다.

2) 자료수집 방법

(1) 면접

면접은 사회복지사와 클라이언트 혹은 그의 가족까지 직접적인 만남을 통해 이루어지는 것으로 이들 사이에 언어적·비언어적인 의사소통을 포함한 목적 지향적인 대화가 이루어지는 것을 말한다. 면접은 정보를 얻기 위한 면접, 사정을 위한 면접, 치료를 위한 면접 등으로 구분할 수 있다(김혜영 외, 2014).

(2) 관찰

관찰은 비언어적인 형태의 자료를 수집할 때 유용한 방법으로 언어적인 의사소통이 되지 않는 대상자이거나, 비언어적인 행동에 관한 자료수집이 필요할 때 활용하게 된다. 관찰은 수집하고자 하는 정보의 종류에 따라 자연스러운 관찰과 일련의 순서가 있는 구조화된 관찰로 구분할 수 있다(김혜영 외, 2014).

(3) 검사

클라이언트의 심리·정서적 상태를 보다 객관적 도구를 이용하여 파악하는 것으로서 지능검사, 동기파악, 대처행동의 유형, 자아개념, 불안, 우울, 자살 등의 심리상태 검사 등을 표준화된 심리검사를 통해 파악할 수 있다(김혜영 외, 2014).

5. 사정의 특성

사정은 자료수집과 거의 동시적으로 일어나지만 보통은 자료수집의 후행단계로 수집된 자료를 근거로 하여 사정을 하는 것이 일반적이다. 주요 학자들이 설명하는 사정의 특성은 다음과 같다(Johnson & Yanca, 2004; 이준우·임원선, 2011; 김혜영 외, 2014).

1) 사정은 계속되는 과정이며 결과이다

헵워스와 라슨(Hepworth & Larsen, 2007)은 사정의 가장 대표적인 특성으로 계속되는 과정이며 결과라고 강조했다. 즉, 사정은 개입 초기단계부터 종결단계까지 내내 이루어지게 된다. 사회복지사는 공식적인 정보를 통한 사정을 실시하고, 이것이 곧 개입계획의 근원이 되므로 사정기록은 매우 중요한 자료가 되며, 심리사회적 조사기록이 바로 사정의 결과물이 된다.

2) 사정은 클라이언트와 사회복지사의 상호성을 기초로 한 과정이다

사정은 사회복지사가 클라이언트와 면담하는 과정에서 둘 간의 상호작용을 통해 얻어진다. 클라이언트는 사정의 각 측면에 참여하도록 격려되고, 사회복지사는 관찰하고 수집한 자료에 대해 클라이언트와 논의하여 사정의 결과물을 만들어 낸다.

3) 사정에는 클라이언트의 관여가 절대적으로 필요하다

사정은 사회복지사의 고유한 권한이지만, 클라이언트와의 관점과 판단이 다를 수 있으므로 사회복지사는 사정을 수행하면서 클라이언트와의 상호합의된 의사결정을 실시해야 한다.

4) 사정에는 판단이 요구된다

사회복지사는 사정에서 무엇을 고려해야 할지, 어떤 지식과 이론을 적용할지, 클라이언트를 어떻게 관여시킬지, 문제를 정의하는 방법 등을 고민하게 되며 이때 판단을 하게 된다.

5) 사정에는 클라이언트의 강점을 포함해야 한다

클라이언트는 문제를 가지고 있지만, 문제를 해결하는 데 강점사정을 통해 개입계획을 설정하는 것이 중요하다.

6) 사정의 이중초점은 상황 속의 개인을 이해하는 것과 개입계획의 기초를 제공하는 것이다

사정은 두 가지 초점을 갖게 되는데, 하나는 클라이언트의 욕구, 문제에 대한 이해, 상황 속의 개인을 이해하는 것에 초점을 두는 것과 다른 하나는 정보를 수집하고 분석하여 문제해결을 위한 개입계획의 기초를 제공하는 것이다.

7) 사정은 생활상황 가운데서 욕구를 발견하고 문제를 정의하며, 그 의미와 유형을 설명한다

사정은 욕구를 발견하고 욕구만족을 방해하는 것이 무엇인지를 생활상황과 관련시켜 명확히 하는 과정이다.

8) 사정은 개별적이다

문제의 유형과 상황이 유사하다 할지라도 모든 인간의 상황이 똑같을 수는 없다. 그러므로 사정은 각 개인이 처한 상황에 따라 철저하게 개별화로 바라보는 관점, 즉 'case by case'로 이루어져야 한다.

9) 인간을 이해하는 전문적인 지식적 근거가 필요하다

사정을 위해 개인의 상황을 이해하기 위해서는 인간발달 및 심리 등에 관련된 전문적인 지식이 필요하다. 따라서 인간행동에 대한 이해, 인간의 다양성, 가족관계, 집단 및 지역사회, 정책 등 사례에 따른 개별적 지식이 필요하다.

10) 한계성에 대한 인정

사정은 매우 어려운 과정이다. 어떠한 사람도 완벽할 수는 없다. 즉 모든 상황에 대한 완벽한 이해는 불가능하며 또한 바람직하지도 않다. 따라서 클라이언트를 완전히 이해하는 데는 항상 한계가 있음을 인정해야 한다.

6. 사정도구

사정에 유용한 도구로는 가계도(genogram), 생태도(eco-map), 소시오그램(socio-gram) 등이 있다(박귀영 외, 2015).

1) 가계도(genogram)

가계도는 2~3세대의 가족관계를 그림으로 작성하여 현재 제시된 문제의 원인을 규명하고, 가족 간의 관계 및 역동을 파악하기 위한 기초자료로서 사회복지사와 클라이언트가 함께 작성하는 것이다(Zastrow, 1995). 가계도는 각 가족구성원의 한 세대에서 다음 세대까지 생물학적, 법적, 정서적 관련성을 그림으로 묘사하는 것으로 가족 스스로 세대 간 반복되는 관계유형을 찾고, 이에 대한 통찰을 하는 데에 매우 중요한 도구이다(이영분·김유숙, 1992).

가계도는 상징적 기호들로 구성되며, 가족에 관한 정보는 짧게 기술되는 것이 기본이다. 이에 따라 사회복지사는 가계도에 있는 여러 기호를 직접 그리고 해석할 수 있는 지식을 갖추어야 한다. 다음은 3대에 걸친 한 가족의 가계도이며, [그림 6-1]에 제시된 그림 기호를 통해 가족구성원의 성별 및 관계 등을 나타낸다(박귀영 외, 2015; 최덕경 외, 2012).

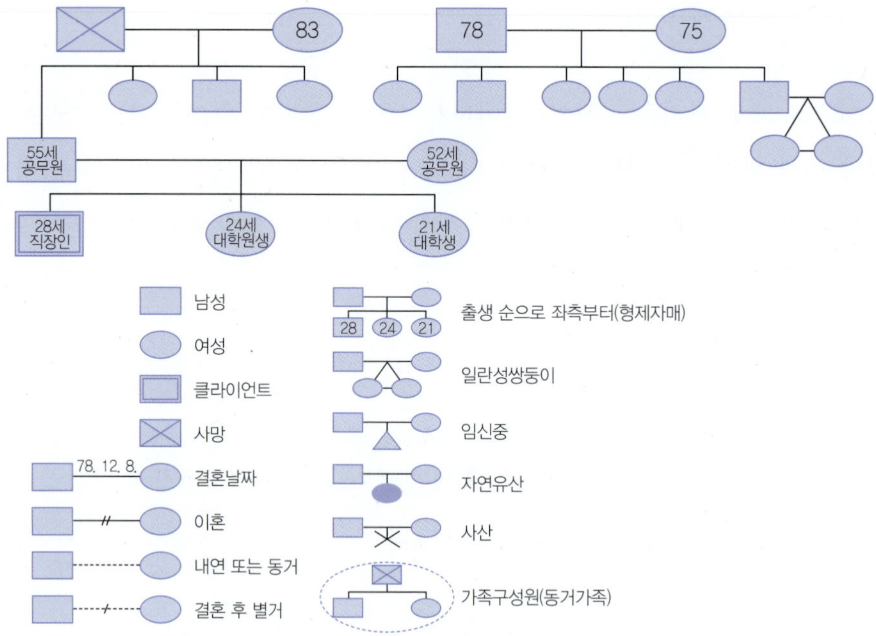

[그림 6-1] 가계도

2) 생태도(eco-map)

생태도는 클라이언트의 상황에서 의미 있는 주변 인적 및 물적자원들의 관계와 체계들을 그림으로 나타내어 특정 문제와 이에 대한 개입을 계획하는 데에 중요한 도구로 사용된다. 생태도 역시 사회복지사와 클라이언트가 함께 그린다(Zastrow, 1995). 생태도는 가족뿐 아니라 다른 체계들과의 관계를 선으로 표기하며, 물리적·심리적인 거리감에 따라 도형의 위치를 조정한다. 생태도는 생태학적인 관점에서 클라이언트를 이해하는 데에 도움을 주며, [그림 6-2]에 제시된 그림 기호 등을 통해 각 차원체계들과의 관계 등을 나타낸다(박귀영 외, 2015).

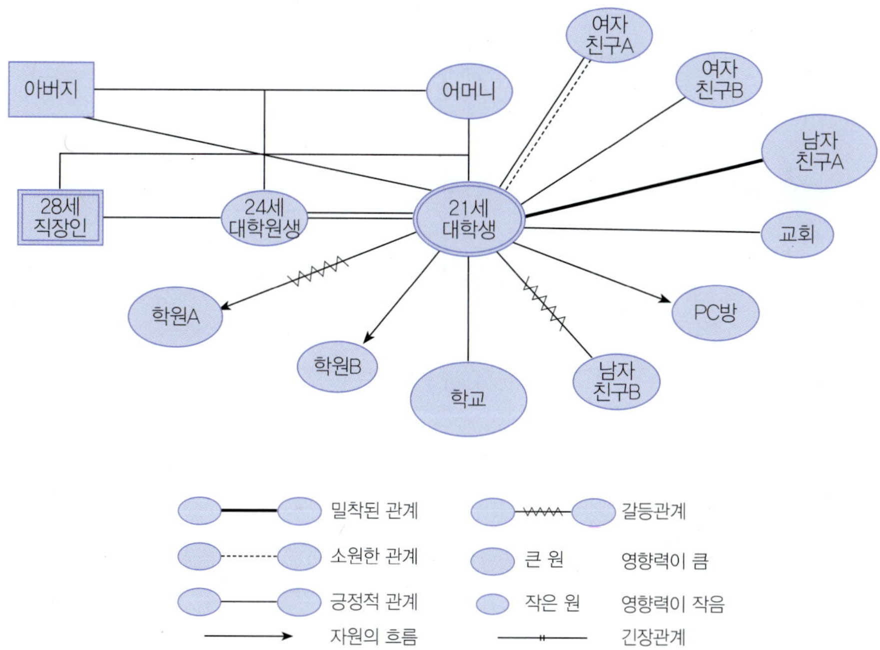

[그림 6-2] 생태도

3) 소시오그램(socio-gram)

소시오그램은 집단과 일하는 사회복지사가 집단 내의 소외자, 하위집단, 연합 등을 파악할 수 있는 유용한 도구이다(Toseland & Rivas, 1995). 소시오그램은 클라이언트의 주변에 생활하고 있는 호의적, 무관심, 적대적 관계들을 찾아서 그 문제점을 알아 치료하고자 하는 데 사용되는 그림이다. 아래 [그림 6-3]에 제시된 그림 기호 등을 통해 각 차원체계들과의 관계 등을 나타낸다(박귀영 외, 2015).

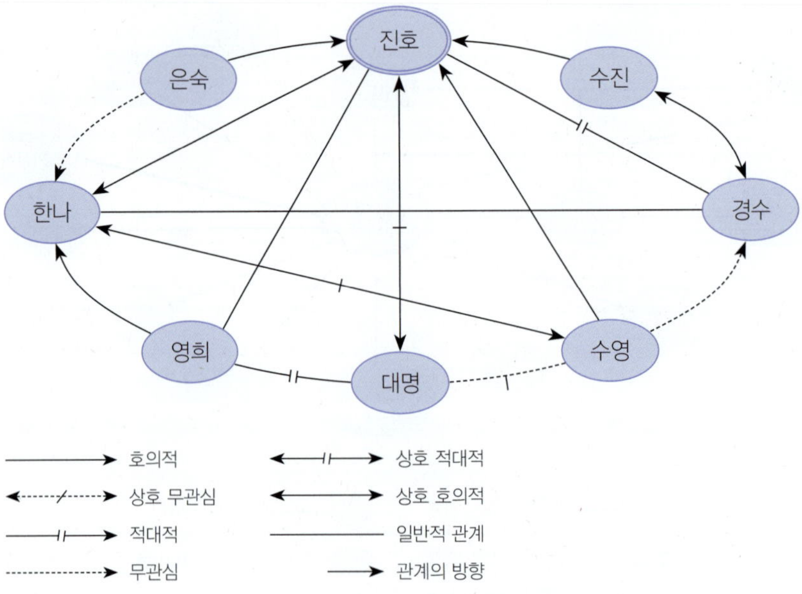

[그림 6-3] 소시오그램

7. 사정영역(최덕경 외, 2012; 김혜영 외, 2014)

1) 개인대상 사정 영역

(1) 개인의 문제 사정하기

개인의 문제에 대한 사정은 클라이언트가 제시한 문제에서 출발한다. 개인의 사정에서 가장 중요한 것은 문제의 본질을 규명하는 것이다. 문제의 규명은 사회복지사와 클라이언트기 함께 상호협력으로 시도하는 것이 바람직하다.

문제를 사정하기 위해서는 다음의 질문들이 유용하다(양옥경 외, 2005; 이준우·임원선, 2011).

① 구체적으로 무엇이 문제인가?
② 클라이언트는 문제를 무엇이라고 생각하는가?
③ 문제체계에 누가 관련되어 있는가?
④ 참여자들이 어떻게 관련되어 있는가?
⑤ 문제의 원인은 무엇인가?
⑥ 문제행동이 어디서 일어났는가?
⑦ 언제 문제행동이 일어나는가?
⑧ 문제의 빈도, 강도, 지속기간은?
⑨ 문제와 관련하여 채워지지 않은 욕구는 무엇인가?
⑩ 문제에 대한 클라이언트의 정서적 반응은 어떠한가?
⑪ 클라이언트는 그동안 문제에 어떻게 대처해 왔으며, 문제를 해결하는 데에는 어떤 기술이 필요한가?
⑫ 필요로 하는 외적 자원은 무엇인가?

(2) 개인의 관심사 및 욕구사정하기

클라이언트의 관심사와 욕구는 보다 구체적으로 파악하는 것이 필요한데, 경우에 따라서는 실제 욕구가 아닌 경우도 제시할 때가 있고, 숨겨진 욕구나 관심사가 빨리 파악되지 않을 때도 있다. 이에 대해 존슨과 얀카(Johnson & Yanca, 2007)는 클라이언트의 욕구사정을 위해 다음의 세 가지를 인식하고 있어야 한다고 제안하였다.

① 충족되지 않는 욕구 인식하기
② 욕구충족의 장애물 인식하기
③ 욕구 및 관심을 구체화하기

(3) 개인의 강점과 약점 사정하기

사회복지사의 사정 중 중요한 과업 중 하나는 클라이언트체계 및 사회환경의 잠재적인 강점과 능력, 자원, 가능성을 규명하는 것이다. 강점의 규명은 문제해결에 활용 가능한 자원을 찾아내는 것으로 클라이언트체계의 능력, 기술, 자원, 가능성과 클라이언트의 환경의 자원을 찾아내는 것을 의미한다. 사회복지사는 클라이언트가 가진 강점, 약점을 직접 질문도 하고 사례관리를 진행해 나가면서 여러 가지 상황 속에서 강점 및 약점을 구체화하도록 한다.

[그림 6-4] 개인사정기록지 예시

개인사정기록지

사례번호		사회복지사	
클라이언트명		사례접수일	년 월 일

1. 클라이언트 및 가족 현황				
클라이언트	성별	□남 □여	나이	세
	학력	□초등졸 □중중퇴 □중졸 □고중퇴		
	종교	□기독교 □천주교 □불교 □종교 없음 □기타( )		
동거가족	□부 □모 □계부 □계모 □(외)조부 □(외)조모 □형제(명) □자매(명) □기타( )			
	• 특이사항			
주거 및 경제상황	주거 형태	□단독주택 □연립주택 □임대아파트 □일반아파트 □기타( )		
		□방(개) □화장실(개) □주방(유/무)		
	소유 형태	□자가 □전세 □월세 기타( )		
	총수입	월 ______________ 원 (수급액 원+가족수입 원+기타 원)		

2. 개인력/가족력/가족관계
1) 개인력   2) 가족력   3) 가족관계
3. 사회적 자원
1) 공식적 자원   2) 비공식적 자원
4. 클라이언트가 제시한 문제(우선순위 및 내용)
5. 클라이언트의 강점 및 약점
1) 강점   2) 약점
6. 클라이언트의 욕구
7. 서비스 계획(클라이언트의 문제/서비스 목표)

2) 가족대상 사정 영역

가족사정이란 가족을 하나의 단위로 보고 가족 내부의 요인과 외부의 요인, 이들 양자 간의 상호작용을 파악하기 위해 자료를 수집하고 분석하고 종합하여 가족에 대한 개입을 계획하는 일련의 과정이다. 가족단위에서 중요하게 사정되어야 하는 가족의 구조와 기능에 대해 살펴보고자 한다.

(1) 가족의 경계와 하위체계

가족의 경계는 가족 외부적으로 가족과 환경체계를 구분하는 경계와 가족 내부적으로 가족 하위체계 간 경계로 나누어 이해할 수 있다. 경계는 가족과 환경체계를 구분하는 비가시적 분계선으로 가족의 정체성을 보호하며 가족체계의 구성원이 누구인지를 결정해 준다(이원숙, 2008). 가족의 하위체계에는 부부체계, 부모체계, 부모-자녀체계, 형제자매체계 등이 존재하며, 각 하위체계는 경계를 가진 다른 체계와 구별되는 기능을 수행한다. 따라서 각 하위체계 안에서의 역동이나 사건 등을 각각 파악하여 전체 가족구성원 간의 역동을 사정할 수 있다.

(2) 가족의 권력구조

가족 내의 권력은 한 가족구성원이 다른 가족구성원에게 미치는 권위적 영향력을 의미하는 것으로서, 이 권력체계는 구성원들의 행동을 통제하여 가족 안의 범위를 유지시키지만, 경우에 따라서는 갈등, 가정폭력과 같은 부정적인 문제로 이어지는 경우도 잦다. 따라서 가족 내의 권력구조를 가진 사람이 있는지, 권력이 다른 가족원들에게 어떠한 영향을 미치는지, 가족구성원들은 이에 어떠한 감정과 반응을 보이는지에 대해서 상세히 파악할 필요가 있다.

(3) 가족규칙

가족규칙은 가족구성원들의 행동이나 관계를 통제하는 패턴화되고 예측 가능한 규범이나 기대를 의미한다. 기능적인 규칙은 가족이 해결책을 찾을 수 있는 기회를 제공해 가족체계 내에서 적응적이고 건강한 가족성원의 발달에 기여하고, 가족이 환경의 스트레스, 가족성원의 욕구, 가족단위의 욕구에 유연하게 반응할 수 있게 한다(Hepworth & Larsen, 2007). 그러나 가족규칙이 역기능적인 경우는 일부 가족구성원 중 희생하는 구성원이 나올 가능성과 가족 간의 관계가 원만하지 않은 문제점이 야기되기도 한다.

(4) 가족응집력

가족응집력은 가족구성원 간 서로에게 갖는 정서적인 유대감을 말한다(Olson et al., 1983). 가족응집력이 적절한 가족은 가족의 독립성과 자율성을 유지하면서 동시에 친밀감과 상호연결 상태를 유지하게 된다. 반면 가족응집력이 낮은 가족은 서로 분리되거나 소원한 경향이 있다. 한편, 가족응집력이 매우 강한 가족은 밀착된 관계양상을 보이며, 서로 간의 독립적인 영역 없이 가족 간 높은 의존과 과잉충성의 문제를 보일 수 있다.

(5) 가족 간 의사소통

의사소통은 언어적·비언어적 메시지를 통해 사실적인 정보, 생각, 감정을 내용과 관계차원에서 전달하고 이를 통해 상호교류하는 과정으로, 가족기능을 이해하는 데 핵심적 개념 중 하나이다. 따라서 가족 간 의사소통 파악 시에는 언어적, 비언어적 내용이 일치하는가에 관한 '의사소통의 일치성', 메시지가 서로 명확하게 전달되는가에 관한 '의사소통의 명확성', 상대방의 인식과 관점을 얼마나 알고 잘 받아들이는지에 관한 '의사소통의 수용성', 자신이 생각하고 느끼는 것을 자유롭게 표현할 수 있는가에 관한 '의사소통의 표현성' 등의 각 영역별로 가족 간 의사소통의 패턴이 어떻게 이루어지고 있는지 파악할 필요가 있다.

3) 집단대상 사정영역

전체 집단에 대한 사정은 집단의 의사소통과 상호작용 유형, 결속력, 응집력 등을 사정한다. 집단구성원 간에 어떠한 의사소통 패턴을 사용하는지를 파악하고, 그들이 집단 내에서 상호작용하는 양상을 파악한다. 상호작용에는 집단 내의 암묵적인 숨은 리더가 있는지, 어떠한 권력관계가 존재하는지도 파악할 필요가 있다. 또한 집단원 간에 얼마나 친밀하고 관계가 돈독한지에 관한 결속력과, 응집력을 파악하도록 하고 이는 소시오그램을 통해 간단하면서도 가시적인 자료로 제시할 수 있다.

7장

계획

1. 계획단계와 과업

계획(planning)은 사정단계 이후 개입활동의 목표를 설정하고 구체적인 사항을 협의하는 단계라고 정의할 수 있다. 사정과 계획은 같은 선상의 연결 개념으로 생각되기 쉽지만, 사정이 수집된 정보와 가능성들에 대해 선택과 비평이 이루어지는 단계라면, 계획은 해결방안을 형성하는 단계로서 사정단계에서 규정된 문제에 대해 정보를 변화전략으로 전환한다는 점에서 차이점을 찾을 수 있다.

계획단계의 과업수행에서는 클라이언트와 함께 문제의 우선순위를 정하고 최우선 과제(표적문제)에 대해 합의하고 목표를 설정하는 것이 중요하다. 목표란 클라이언트가 현 상황에서 벗어나기 위한 바람직한 변화의 방향을 구체화하는 것이다. 사회복지실천 과정에서 목표설정이 중요한 이유는 개입의 방향을 명확히 제시하여 불필요한 혼란을 방지해 주고, 적절한 개입전략과 개입 방법의 선택을 용이하게 해 주며, 사례 종결 후 사용된 개입 방법과 개입과정의 효과성을 평가하는 기준을 제공해 주기 때문이다. 커스트 애시맨과 헐(Kirst-Ashman& Hull, 2009)이 제시한 계획단계와 단계별 과업은 다음과 같다.

1단계: 클라이언트를 계획과정에 참여시킴으로써 클라이언트가 변화할 수 있는 동기를 부여한다.
2단계: 사회복지사는 클라이언트가 갖고 있는 문제 또는 문제처리 방법 중 우선순위를 정하고 먼저 해결할 문제나 방법을 선정한다.

우선순위 결정하기
1.
2.
3.

3단계: 클라이언트가 갖고 있는 문제를 욕구로 전환함으로써 해결방법을 보다 구체화한다.

문제		욕구
이성 친구가 없는 문제	⇨	이성 친구를 사귀고 싶다.
아동학대	⇨	학대중지, 정서적 통제, 아동양육 기술 습득
우울	⇨	우울증 치료와 증상완화
실직	⇨	구직
학습부진	⇨	학업성적 향상, 동기부여
충동적 도벽	⇨	충동조절 치료, 필요한 물품 지원
노인성 치매와 통제 상실	⇨	치매노인 보호와 가족부양자 휴식 서비스

4단계: 각 욕구를 충족하기 위한 개입의 수준들을 평가한다. 즉 미시적, 중시적, 거시적인 실천적 접근 방법을 동원하여 총체적·효율적인 해결전략을 수립하고, 그 과정에서 클라이언트의 강점을 최대한 활용한다.

수준	대안들	이로운 점	불리한 점	클라이언트의 강점들
미시체계				
중시체계				
거시체계				

5단계: 목적을 수립해서 개입의 이유를 명료화한다. 명확히 진술한 목적은 개입의 성공 여부를 평가할 수 있다.
6단계: 목적을 성취하기 위한 구체적인 목표를 설정하여 누가, 언제, 무엇을, 어떻게 목표 달성을 위해 활동하며 노력할 것인가 뿐 아니라 평가 방법에 대해서까지 논의한다.
7단계: 목표 달성을 위한 구체적인 행동전략을 수립한다. 시간 및 활동단계별 실천과정에서 누가, 무엇을, 언제까지 어떻게 수행할 것인지를 구체화한다.

누가	무엇을 할 것인가?	언제까지	목표 달성 여부 측정방법
1.			
2.			
3.			

8단계: 목적과 목표가 분명해진 상태에서 사회복지사와 클라이언트 간 개입과정에서 필요한 역할, 기간 등에 대한 합의를 한다. 즉, 공식적으로 계약한다.

2. 표적문제의 선정

일반적으로 클라이언트의 문제는 다양하며 복합적으로 얽혀 있는 경향이 있다. 하지만 현실적 여건과 제한된 시간 때문에 사회복지사가 클라이언트의 모든 문제를 다루는 것은 불가능하다. 따라서 사회복지사는 클라이언트가 지닌 여러 문제 중에서 가장 중요하고 시급히 해결해야 할 표적 문제(target problem)를 먼저 선정해야 한다. 실제로 클라이언트의 문제는 계획된 시간 내에 모두 다룰 수 없으므로 사회복지사는 두세 가지 표적 문제로 압축하여 선정한다. 이때 표적 문제의 우선순위 기준은 그 문제의 긴급성과 해결 가능성 등을 고려할 필요가 있다. 또한 표적문제를 결정하는 과정에서 클라이언트의 자기결정권은 반드시 지켜져야 할 기본적 가치인 동시에 클라이언트의 동기 부여와 적극적 참여가 핵심 요소이기 때문에 중요하게 다루어져야 한다.

※〈알아보기〉 표적문제

표적문제란 사정 과정에서 드러난 복잡한 여러 문제 중에서 가장 중요하고 시급하게 해결해야 할 문제로, 클라이언트가 자신의 문제로 인식하고 이를 해결하기를 원하며 사회복지사도 전문적 판단에 의해 인정한 문제를 의미한다. 표적문제를 선정하는 방법을 간단히 정리하면 다음과 같다.

- 문제해결을 위해 클라이언트가 함께 노력한다는 초기 합의가 이루어진 이후 선정
- 클라이언트가 인정하는 문제로 노력을 통해 해결할 수 있는 문제로 선정
- 우선순위에 따라 최대 3개까지 선정
- 구체적인 문제를 중심으로 선정
- 클라이언트의 생각과 의견을 최대한 반영하여 선정
  (의견차이가 있으면 사회복지사는 클라이언트의 관심과 사회복지사 자신의 전문적 판단을 최대한 반영할 수 있는 방향으로 협의하여 선정)

3. 개입의 목적 및 목표 설정

표적 문제가 선정되면 사회복지사는 클라이언트와 함께 개입의 장·단기 목적 및 목표를 설정하게 되는데 이 단계는 매우 중요하다. 그 이유는 사회복지사와 클라이언트에게 개입 과정의 방향을 분명하게 제시하고 지속성을 유지하며, 종결 후에 실천과정 및 개입의 결과에 대한 달성 여부를 평가하는 기준이 되며, 목표 설정을 위해 사회복지사와 클라이언트 사이에 합의 과정이 이루어지기 때문이다(Johnson & Yanca, 2007). 또한 목표 설정은 적절한 개입 전략과 방법을 선택하고 개발하도록 돕고, 클라이언트의 변화 정도를 점검할 수 있기 때문에 가치가 있다. 다음은 사회복지사가 목표를 설정하는 과정에서 클라이언트에게 질문하는 방법에 대한 소개이다.

- **클라이언트에게 목표 설정을 하는 이유를 설명하는 방법**

> 사회복지사: 오늘은 우리가 프로그램을 시작하기 전에 목표를 정해 보는 작업을 하려고 해요. 목표를 설정하는 이유는 목표가 분명하게 정해져 있어야 우리가 그것을 향해 먼 거리를 헤매지 않고 갈 수 있기 때문이에요. 그리고 프로그램이나 서비스가 끝난 후에도 ○○씨의 문제가 얼마나 해결되었는지를 아는 데 도움이 될 수 있거든요.

- **클라이언트가 원하는 목표를 사회복지사가 탐색할 때 질문하는 방법**

> 사회복지사: 이 프로그램에서 우리가 달성해야 할 목표를 무엇으로 할까요?
> 사회복지사: 상담을 통해 무엇이 바뀌었으면 좋겠나요?
> 사회복지사: 집단상담프로그램이 끝났을 때 무엇이 달라져 있으면 좋을까요?

• 목표를 구체화하고 현실 가능성 있게 수립하기 위한 질문 방법

사회복지사: 프로그램을 통해 무엇이 바뀌었으면 좋겠어요?
클라이언트: 저는 그냥 가족들과 잘 지냈으면 좋겠어요.
사회복지사: 최근에 관계가 가장 힘든 사람은 누구였나요?
클라이언트: 어제도 일을 마치고 늦게 들어갔다가 집사람과 좀 안 좋았어요.
사회복지사: 아내와의 관계를 개선하고 싶군요. 그렇다면 프로그램 참여를 통해 아내와의 관계를 개선하는 것이 하나의 목표가 될 수 있겠네요.
클라이언트: 네. 그렇게 되면 좋을 것 같아요.
사회복지사: 그 외에 다른 바라는 점은 없나요?
클라이언트: 우선 지금은 그게 제일 힘드니까요.
사회복지사: 관계가 회복되길 간절히 바라는군요. 그렇다면 아내와 어떻게 지냈으면 좋겠나요? 아니면, 아내와 관계가 좋아졌다는 걸 어떻게 확인할 수 있을까요?
클라이언트: 아내와 목소리를 높이지 않고 진짜 10분만이라도 이야기를 했으면 좋겠어요.
사회복지사: 음, 그럼 프로그램을 통해 아내와 10분 이상 화를 내지 않고 이야기 나누는 것을 이번 목표로 정해 보기로 하죠. 어떻습니까?
클라이언트: 좋습니다.

※ 〈알아두기〉 목표의 의미와 종류

일반적으로 목적(goal)이란 개입을 통해 얻고자 하는 장기적이고 궁극적인 결과이며, 해결책을 제시하는 방향이면서 목표보다 광범위하고 추상적인 개념이다(Miley et al. 2007). 반면 목표(objective)란 사회복지사와 클라이언트의 노력이 향하고 있는 바람직한 결과로서 문제가 해결된 상태, 개입을 통해 나타나기를 바라는 구체적이며 긍정적인 변화를 의미한다. 이러한 목표를 클라이언트와 함께 설정할 때, 사회복지사는 SMART 형식을 사용할 수 있다(Egan, 1982). 즉, 개입 목표의 설정에서 사회복지사는 구체성(Specific), 측정 가능성(Measurable), 성취 가능성(Achievable), 현실성(Realistic), 시기 적절성(Timely) 등 다섯 가지 요소를 고려하여야 한다.
목표는 내용이나 방법 또는 이론이나 분야에 따라 차이가 있지만, 대체로 그것이 지니고 있는 특징에 따라 소극적 목표와 적극적 목표로 구분할 수 있다(정원식 외, 1999). 소극적 목표란 제거하거나 감소시킴으로써 달성될 수 있는 것이고, 적극적 목표란 새롭게 형성시키거나 증가시킴으로써 달성될 수 있는 것이다. 이 두 가지는 목표로서 상호 모순되는 것이라기보다는 상호 보완적인 관계에 있다.

(1) 소극적 목표

사람들은 불편이나 고통을 경험할 때, 혹은 새로운 환경에 적응하지 못하거나 쉽게 해결할 수 없는 문제에 당면했을 때 힘들어한다. 이런 경우 자주 설정되는 목표는 다음과 같다.

① 문제해결

클라이언트 스스로 문제라고 생각하는 것을 해결할 수 있도록 돕는 것이 목표이다. 현재 클라이언트가 고통받고 있거나 해결하기 원하는 문제에 초점을 맞추고 문제를 집중적으로 관리할 수 있는 힘을 길러 다른 문제까지도 스스로 해결할 수 있게 돕는 데에 그 목표가 있다.

② 적응

클라이언트의 다양한 욕구를 다루어 훌륭하게 적응할 수 있도록 해 주는 것이 목표이다. 클라이언트의 자아 욕구와 환경 사이에 갈등이 생기거나 내담자의 다양한 내적 욕구들 사이에 갈등이 심해지면 자아의 통합이 어려워지고 전체적 삶의 균형이 무너질 수도 있다. 그러므로 사회복지사는 클라이언트의 욕구와 환경 사이에서 혹은 클라이언트의 다양한 내적 욕구들 사이에서 생기는 갈등과 대립을 해소하여 삶 자체가 지장을 받지 않도록 하는 데에 그 목표가 있다.

③ 치료

클라이언트의 심리적 상처를 치료해 주는 것이 목표가 된다. 사회복지실천에서의 치료는 신체적 질병이나 정신적 질환을 치유하는 것보다 마음의 상처를 치료하는 데에 더 역점을 둔다. 불안, 갈등, 좌절, 분노, 스트레스 등은 현대 인류가 겪고 있는 심리적 상처를 상징적으로 보여 주고 있다. 인간의 마음 상처는 자연적으로 치유되는 경우도 있지만 오래 아물지 않은 상태로 있거나 더 커지는 경우도 있다. 마음의 상처 자체가 주는 고통이 무척 크며 인간의 삶에 광범한 영향을 미치기 때문에 클라이언트의 심리적 상처를 치료하는 데에 목표를 두기도 한다.

④ 예방

폭력, 가출, 범죄나 비행, 성격장애, 신경증과 정신병 등 인간이 가질 수 있는 문제를 사전에 예방하는 것이 목표이다. 교육, 직업, 성격, 결혼, 여가 등 광범위한 삶의 문제를 장기적으로 예방하고, 발달과정에서 제기되는 장애나 문제를 사전에 방지하고 대비하여 바르게 성장할 수 있게 하는 것이 사회복지실천이 추구하는 목표가 되기도 한다.

⑤ 갈등해소

클라이언트가 심리적·대인 간 갈등을 극복하고 해소하도록 돕는 것이 상담의 목표이다. 인간의 심리적 갈등은 개인이 내적으로 경험하는 욕구 간의 충돌과 대립을 가리킨다. 인간은 이러한 심리적 갈등을 극복하면서 정신적으로 성숙하기도 하지만, 만성적으로 지속되는 심리적 갈등은 삶에 나쁜 영향을 준다. 또한 가족관계, 교우관계, 상사와 부하 관계, 이성관계 등 사람과 사람 사이에 발생하는 대인 간의 갈등은 자연스러운 것이며 그것을 해결하는 과정은 사회적 성숙의 기회가 될 수도 있지만 고통스러워 정신이상의 원인이 될 수도 있다. 따라서 가정, 학교, 사회, 직장 등 일상생활에서 인간관계의 갈등을 해소하는 것이 목표가 되는 것은 자연스러운 일이다.

(2) 적극적 목표

적극적 목표는 긍정적 인간 특성을 형성하고 강화시키는 것이다. 상담을 통해서 달성해야 할 긍정적이고 적극적인 인간의 특성은 다양하겠지만, 그중 대표적인 몇 가지를 살펴보면 다음과 같다.

① 긍정적 행동변화

가정, 학교, 사회, 직장 등의 생활에서 클라이언트로 하여금 보다 생산적이고 만족스러운 삶을 누릴 수 있는 적극적이고 긍정적인 행동의 변화를 가져오게 하는 것이 목표이다. 자신과 다른 사람 그리고 복잡한 환경에 대하여 바른 통찰력을 가지게 되어 긍정적으로 사고하고 바람직한 가치관을 형성하도록 하며, 증오와 의심 등의 부정적 정서를 극복하고 사랑과 믿음 등의 긍정적 정서를 발달시키도록 하는 것이 추구하는 목표이다.

② 합리적 의사결정

교육, 직업, 결혼 및 기타 수많은 선택과 결정에서 합리적이고 현실적이며 논리적이고 융통성 있는 의사결정을 하도록 지원하는 것이 목표다. 인간의 삶은 크고 작은 의사결정의 계속적 과정이라고 할 만큼 선택과 결정이 큰 비중을 차지하고 있다. 선택과 결정을 비합리적이고 비현실적으로 하게 되면 개인적 불행과 실패가 될 수 있을 뿐만 아니라 사회적 손실이 클 수도 있다. 그래서 클라이언트로 하여금 합리적이고 현실적으로 의사결정을 하도록 도와야 한다. 의사결정은 클라이언트의 몫이다. 사회복지실천에서는 클라이언트가 선택하고 결정하기 위해 필요한 정보를 제공하고, 의사결정에 개입하는 정서적 문제나 심리적 특성을 확인하고 분석하며, 장애가 되는 측면은 극복하도록 한다. 사회복지실천에서 선택과 결정의 필요를 클라이언트가 인식하고 그에 요구되는 정보를 이해·수용·수집·평가하는 긍정적이고 적극적인 태도를 기르는 것이 무엇보다 강조된다.

③ 전인적 발달

잠재적 능력을 개발하고 다양한 인간 특성을 조화롭게 발달시키는 것이 목표가 된다. 잠재적 능력을 발견하고 개발하고 개인의 여러 가지 특성을 균형 있게 발달시키는 것은 사회복지실천에서 해야 할 주요 과제 중 하나이다. 조화와 균형을 이루지 못하면 개인의 심리적 안정이 깨지고 사회적 적응이나 인격적 통합이 어려워진다. 그러므로 사회복지실천은 개인의 신체적·심리적·사회적·문화적 측면이 균형 있고 조화롭게 발달할 수 있게 하여 하나의 통합적 인격체로서 전인의 모습을 조형해 내도록 해야 한다.

④ 자아존중감

자아개념은 성격의 발달은 물론 인간의 적응행동 등 삶 전체에 걸쳐 영향을 미치므로 긍정적 자아개념을 형성하고 발달시키는 것이 목표이다. 자아개념의 주요 성분인 자아존중감은 자아의 다양한 경험을 의미 있게 통합할 때 이루어진다. 자아와 환경에 관해 대립과 모순, 갈등과 부조리 같은 것을 넘어 조화와 균형을 이루고 그 가운데 자기 자신의 참된 가치를 발견할 때 건실한 자아존중감이 형성된다. 따라서 자아존중감은 성공적 경험만을 통해서 이루어지는 것이 아니라 실패와 좌절 속에서 그것과 씨름하는 강인한 자아상을 보게 될 때 도리어 발달한다. 자아의 부정적 요소와 긍정적 요소의 대립과 모순을 넘어서 참된 자아의 가치와 의미를 발견하도록 하는 것은 사회복지실천 과정에서 자연스럽게 이루어져야 할 중요 목표이다.

⑤ 개인적 강녕
개인적 강녕을 누릴 수 있도록 돕는 것이 목표다. 강녕이란 건강하고 편안하다는 의미로 신체적인 것만을 가리키는 것이 아니라 사회적으로 평화롭고 안정되어 있으며 정신적으로 굳세고 흔들림이 적은 것을 가리킨다. 사회복지실천은 클라이언트로 하여금 신체적·심리적·사회적·도덕적·경제적으로 건강하고 안정되어 있을 뿐만 아니라 의연하고 평화로운 가운데 보람을 느끼는 삶을 살아가도록 하는 데에 그 목표가 있다.

4. 개입 목표의 조건

일반적으로 개입 목표가 갖추어야 할 조건을 살펴보면 다음과 같다(Kirst-Ashman & Hull, 2009).

첫째, 목표는 클라이언트가 원하는 결과와 관련되어야 한다. 클라이언트는 자신이 원하는 것을 성취하려고 할 때 동기 부여가 되고 목표를 달성하기 위해 노력하게 된다. 클라이언트의 적절한 동기 부여를 위해서 사회복지사는 클라이언트가 원하는 결과를 목표로 선정한다면 클라이언트는 자신의 문제가 해결되거나 감소하여 삶이 개선될 수 있다는 믿음을 가지게 될 것이다.

둘째, 목표는 바람직한 성과를 포함해야 한다. 목표는 문제 상황을 변화시키는 과정이 아니라 행동 양식으로 기술해야 한다. 자녀를 학대하는 아버지에 대한 개입 목표는 공격성 감소 프로그램에 참여하는 것이 아니라 학대를 하지 않는 것이다. 사회기술이 부족한 사람에 대한 개입 목표는 사회기술 훈련 프로그램에 참여하는 것이 아니라 몇 가지 사회기술을 습득하는 것이다. 개입 목표는 공격성을 다루는 기술이나 사회기술을 습득하여 실생활에서 학대를 하지 않거나 원만한 대인 관계를 유지하도록 하는 등 바람직한 성과와 관련되어야 한다.

셋째, 목표는 측정할 수 있도록 분명하고 구체적으로 설정해야 한다. 이러한 목표는 클라이언트가 자신의 행동을 통제하고, 점검하는 지침이 된다. 측정 가능한 목표를 설정하려면, 개입 전의 클라이언트의 음주 횟수가 얼마나 되는지와 같은 문제 상황에 관한 구체적인 정보가 있다면, 현실적이면서도 측정 가능한 목표를 설정할 수 있다.

넷째, 목표는 클라이언트의 문제해결에 도움이 될 수 있도록 타당하게 설정해야 한다. 예를 들어, 자녀와의 관계가 좋지 못한 아버지가 일찍 귀가하겠다는 목표는 타당한 목표가 아니다. 일찍 귀가하더라도 자녀와 어떻게 시간을 보낼 것인지, 자녀와의 관계 회복을 위한 구체적인 대안이 목표에 반영되지 않으면 문제해결에 도움이 되지 못한다. 따라서 타당한 목표를 설정하기 위해서는 자료 수집과 사정 단계에서 문제의 원인과 양상, 문제에 대한 당사자들의 관점 등과 구체적인 정보가 필요하다.

다섯째, 목표는 현실성이 있어야 한다. 목표의 현실성이란 목표 달성에 필요한 자원을 동원할 수 있어야 하며, 합리적인 시간 내에 실현 가능성이 매우 높은 수준의 목표를 말한다. 이는 클라이언트와 사회복지사의 능력, 상황적 제약 등을 고려하여 목표를 설정하여야 한다는 뜻이다. 예를 들어 공부에 흥미가 없는 지역아동센터 이용 아동이 모든 과목에서 80점을 받는 것을 목표로 설정하는 것은 한 번도 80점을 받아보지 못한 아동에게는 비현실적인 목표가 된다.

여섯째, 목표는 구체적인 기간이 명시되어야 한다. 클라이언트와 사회복지사는 목표가 언제 달성될지 알아야 현실적으로 기한 내에 달성 가능한 목표를 설정할 수 있다. 예를 들어 가출 문제가 있는 클라이언트의 목표를 '외박하지 않는다.'로 설정하기보다는 '1월 1일부터 12월 31일까지 1년 동안 외박하지 않는다.'로 설정하는 것이다. 여기서 기간을 구체적으로 명시한다는 것은 시작일과 종료일, 그리고 총 기간 등을 명시한다는 것이다. 이처럼 시간이 명시된 목표 설정은 개입의 순차성이나 연계성을 명확하게 파악할 수 있다는 점에서 유용하다.

일곱째, 목표는 사회복지사의 지식과 기술로 달성할 수 있어야 한다. 만일 설정된 목표가 사회복지사의 전문성과 능력의 범위 등을 벗어난다면 슈퍼바이저의 슈퍼비전을 통해 목표에 접근하거나 자격을 갖춘 다른 전문가에게 의뢰하여야 한다. 예를 들어 가정폭력이 빈번하게 발생하는 가족의 경우, 경험이 부족한 사회복지사보다는 숙련된 사회복지사에게 의뢰하는 것이 적합하다.

여덟째, 목표는 성장을 강조하는 긍정적인 형태로 작성하는 것이 더 바람직하다. 즉 '비난하지 않기'보다는 '칭찬하기'로 한다거나(양옥경 외, 2010), '클라이언트의 문제 행동이 줄어든다.'는 형태가 아니라 '클라이언트의 긍정적인 대안 행동이 증가한다.'는 것이 더 바람직하다. 성장 지향을 강조하는 목표 설정은 목표가 달성되면 클라이언트의 삶 속에서 나타나게 될 유익한 변화나 성취를 더욱 부각해 주는 효과가 있다. 즉 문제 행동을 제거하기보다 긍정적인 용어를 사용하여 성취해야 하는 것을 목표로 설정하면 목표가 달성되었을 때 그 성과를 확인하기가 쉽다(Berg & Miller, 1992). 부정적인 행동을 하지 않는 것에 초점을 두면 클라이언트는 더욱 그 행동에 집중하는 효과가 나타날 수 있다. 그러므로 어떤 부정적인 행동을 하지 않는 것보다 클라이언트가 할 수 있는 긍정적인 행동을 더 잘하도록 도움으로써 성취감을 높인다(양정남 · 최선령, 2014).

아홉째, 목표는 기관의 기능 및 사회복지 전문직의 가치와 일치해야 한다. 사회복지기관의 일원으로 사회복지사의 변화 노력은 기관의 기능과 일치해야 한다. 따라서 사회복지사는 기관의 목적과 기능의 범위 내에서 클라이언트를 도와야 한다. 목표가 기관의 기능과 일치하지 않는다면 클라이언트를 다른 기관으로 의뢰해야 한다. 또한 사회복지 전문직의 가치와 부합하기 위해서는 클라이언트와 함께 목표를 설정하고 동의를 구해야 한다. 목표 설정 과정에 클라이언트를 참여시키는 것은 클라이언트의 권리 보호뿐 아니라 목표 달성을 위해 함께 일하겠다고 동의하는 것이다. 클라이언트 대부분은 목표를 설정할 능력이 있다. 그러므로 사회복지사는 클라이언트에게 자신의 문제가 해결되었다는 것을 어떻게 알 수 있는지를 질문함으로써 설정 과정에 클라이언트를 참여시켜야 한다(Coumoyer, 2011).

※〈알아두기〉 개입계획 수립의 예시

예시 1

- **표적문제**: 우울증(잠을 못 이루고, 활력도 떨어지고, 식욕도 없다. 화가 난다.)
- **목적**: 긍정적 사고와 활동량을 늘려 우울을 줄인다.
- **목표**
  1) 우울증의 원인이 되는 왜곡된 신념을 2개 이상 파악하여 긍정적으로 재구조화한다.
  2) 지지체계(친구)가 필요하다는 인식을 하고, 7월 20일까지 1개 이상의 지지체계를 개발한다.
- **개입계획**
  1) 클라이언트의 과거 경험을 논의하기 위한 질문을 한다.
  2) 왜곡된 신념을 파악하기 위해 인지치료기법 중 세칼럼기법(일지 쓰기)을 적용한다.
  3) 네트워크 개발을 위해 자조집단에 참여한다.

예시 2

- **표적문제**(행동주의적 문제규정)
  1) 몸무게의 심각한 감소를 초래하여 건강을 해치는 다이어트
  2) 식욕의 손실
  3) 사회활동에 대한 관심이나 재미가 줄어듦
  4) 자존감이 약화됨
  5) 어머니가 너무 바빠 청소년인 클라이언트를 위해 지원이나 뒷바라지를 하지 못함
- **장기목적**
  1) 몸무게를 늘리기 위한 노력을 확고히 하여 정상적인 섭식행동 유형을 유지한다.
  2) 우울한 기분과 증상을 장기적으로 관리하는 방법을 배우고 우울증상을 줄인다.
  3) 사회적 네트워크를 개발하고 사회적 지지의 소스를 증대시킨다.
- **단기목표**
  1) 8월 30일까지 몸무게와 식습관을 점검하기 위해 의사와 정신건강 전문가와의 협력을 계속한다.
  2) 8월 20일까지 자기 자신에 대해 가지고 있는 비합리적 신념을 2개 이상 파악한다.
  3) 8월 25일까지 우울증에 대해 교육을 받고 우울증에 대해 인식한다.
  4) 8월 25일까지 어머니의 지원을 하루에 1시간 이상 늘리거나 대신할 다양한 방법을 찾는다.
  5) 8월 30일까지 사회적 활동을 2개 이상 늘린다.

- 개입계획
  1) 의료적 검진을 받도록 의뢰한다.
  2) 자아에 대한 왜곡된 인지를 재구조화한다.
  3) 우울과 우울의 영향을 교육시킨다.
  4) 학교와 확대가족 내에서의 사회적 지원을 확대시킨다.
  5) 과제를 내주어 사회활동을 유도한다.
  6) 섭식장애 자조집단에 참여시킨다.

예시 3

- **상황**: A 지역의 지역사회연합회가 A 지역의 방과 후 아동보호 프로그램이 매우 부족함을 인식하고 이를 개선하기 위한 계획을 수립하는 경우
- **목적** : A 지역 저소득 주민들을 위한 방과 후 아동보호 서비스를 향상시킨다.
- **목표**
  1) A 지역 초등학교의 교장 및 임원을 만나 방과 후 서비스를 위한 공간을 내어주도록 요청한다. 이를 5월 31일까지 마친다.
  2) 지역사회연합회는 8월 31일까지 지역유지나 사업가들로부터 1,000만 원의 기부금을 모은다.
  3) 방과 후 교실을 9월 30일까지 열고 직원을 1명 확보한다.

예시 4

- **표적문제**: 클라이언트 김○○ 학생은 학교에 대한 불만을 제기하며 수업을 방해하는 문제행동을 한다.
- **목적**: 학교와 김○○ 학생의 원활한 상호작용을 통해 성공적으로 한 학기 학업을 잘 마친다.
- **목표**: 김○○ 학생이 학교에 남은 수업 두 달 동안 학교 규범을 90% 이상 준수한다.
- 개입계획
  1) 클라이언트의 과제: 김○○ 학생은 3월 15일까지 수업시간 자신의 학생 행동에 대한 기본적인 세 가지 규범을 암송한다.
  2) 사회복지사의 과제: 3월 10일까지 사회복지사는 김○○ 학생의 담임 선생님을 만나 클라이언트의 행동에 대해 매시간 문서로 피드백을 주도록 협의한다.
  3) 부모의 과제: 부모는 문서로 된 피드백을 읽고 주말마다 긍정적 피드백의 수에 따라 보상을 제공한다.

출처: 이윤로(2007).

5. 계약

1) 계약의 필요성

계약은 클라이언트와 사회복지사가 목적, 초점 및 기대되는 결과 등의 합의를 촉진하는 도구이다. 즉 표적 문제와 그 문제를 해결하려는 목표가 설정되면 문제가 해결된 상태인 개입의 목적과 목표 달성을 위해 클라이언트와 사회복지사 사이의 공동의 노력을 명시하는 계약을 맺는다. 이러한 계약은 사회복지사의 사회복지실천 과정이 공식적으로 시작되었음을 클라이언트에게 공식적으로 알리고 서로 합의하는 활동이다.

계약의 장점은 사회복지사와 클라이언트에게 목표 성취에 대한 동기를 부여하고 적극적인 자신의 참여가 중요하다는 것을 인식시킨다. 개입 상황에 자신이 목표 달성에 영향을 미칠 수 있음을 인식하면서 문제를 해결할 수 있다는 자신감을 느끼게 된다(김혜란 외, 2013). 또한 목표 달성에 필요한 과업과 서로의 역할을 분명히 확인하고, 함께 노력하겠다는 약속의 일환으로 계약을 맺는다. 사회복지실천 과정에서 개입의 성공 여부는 클라이언트가 자신이 해야 할 일과 역할을 분명하게 인식하고 적극적으로 참여하겠다는 마음과 자세를 가지느냐에 달려 있다. 이와 같이 사회복지실천 과정은 사회복지사와 클라이언트 사이의 계약 관계로 볼 수 있다(엄명용 외, 2011).

2) 계약의 구성

계약에서 최소한 다루어야 할 내용은 다음과 같다. 문제나 관심사, 개입의 목적과 목표, 클라이언트가 취해야 할 행동, 사회복지사가 수행해야 할 과제, 개입의 지속 기간, 참여가 필요한 사람, 기관, 조직의 구체화, 그리고 변화 과정에 도움이 될 것으로 기대하는 것 등이 있다.

계약은 한 번에 완성되는 것이 아니라 상황과 과정에 따라 수정, 보완될 수 있으므로 클라이언트에게 계약의 수정 가능성을 언급해야 한다. 계약 구성에서 중요한 것은 수행 방식에 대한 합의를 분명히 하는 것이다. 누가, 언제, 무엇을, 어떻게, 어디서에 대한 것들을 명확하게 할수록 목표 달성과 진행 과정이 쉬워질 수 있다. 좀 더 구체적으로 요약하면 다음과 같다.

- **구체적인 목표와 행동단계 기술**

계약의 핵심이다. 측정 가능한 목표로 진술하고 '누가, 언제, 무엇을 어떻게' 등의 행동단계를 제시해야 한다.

- **개입 방법과 기술**

일차적 사정결과에 따라서 해결하고자 하는 문제 또는 원하는 바를 성취할 수 있는 방법과 기술을 나타낸다. 사례에 따라서 개입을 위한 모델과 이론까지도 적을 수 있다.

- **시간조건**

개입기간과 빈도 등을 정해야 한다. '일정한 기간 동안 개입을 할 것인가? 아니면 시간제약을 가진 개입인가?'를 결정해야 한다.

- **사회복지사와 클라이언트의 역할**

조력자, 중재자, 옹호자 등의 사회복지사의 다양한 역할 설정도 중요하지만 클라이언트가 자신이 바라는 것과 그에 대한 솔직한 감정이나 욕구를 표현하는 역할에 대해서도 기술해야 한다.

목표설정 및 계약 기록지

클라이언트 이름		성별	
연락처		생년월일	

문제	
클라이언트 호소문제	
사회복지사가 본 문제	
합의한 문제	

목표

세부목표	
세부목표 1.	
세부목표 2.	
세부목표 3.	

참여 프로그램 내용	
프로그램 형식	1. 개인 2. 집단 3. 가족 4. 부부 5. 기타
프로그램 내용	
프로그램 일정	20 년 월 일 요일 ~ 20 년 월 일 요일(총 회기)
프로그램 비용	1. 무료 2. 유료(1회기 원)

클라이언트의 과업 및 역할	
과업 1.	예: 프로그램 회기에 지각하지 않고 특별한 사고가 없는 한 결석하지 않는다. (결석하게 되는 경우에는 미리 연락을 취한다.)
과업 2.	예: 프로그램 중 필요한 과제에 대해서 성실하게 수행한다.
과업 3.	
과업 4.	예: 모든 프로그램이 끝난 후에 있게 될 추후평가에 참여한다.

사회복지사의 과업 및 역할	
과업 1.	예: 프로그램 진행 중 클라이언트의 개인적인 내용에 대해서 비밀을 보장한다.
과업 2.	예: 프로그램에 필요한 내용을 사전에 공지하고 공유한다.
과업 3.	
과업 4.	

우리는 위의 내용을 검토하였으며, 위의 내용을 지킬 것을 동의합니다.
우리 기관은 동의한 내용을 확인하였으며, 위에서 기재된 목표를 클라이언트가 달성할 수 있도록 최선을 다해서 원조할 것을 서약합니다.

20 년 월 일

클라이언트		(인/서명)
사회복지사		(인/서명)
기관장		(인/서명)

3) 계약 활동

(1) 계약의 형태

계약의 형태는 크게 암묵적 계약, 구두 계약, 서면 계약이 있다. 우선 암묵적 계약은 클라이언트와 구체적으로 이야기하지는 않지만 과정과 내용에 대하여 공동으로 인지하고 있을 때 가능하다. 굳이 말이나 글로 표현하지 않더라도 될 가벼운 내용인 경우, 사회복지사와 클라이언트가 문제와 목표에 대하여 같은 인식과 의지를 공유하고 있는 경우, 사안이 중요하지만 시간을 요하는 아주 급한 상황에서는 암묵적인 계약이 성립될 수 있다.

구두 계약은 실천 현장에서 많이 쓰이는 계약의 형태이다. 사회복지사가 제공하는 상당수의 서비스들은 클라이언트와 구두 합의로 충분히 계약이 형성될 수 있으므로 편리성 때문에 많이 선호되고 있다. 구두 계약은 암묵적 계약에 비하여 구체적인 언급이 있지만, 기록으로 남기지 않기 때문에 시간이 지나면 책임감이나 합의 내용이 혼란스러워질 수 있다. 따라서 사회복지사는 분명하게 계약 내용을 보전할 수 있는 서면 계약을 하는 것이 서로를 위해서 유익할 수 있다.

서면 계약은 개입기간 동안 목적과 목표에 대한 책임감을 상기시키고 동기부여를 지속시키며, 실천과정의 불필요한 오해와 소송을 예방하는 수단이다. 서면 계약이 많이 사용되는 분야는 공공 기관, 아동복지, 장애인복지, 교정복지 및 보호관찰 등이다. 또 계약의 형태는 행동 계약과 서비스 계약으로 나눌 수 있다. 행동 계약은 1주일이나 며칠 안에 이루어지며, 세부적인 행동에 대한 부분에서 합의를 하는 것이다. 서비스 계약은 좀 더 긴 분기나 반기별로 재작성하기도 한다.

(2) 서면 서비스 계약

보통 서비스 계약은 서비스 합의, 사례계획, 치료계획, 개입계획, 개별 가족

지원 계획이라는 용어로 쓰이고 있다. 서면 서비스 계약은 합의한 목표 달성을 위한 활동, 역할, 책임, 시간 계획을 작성한 서류이며 사회복지사와 클라이언트가 함께 서명한다. 서면 서비스 계약의 지침은 다음과 같다.

첫째, 기관의 정책이나 법적 요구 사항을 포함하여 작성한다. 특히 법원에서 의뢰한 사례의 경우에 법원이 요구하는 내용을 계획안에 포함시켜야 한다.

둘째, 서면 계약의 장단점을 이해하고 작성해야 한다. 장점은 목적을 명확하게 하고, 우선순위에 초점을 두어 역할과 책임을 설명하고, 평가에 대한 합의된 방법을 제공하는 것이다. 그러나 단점은 클라이언트가 의무적으로 동의할 수도 있다는 점이다.

셋째, 문제를 정확하게 사정하고 나서 계약을 맺어야 한다.

넷째, 클라이언트, 사회복지사, 기관의 역할을 적절하게 배분해야 한다. 클라이언트의 의무와 역할만 강조해서는 안 된다.

다섯째, 계약서는 쉽게 읽고 이해할 수 있도록 작성해야 한다.

여섯째, 계약에 명시되어 있는 목표는 현실적으로 성취 가능하고, 클라이언트가 보기에 매력적인 면이 있어야 한다.

일곱째, 목표는 논리적인 순서와 단계에 따라 수립되어야 한다. 먼저 습득해야 할 것을 첫번째 목표로 삼고, 그다음에 습득해야 할 것을 두 번째 목표로 삼아야 한다.

여덟째, 계약은 필요에 따라 수정할 수 있어야 한다.

4) 계약서 작성

계획수립이 완료되면 계약서를 작성한다. 계획서 작성은 클라이언트와 사회복지사 상호 간에 기대하는 내용과 수행해야 하는 과업내용을 문서화하고 사인한다. 계약서에는 문제의 정의, 목표, 클라이언트와 사회복지사의 역할을 기록

하고 만남의 시간, 장소, 만남의 주기, 비용 같은 자세한 내용도 기록하게 된다. 이렇게 작성하는 이유는 서로 간에 무엇을 동의했고 동의하지 않았는지 명확히 할 수 있기 때문이다. 어떤 의미에서는 법적 의미도 지닌다. 그러나 사회복지실천에서는 계약이라는 단어는 법에서의 개념과 유사하게 사용됨에도 불구하고 법률적 '속박'의 의미를 뜻하지는 않는다.

계약에 의해 조성된 서약을 분명히 하고 촉진하기 위해서는 사회복지사의 역할과 클라이언트가 문제해결을 위해 할당받은 업무를 명확히 규정해야 한다. 계약은 양자가 도달할 합의를 가시화하고 그들이 정기적으로 개입과정을 점검하는 기본 틀을 제공하기 위한 것이다. 물론 계약은 개입과정에서 재교섭되거나 변경될 수 있다.

개입에 들어가기 전에 통상적으로 클라이언트에게 프로그램이나 서비스 진행에 대한 합당한 설명을 하고 동의를 구해야 한다는 윤리적 지침을 어기게 되는 경우가 많은데, 이러한 과오를 방지하기 위해서도 계약서 작성은 꼭 필요하다. 사회복지사는 클라이언트의 알 권리, 고지의 의무, 동의 구하기 같은 윤리적 원칙을 고려해야 한다.

8장

개입

1. 개입의 목표와 과업

사회복지사와 클라이언트가 계약에 동의하면 개입단계로 접어든다.

이단계는 설정된 목표를 달성하기 위해 클라이언트의 변화를 가져오는 구체적인 개입활동이 수행되는 단계로서 초기단계의 끝부분부터 시작해서 실천의 목표가 어느정도 달성되기까지의 전체과정을 의미하며 개입의 목표를 달성하기 위한 구체적인 실천기법들이 적용되는 시기로서 문제해결단계로 불리기도 한다.

또한 개입단계에서 사회복지사와 클라이언트의 모든 활동은 서비스 목표에 초점을 두어야 한다.

개입은 개인수준의 개입, 집단수준의 개입, 가족수준의 개입, 지역사회수준의 개입으로 나뉘는 직접적 개입 방법과 클라이언트의 요구에 반응하도록 환경을 변화시키는 간접적 개입 방법으로 나누어지며, 간접적 개입 방법은 클라이언트를 둘러싼 주위환경에 변화를 가져오기 위한 개입활동이 수행되는 시기이므로 사회복지사는 클라이언트의 가치와 신념체계, 그리고 클라이언트의 평소 일상생활에서의 대처방법 등을 잘 파악하고 있어야 효과가 있다.

사회복지사가 개입단계에서 어떤활동을 해야 할지를 결정할 때에 반드시 필요한 원칙들은 다음과 같다(Johnson, 1982).

① **경제성**: 선택된 활동은 사회복지사와 클라이언트의 시간과 비용을 최소화 할 수 있는 것이어야 한다. 클라이언트가 스스로 할 수 있는 일은 사회복지사가 관여하지 말아야 하며 도움을 요구할 때만 도움을 제공하고, 클라이언트가 혼자서 할 수 없는 일만 사회복지사가 한다.

② **클라이언트의 자기결정**: 개입의 전 과정을 통해 클라이언트가 스스로 의사결정을 하도록 돕는다.

③ **개별화**: 클라이언트의 특성과 욕구에 맞도록 개입활동을 조정해야 하는데, 클라이언트의 능력과 상황을 고려한다.

④ **발달**: 개입의 전체 방향은 클라이언트체계의 발달적 단계에 적합한 것이어야 한다.

⑤ **상호 의존성**: 사회복지사 활동과 클라이언트의 활동은 상호 보완적이어야 하므로 클라이언트의 변화능력을 고려한 후 개입해야 한다.

⑥ **서비스 목표에 초점 두기**: 사회복지사와 클라이언트의 모든 활동은 두 사람이 합의한 목표에 부합되어야 한다.

또한 개입과정에서 사회복지사의 역할은 매우 다양하다. 콤프턴과 갤러웨이(compton & Galaway, 1999)는 개입단계에서 사회복지사 역할을 중개자, 조력자, 교사, 중재자 및 옹호자의 다섯 가지로 분류하였다.

첫째, 중개자(broker)란 클라이언트와 자원을 연결해 주는 역할로서 사회복지사는 지역사회의 기관과 자원에 대한 충분한 정보와 지식을 가지고 있어야 한다.

둘째, 조력자(helper)의 역할은 클라이언트가 자기 스스로 문제를 해결할 수 있는 실력을 기르고 필요한 자원을 찾아낼 수 있도록 돕는 역할이다.

셋째, 교사(teacher)란 클라이언트에게 새로운 정보나 지식 그리고 기술을 배울 수 있도록 도와주고 직접 가르치기도 하는 역할이다.

넷째, 중재자(mediator) 역할은 갈등을 일으키고 있는 클라이언트와 다른 사람 또는 외부체계를 조정하여 합의에 도달하도록 하는 것이다.

다섯째, 옹호자(advocate)의 역할은 클라이언트를 대신해서 클라이언트의 이익을 대변해 주는 역할로서 논쟁, 타협, 투쟁 등을 통해 클라이언트의 이익과 권리를 보호하는 것이다.

2. 직접적 개입

개입은 직접적인 개입과 간접적인 개입으로 나뉘며 직접적인 개입은 개인, 가족, 소집단, 지역사회 등과 함께하는 활동을 포함하는 것으로서, 클라이언트의 심리적·내적 측면의 욕구와 문제 등에 초점을 두며, 클라이언트에게 필요한 문제해결 능력과 대처능력을 향상하는 데 목적을 둔다. 직접적 개입 방법에는 지지기술, 환기, 직면, 조언, 강화, 역할연습, 역할바꾸기, 자기주장기술, 옹호, 역량강화 등이 있다.

직접적 개입의 목적은 다음의 네 가지를 통해 클라이언트의 역량을 강화시키는 것이다(Timberlake et al., 2002).

① 클라이언트체계가 과업을 수행할 때 지지를 제공한다.
② 계획된 변화가 일어나도록 클라이언트체계를 원조한다.
③ 클라이언트체계가 상호 간 도움을 얻을 기회를 조성한다.
④ 클라이언트체계에 자원, 문제해결, 행동 실행에 관한 교육을 한다.

이처럼 일대일 관계를 기반으로 욕구와 문제해결을 도우려는 개인수준의 직접적 개입의 초점은 클라이언트의 생각, 감정, 행동을 변화시키는 데 있으므로, 면접과 상담기술이 필수적이라고 할 수 있을 것이다(Zastrow, 1989).

즉 개인수준의 개입을 통하여 변화를 일으키려면 치료적 면접기술이 필요하다. 치료적 면접의 목적은 클라이언트가 변화하도록 돕거나 사회적 환경이 클라이언트의 필요에 보다 맞도록 변화하게 돕는 것이다(나동석 외, 2008).

※ 개인에 대한 개입활동이 필요한 경우(엄명용 외, 2001)

- 문제가 주로 클라이언트의 내적·주관적 원인에서 비롯된 경우
- 대인관계에 문제가 있는 경우
- 문제의 초점이 애매하여 문제해결에 어려움이 있는 경우
- 위기상황에 처하여 감정이 복잡하고 갈등을 겪고 있는 경우
- 자원을 이용할 수 있는 클라이언트의 능력이 손상된 경우

※ 개인에 대한 개입활동의 범주(Johnson, 1986)

- 클라이언트의 사회적 기능을 지원하는 활동
- 클라이언트와 다른 사람의 사회적 기능을 조정하기 위해 취하는 활동
- 관계를 발전시키기 위한 활동
- 상황 속에서 개인에 대한 이해를 가능하게 하기 위한 활동
- 문제상황을 분석하고 대안을 창안할 수 있게 하는 활동
- 계획과정에 필요한 활동
- 클라이언트로 하여금 가능한 자원을 인식하고 이용할 수 있게 해 주는 활동
- 위기상황에서 필요한 활동

클라이언트를 위한 직접적 개입활동에서 주로 사용하게 되는 직접적 개입에 사용되는 기술에는 여섯 가지가 있다(김혜영 외, 2017).

① 정서·인지에 개입하는 기술: 격려, 재보증, 일반화 환기법, 인지재구조화, 초점화, 직면, 정보제공, 조언

② 행동을 변화시키는 기술: 모델링, 타임아웃, 토큰강화, 역할교환, 행동조성, 행동제약, 행동시연

③ 문제해결기술
④ 사회기술훈련
⑤ 자기주장훈련
⑥ 스트레스 관리기술

3. 간접적 개입

간접적 실천은 환경에 대한 개입활동과 기술을 포함하며, 사회복지사가 클라이언트를 돕기 위해 클라이언트 이외의 사람들에게 하는 활동이다. 이러한 활동은 개인, 소집단, 기관 또는 지역사회 공동체단위로 이루어진다.

사회복지사는 클라이언트의 변화를 일으키기 위하여 증거제공, 홍보, 교섭, 조직, 시위활동, 합법적 행동, 정책기술 등을 사용한다(이종복 외, 2007).

클라이언트의 변화를 위해 사회복지사가 행하는 환경에 대한 개입활동은 다음과 같은 내용으로 나눌 수 있다(이종복 외, 2007 재인용).

1) 사회복지사가 행하는 환경에 대한 개입활동

① 서비스 조정에 관련된 활동
② 프로그램 계획과 개발을 위한 활동
③ 환경 조작
④ 옹호

이처럼 간접적 실천을 위한 활동들은 다양하며, 다음과 같이 구분해 볼 수 있다(Sheafor et al., 1997).

(1) 이사회 또는 자문회의

이사회나 자문회의는 구성원 모두 자발적으로 시간과 능력을 기관에 헌신하는 사람들이며, 다른 사람을 돕고자 하고, 지역사회에 유익한 일을 위해 자신의 지식을 사용하는 사람들이다.

이사회는 정책 결정, 기획, 기금조성, 인사, 시설, 지역사회와의 연계, 평가 등을 통해 기관에 조언을 제공하는 중요한 임무를 수행한다.

자문회의는 기관의 정책과 실천을 권고하며, 의사결정 과정에서 반영된다.

(2) 집단 옹호

집단옹호는 전체 집단 또는 계층의 사람을 대신하는 행동을 말한다. 옹호의 목적이 변화를 유도하는 것이기 때문에 저항, 대립, 갈등 등이 수반되기 마련이다. 집단 옹호를 위해서는 다른 사람 또는 조직과 연계를 할 때 성공할 가능성이 높다.

(3) 의사결정자에게 영향력 행사하기

시·군·구의회의 입법자들과 지역사회 의사결정자들에게 자신의 신념을 알리기 위해 직접 방문하거나, 편지나 이메일을 쓰거나, 공개토론회에 참여하여 의견을 전달하는 방법을 사용한다.

2) 간접적 개입에서 사회복지사의 역할(최세영 외, 2017)

(1) 중개자 역할

클라이언트가 지역사회의 자원을 찾아서 활용할 수 있도록 원조하는 것, 클라이언트에게 부족한 자원을 보충하거나 지지체계를 개발하는 것, 클라이언트를 다른 환경으로 이동시키는 것, 기관이나 시설의 환경을 개선하는 것, 새로운 자원을 개발하는 것 등이다.

(2) 중재자 역할

사회복지사는 체계 사이의 갈등이나 의견을 조정하는 역할을 한다. 학교폭력 피해아동의 부모와 학교 또는 가해아동의 부모처럼 이해 관계가 다르거나 갈등을 빚는 체계가 타협할 수 있도록 중간에서 중재하는 역할을 하는 것이다.

(3) 옹호자의 역할

사회복지사는 클라이언트의 이익을 대변하는 역할을 하여 클라이언트를 대신하여 체계의 변화를 이끌어 낸다. 클라이언트가 자원과 서비스를 받을 권리를 유지하도록 돕는 활동을 한다. 이주 노동자의 임금체불문제를 제기하고 해결하는 역할도 옹호자로서 사회복지사의 역할이다.

4. 다양한 수준에서의 개입

사회복지실천 과정에서는 클라이언트의 문제와 욕구 유형에 따라 다양한 수준에서의 개입이 필요하다. 일반적으로 개인수준에서의 개입과 집단수준의 개입, 가족수준의 개입, 지역사회에서의 다양한 개입을 한다(양옥경 외, 2010).

1) 개인수준의 개입

개인을 대상으로 하는 임상사회사업의 기술은 전통적으로 개별사회사업(social casework)으로 발전해 왔다. 개별사회사업은 전문사회사업 방법 중에서 가장 먼저 개발되었고, 이 방법을 뒷받침하는 이론적 기초는 방대한 양의 직접적인 실천경험과 인접과학의 지원을 받으며 발전되어 왔다(김만두 외, 2001).

개별사회사업은 일대일 관계를 기반으로 개인적이고 사회적인 문제들을 해결할 수 있도록 돕는 데 그 목적이 있다. 개별사회사업에는 개인이 사회에 적응할 수 있도록 돕는 것과 개인의 특수한 욕구에 따라 사회적 서비스를 받을 수 있도록 돕는 것이 모두 포함된다(Zastrow, 1989). 일대일 관계를 기반으로 개인의 욕구와 문제해결을 도우려는 개인수준의 개입에는 면담과 상담기술이 필수적이다. 사회복지실천의 개입을 통해 일어나기를 바라는 변화유형에는 개인의 변화, 관계의 변화, 환경의 변화 등이 있다.

개인수준에서의 개입을 통해 이와 같은 변화를 일으키려면 재스트로(Zastrow, 1989)가 지적한 치료적 면담의 기술이 필요하다.

치료적 면담의 목적은 클라이언트가 변화하도록 돕거나, 사회적 환경이 보다 클라이언트의 필요에 맞도록 변화하게 돕는 것이다.

변화로는 개인의 변화와 관계의 변화, 환경의 변화가 있다.

(1) 개인의 변화

예를 들어 우울한 기분이나 불안 때문에 직장생활에 어려움을 느낀 클라이언트가 있다면 정서의 문제를 잘 다룰 수 있도록 도와 주어야 할 것이다.

(2) 관계의 변화

각자에 대한 기대가 달라 결혼 초에 부부갈등의 문제를 겪는다면 부부가 보다 더 효과적으로 의사소통을 하여 상대방을 더 잘 이해할 수 있도록 도울 수 있을 것이다. 자녀 양육문제로 어려움을 겪는 부모가 있다면 부모교육훈련을 실시하거나 적절한 교육프로그램에 참여하도록 도와 자녀와의 관계에서 기능적인 부모 역할을 수행하도록 도울 수 있다.

(3) 환경의 변화

개인수준에서의 개입을 통해 클라이언트의 변화를 도울 수도 있지만, 클라이언트의 적응에 영향을 미치는 환경에 개입하여 클라이언트를 대변하고 옹호하며 중재하는 역할을 할 수도 있다(Kadushin, 1972). 즉 학교사회사업가로 일하는 사회복지사는 대상학생에 대한 이해를 돕기 위해 선생님과 면담을 통하여 정보를 제공할 수 있다.

이와 같이 사회복지사가 개인수준에서 클라이언트의 문제해결을 위해 치료적 면담과 상담기술을 사용하는 것은 일반적이다.

이 단계에서 적용되는 실천기법은 사회복지사의 이론적 배경이나 클라이언트가 호소하는 문제의 성격에 따라 다양하고, 실천이론과 모델의 개입방향에 기초하여 다르게 적용되는데, 클라이언트의 목표 달성을 위해 가장 적절한 개입 방법을 선택하여 문제해결을 시도하는 것이 바람직할 것이다.

※ 개입단계에서 고려해야 할 사항들

- 문제를 명확히 정의한다.
- 문제해결을 위한 방향과 가능한 방안을 정한다.
- 문제해결 방안에 관련된 정보를 수집한다.
- 수집된 자료를 바탕으로 대처행동을 의논한다.
- 검사와 심리진단자료 등을 참고로 바람직한 행동절차 및 의사소통의 실제 계획을 수립한다.
- 계획된 것을 실제 생활에서 실천해 본다.
- 실천결과를 평가하고 행동계획을 수정·보완한다.

출처: 양옥경 외(2010) 재인용.

2) 가족수준의 개입

사회복지실천의 역사에 있어 가족이 개인의 복지에 직접적 영향을 미치는 일차적 환경체계로 인식됨과 동시에 가족이 하나의 체계로서 당면하는 공동의 과제 및 내부에서 발생하는 다양한 역동으로 인해 그 자체가 사회복지실천의 주요 대상이 되어 왔다. '환경속의 인간'이라는 생태체계적 관점과 '전체는 부분의 합과 다름'을 인정하는 체계적 관점을 핵심관점으로 채택하는 사회복지실천 현장에서는 가족이란 때에 따라 환경이 되기도 하고, 때에 따라 직접적 개입이 요구되는 대상이 되기도 한다(최선희 외, 2008).

가족을 대상으로 하는 실천에서 그 초점을 '가족구성원'에게 둘 것인가 '가족의 전체성'에 둘 것인가 하는 것은 가족이 공통된 목표와 관심을 가지기도 하지만, 때로는 가족 내 개별 구성원이 상충되는 욕구를 가지기도 한다. 그러므로 가족 간 상충되는 욕구가 민주적으로 해결될 수 있는 장치(김성천, 2007)를 마련함으로써 '가족의 전체성'에 초점을 두면서도 '가족구성원'의 욕구가 함께 반영되는 방법이 되어야 한다.

(1) 가족단위 실천 시 사회복지사가 고려해야 할 사항

- 개별구성원으로부터 가족 전체로 관심의 초점을 넓히는 '가족초점'을 유지하고 가족이 체계로 연결되어 있다는 것을 알게 한다(성정현 외, 2004).
- 가족의 채워지지 않은 욕구가 가족체계 내 상호작용, 환경과의 상호작용과 관련될 수 있다는 생각을 하게 하고, 가족이 이러한 상호작용과 교류의 새로운 균형을 잡을 수 있는 방법을 찾도록 돕는다(Johnson & Yanca, 2010).
- 가족은 주로 세대 간의 집단이고 오랜 시간을 함께해 온 집단이며, 구성원이 함께 보낸 시간의 정도와 가족이 구성원들에게 미치는 영향력의 힘 때문에 강한 결속력을 가진 집단으로(Johnson & Yanca, 2010), 가족의 발달과정 및 역사, 가족의 가치, 신념, 문화 등 가족의 맥락에 대한 이해를 하는 것이 필요하다.

출처: 김혜영 외(2017).

(2) 가족단위 실천의 초기과정에서 고려해야 할 사항

가족단위의 실천 시에 사회복지실천의 초기과정에서 추가적으로 고려해야 할 사항은 다음과 같다(Collins, Jordan & Coleman, 1999).

첫째, 가족구성원 모두와 관계를 맺어야 한다. 가족의 문화를 존중하여 가족이 맺는 관계형태를 이해하고, 그 문화맥락에서 수용 가능한 형태의 관계를 맺어야 한다.

둘째, 문제 및 욕구를 정의할 때 가족구성원 모두가 이를 어떻게 인식하고 있는지 고려해야 한다.

셋째, 가족 공동의 목표를 설정하고 개입과정을 명확히 해야 한다. 가족의 문제인식 및 변화 동기를 사정하고, 그것을 기반으로 가족이 공유할 수 있는 공동의 목표를 수립해야 하고, 목표는 문제해결을 위해 가족 모두가 참여하여 행동할 수 있는 것이어야 한다.

넷째, 가족 모두와 계약을 맺어야 한다. 문제 및 욕구에 대해 논의하는 것뿐만 아니라 문제 및 욕구를 정의하는 것, 목표와 방법에 대해서 가족 모두가 합의하는 과정이 필요하다. 만남의 시간, 장소에 관한 사항뿐만 아니라 가족구성원 개개인의 행동과업에 대해서도 가족성원의 합의를 얻어야 한다.

(3) 가족단위의 실천 활동

가족의 환경과의 관계개선을 위한 실천 활동으로는 환경의 자원개발, 연결, 서비스 조정, 가족옹호, 가족관계망 개입, 가족이나 가족구성원이 환경의 지나친 요구로 어려움을 경험한다면 이 교류를 변화시키기 위하여 가족의 환경 변화 활동 등이 필요하다(김혜영 외, 2017).

3) 집단수준의 개입

사회복지실천에서의 집단개입의 역사는 1844년 윌리암(George Williams)이 런던의 YMCA(Young Men's Christian Association)에서 다양한 레크리에이션과 사회화집단을 활용하여 젊은이들에게 기독교 정신을 심어 주고자 한 것에서 그 기원을 찾을 수 있다. 이러한 YMCA 등의 집단활동은 산업화·도시화가 이루어지면서 점차 도시 빈민지역의 젊은이들을 중심으로 사회환경을 조직·개선하고자 하는 목적을 가지게 되었다. 또한 초기 집단개입 실천의 장으로 인보관(settlement house)을 들 수 있는데, 여기서는 집단의 힘을 활용하여 도시빈민과 이민 온 사람들을 교육·계몽하고 이웃으로 만들어 종교적·문화적 정체감을 가질 수 있도록 돕고, 정서적 지지와 도움요소를 제공하였다. 이처럼 초기 집단개입은 지역사회조직의 개념과 연결되어 발전하다가 1923년 집단사회사업이 웨스턴리저브(Western Reserve) 사회사업대학원의 교과목으로 채택되면서 하나의 사회복지방법론으로 자리를 잡게 되었다. 1960년대 이후에는 사회변화뿐 아니라 개인의 치료와 변화를 목적으로 정신병동, 병원, 아동복지기관, 교도소, 학교 등에서 소그룹 활동이 활성화되면서 사회복지실천의 주요 개입 방법으로 성장하게 되었다(정진영·황성철, 1998).

개인과 가족 못지않게 사회복지사는 다양한 집단과도 일한다. 집단 속의 개인은 집단구성원의 관계 및 상호작용이라는 집단 경험을 통해 성장하고 발전한다. 집단과 일하는 사회복지사는 집단의 구조, 기능 발달에 따른 집단역동과 같은 집단과정에 대한 지식은 물론, 집단문화 등을 잘 이해하고 있어야 집단사회복지실천을 효과적으로 진행할 수 있다. 집단은 동질적 문제를 가진 사람들로 구성되기도 하고 때로는 다양하고 이질적인 구성원으로 집단이 만들어지기도 하는데, 이는 집단 전체의 목적에 따라 결정된다. 집단에는 개인의 성장을 촉진하거나 구체적 기술을 발달시키려는 목적에서 형성된 부모교육집단, 사회성 훈련집단, 청소년 리더십집단과 사회적 기능을 저해하는 장애를 극복시키려는 치료집단이 있다.

집단사회복지실천에서는 사회기술훈련이 많이 사용된다. '사회기술훈련(social skills training)'은 클라이언트가 현재 생활에서 역할 수행, 대인관계, 생활주기상의 문제에 효과적으로 기능하는 데 필요한 기술을 학습하도록 돕는 과정이다. 사회기술훈련은 예방적·치료적 측면에서 효과적인 접근이라고 알려져 있으며 자기주장 훈련, 문제해결 훈련, 적극적 경청, 효과적 대화기술, 분노조절 프로그램 등에서 사용된다.

집단수준의 개입으로는 집단역동이 있는데 집단개입이 가능한 것은 집단성원들의 상호작용을 통해 나오는 힘, 집단의 역동 때문이다. 역동은 전체로서 집단과 개별적 집단성원들에게 강한 영향력을 미쳐 집단의 치료적 효과를 야기한다. 즉 개별적인 성원들로는 생각하기 어려운 힘이 그들의 상호작용을 통해 나온다.

토스랜드와 리바스(Toseland & Rivas, 1995)는 집단역동의 네 가지 영역을 의사소통과 상호작용, 집단의 결속력, 사회통제역학, 집단문화로 나누었다(양옥경 외, 2010).

4) 지역사회수준의 개입

지역사회복지와 개인 또는 집단수준 실천의 기본적인 공통점은 문제의 파악, 계획의 책정, 계획의 실시, 기록과 평가라는 과정으로 전개되고 조직화나 사회자원의 동원·개발의 방법을 활용하며, 각각의 과정에는 지침이 되는 중요한 사항이나 전문 기법이 있다는 것이다.

또한 주민의 생활문제가 지역사회의 환경이나 인간관계에 미치는 영향을 고려한다면 문제해결을 위해서는 상황에 따라 지역사회문제의 파악, 계획수립, 계획의 실시, 평가 등 네 가지의 사회복지 전문기술을 종합적으로 활용할 수 있을 것이다.

(1) 지역사회의 문제의 파악

① 문제의 발견

지역사회사업의 전개에 있어서는 지역사회를 역사적·문화적·사회적으로 고유의 요소를 가진 존재로서 이해하고, 문제를 개별화하여 파악하는 일이 전제된다. 이를 위해서는 지역구조와 특성-인구 동태, 자치회 등의 주민조직, 사회자원, 산업구조-외에 지역의 역사와 주민의식에 관한 기존 자료, 조사보고서 등을 수집하고 지역사회의 전체상을 명확하게 해야 한다.

주민의 욕구를 통해서 지역사회의 문제상황을 발견하는 단계이다. 기존의 자료 참조가 전제되지만 조사의 실시가 필요할 경우 지역사회 문제파악을 위한 조사를 실시하기도 한다.

② 지역진단

지역진단을 통해 문제해결의 우선순위나 절차를 확정하고 다음 계획수립과 계획을 수립하고 조건을 검토하는 지역 진단의 단계가 된다. 지역진단에서는 세 가지가 있다.

① 주민의 문제의식 정도
② 문제의 발생원인
③ 욕구와 사회자원과의 관계

(2) 계획 수립

지역사회복지에 있어서 계획 수립의 절차에는 대상자를 포함한 주민의 참가가 중시된다. 이 점에서 전문가인 지역사회복지사가 중심이 되어 행정계획을 만들어 가야 하며 사업계획, 조직계획, 재정계획을 수립함은 물론 홍보활동의 전개도 함께 병행해 가야 한다.

(3) 계획의 실시

계획실시의 과정에 있어서는 주민의 복지에 대한 이해와 주체적인 활동을 촉진하는 지역조직화 사회자원의 개발 및 공사의 관계기관, 시설, 단체 등의 연락조정을 도모하는 '복지조직화'의 전개가 중시된다. 더욱이 주민 스스로의 노력이나 사회자원의 동원만으로는 문제해결 사태가 진전되지 않는 경우 사회활동을 도모하는 일도 있다. 그 하나의 예로 주민집회를 들 수 있다.

계획의 실시에는 지역주민이 주체적으로 문제해결을 도모할 수 있도록 지역사회에서 활동하는 측면 원조의 과정으로 지역조직화와 사회자원의 동원 및 개발이 제일의 포인트가 되는데 지역에 있어서 사회자원이란 시설, 서비스, 상담 등, 각종의 수당이나 융자 제도 등의 제도적 자원, 또한 대상자 조직이나 볼런티어 그룹 등의 지역조직자원이나 가족, 이웃관계 등의 비공식 자원까지도 포함되는 복지조직화와 주민집회 등이 있다. 주민집회를 거친 후 공적인 대책을 마련하여 의회 등에 압력행사 등을 하는 것도 지역문제해결의 실천의 한 방법이 된다.

(4) 평가

위의 단계를 거쳐 지역사회복지의 최종단계인 평가가 이루어진다. 평가는 목표 달성 정도와 지역진단이나 계획실시의 타당성, 이후의 과제 등이 중요한데 계획실시가 일정의 단계에 달했을 때뿐만 아니라, 계획의 책정단계에 있어서도 평가는 중시되며, 게다가 계획수정이나 재조정, 환류체계는 지역사회수준의 실천에서 뺄 수 없는 요소이다. 또한 평가 시에는 과제 및 과정 목표가 포함된다(전재일 외, 2018).

9장

평가와 종결

1. 목표와 과업

평가와 종결은 서로 연결되어 있다. 평가는 사회복지실천 과정과 개입 성과를 과학적 방법에 의해 측정하는 것이며, 평가는 사회복지사와 사회복지기관이 클라이언트와 지역사회구성원에게 책무성을 증명하는 작업이기도 하다.

평가와 종결은 계약에 의한 클라이언트의 문제해결 또는 클라이언트의 욕구충족에 초점이 있으므로 문제가 해결되거나 욕구가 충족되면 종결이 이루어진다.

목표 달성에 의한 클라이언트의 문제해결과 욕구충족에 대한 결정은 평가를 통해 내려지기 때문에 평가는 종결을 위한 토대가 된다. 다음은 사회복지사의 책무성 향상을 위해 평가를 하는 구체적 이유다(엄명용 외, 2018).

- 개입활동(프로그램)의 목적 달성 효과를 측정하기 위해
- 개입활동(프로그램)의 보완과 수정을 위해
- 개입활동(프로그램)의 확산을 위해
- 개입활동(프로그램)에 필요한 인력을 사정하기 위해
- 클라이언트의 개입활동(프로그램)에 대한 반응과 제약점을 파악하기 위해

- 홍보와 기금을 조성하기 위해
- 프로그램의 계속적 지원을 위해

책무성	
효율성	목표 달성 여부
효과성	투입된 비용(시간, 노력, 금전적 비용)과 산출된 성과 간의 비율을 말함

평가는 바로 개입의 효과성과 효율성을 측정하는 것이다.

평가를 진행함으로써 무엇이 클라이언트에게 도움이 되고, 어떤 것들이 달리 진행되었어야 하는지를 알 수 있다.

사회복지실천에서 평가의 효과를 극대화하는 방법은 개입계획을 세울 때 평가 기준을 미리 설정하는 것이 한 가지 팁이다.

이렇게 함으로써 종결과정에서 사회복지사와 클라이언트가 계약 당시에 설정했던 목표들이 얼마나 달성되었는지, 그리고 어떤 요소들이 목표 달성을 가능하게 했는지를 평가하기가 매우 쉬워진다.

무엇을 평가 하는지에 따라 나뉜다	
총괄평가 (결과평가)	• 개입의 결과(성과), 전반적 효과성 및 효율성을 평가 • 최종결과물을 사정하고 성공 혹은 실패와 관련된 요인들을 알아내는 것이다. 총괄평가를 근거로 프로그램의 지속성과 축소 또는 확대 여부를 결정하게 되므로 결과평가라고도 한다.
형성평가 (과정평가)	• 개입의 변화과정을 평가. 목적을 달성하기 위한 방법이 적합한지 평가. 개입과정의 어떤 요소가 성과를 냈는지 보여 주는 평가 • 계획된 사항을 변경시키는 근거가 된다. 프로그램 성과의 향상 및 서비스 효과성을 높이기 위해 프로그램의 진행 중간에 실시되기 때문에 과정평가라고도 한다.

사회복지실천에서 총괄평가도 중요하지만 형성평가도 중요하다. 사회복지실천은 목적 달성만이 중요한 것이 아니라 목적을 달성하기 위해 취한 방법이 얼마나 적합한지도 중요하다.

평가에 사용되는 방법으로는 양적 평가와 질적 평가로 나눌 수 있다.

양적 평가는 설문지를 사용하거나 클라이언트의 문제상황에 대한 수치상의 자료를 수집하여 비교 평가하는 것으로서 평균적인 경향성을 파악하는 데 도움이 된다.

질적 평가는 개입활동에 대한 클라이언트의 주관적 경험과 의미의 변화와 같이 통계로 파악하기 힘든 효과를 평가하는 방법이다(엄명용 외, 2018).

2. 평가의 기능 및 평가의 유형과 방법

1) 평가의 기능

사회복지실천에 있어서 평가는 여러 측면에서 긍정적인 기능을 수행한다.

평가를 통해 사회복지사의 지식 기반이 증진될 수 있고, 서비스 질에 관한 결정을 용이하게 할 수 있으며, 책임성을 증명할 수 있고, 클라이언트의 목표가 달성되었는지 여부를 객관적으로 결정할 수 있다(Gabor & Grinnell, 1994).

평가를 통해 변화와 관련 있는 변수들에 대한 정보를 얻을 수 있는데, 만약 개입 결과가 성공적이라면 이를 반복하고, 바라는 결과가 달성되지 못했다면 개입과정을 수정할 수 있는 객관적 근거가 마련된다. 또한 평가를 통해 서비스를 받는 클라이언트뿐 아니라 사회복지사, 프로그램관리자, 재원 제공자, 정책 수립자 등에게 서비스의 질에 관한 정보를 줄 수 있다. 그리고 평가를 통해 클라이언트의 욕구 충족 혹은 문제해결을 위한 서비스를 적절하게 제공하고, 재원을 적절하게 지출하였으며, 실천윤리와 가치에 위배되지 않는 서비스 전달을 하였다는 책임성을 증명할 수 있다. 무엇보다도 평가를 통해 클라이언트의 목표 달성을 증명할 수 있다.

평가를 위한 핵심 질문은 '목표가 달성되었는가?'이다. 사회복지실천은 개입계획을 수립하는 과정에서 목표를 설정한다. 그리고 그 목표는 문제 규정과 직접적으로 관련된다. 기본적으로 평가과정에서 제기되는 질문은 다음과 같이 요약될 수 있다(Timberlake et al., 2002)

> ※ 목표가 달성되었는가? (예/아니요)
>
> (1) 목표가 달성되었다면 혹시 개입계획 이외의 요인에 의해 달성되었는가? (외부 요인)
> (2) 목표가 달성되지 못했다면 다음과 같은 질문들을 해 보아야 한다.
> - 문제가 최초로 확인된 이후로 클라이언트체계, 행동체계 또는 표적체계는 목표를 어느 정도 달성했는가? (목표 달성 평가)
> - 목표 달성이 개입계획 이외의 요인에 의해 기대한 만큼 달성되지 못했는가? (외부요인)
> - 목표 달성 시기 결정에 오류가 있었는가? (시기선택)
> - 과업을 수행하기로 되어 있는 개인 혹은 체계가 과업을 완수하지 못했는가? (약정)
> - 과업이 부적절하게 선택되었거나 순서가 잘못되었거나 부적절하게 기술되었는가? (과업)
> - 목표는 달성되었으나 문제가 지속되고 있다면 목표가 부정확하게 설정된 것인가? (목표)
> - 목표가 달성되었으나 문제가 지속되고 있다면 문제가 부정확하게 규정된 것인가? (문제)
> - 목표 달성을 방해하는 것이 사회복지사와 클라이언트체계의 관계와 관련된 요인인가? (내부요인)

평가에는 평가에 사용할 검증된 도구 및 설문지, 문제 상황의 변화 정도에 대한 평가, 참여자의 피드백 등 객관적 자료가 요구된다.

가장 쉬운 방법은 클라이언트가 말하는 내용에 근거해 평가하는 것이다.

사회복지사는 클라이언트와의 면접 시 개입과정에서 무엇을 했고, 어떻게 느꼈으며, 무슨 생각을 했는지 등을 파악한다.

여기서 클라이언트의 진전 또는 악화에 관한 추론을 하고 이에 따라 개입을 조정한다. 때로는 클라이언트와 관련된 사람, 즉 부모, 배우자, 동료, 고용주 혹은 친구로부터 평가를 위한 정보를 얻는다(최해경 외, 2018).

2) 평가의 유형과 방법 및 평가의 도구

(1) 실험설계와 유사실험설계

평가설계에는 실험설계와 유사실험설계가 있다.

실험설계는 성과비교 기준으로서 통제집단과 실험집단을 설정하여 참여자를 무선(random) 배치하고 프로그램을 실시한 후 기준 지표들의 변화를 비교하는 것이다.

유사실험설계는 프로그램 참여자들이 완전히 동일하지는 않지만 비슷한 특성이라고 평가되는 비교집단을 통제집단으로 삼는 것이다. 이와 같은 평가는 참가자가 다수인 집단 프로그램의 평가에 적합하다.

(2) 단일사례설계

개인이나 개별 가족단위의 개입활동이 많은 사회복지실천 현장에서는 다음의 참여자가 모일 때까지 평가를 유예하기는 어렵기 때문에 단일 참여대상에 대한 개입활동을 평가할 때, 단일사례설계를 사용한다. 단일사례설계는 하나의 사례에 대한 실천 활동을 평가하는 것으로 개인이나 가족 또는 집단과 지역사회에도 적용할 수 있다.

재스트로(Zastrow)는 단일사례설계에서 사용하는 측정방법으로 직접관찰, 자기보고식 척도, 표준화된 측정도구 등의 세 가지를 제시하였다.

직접관찰은 클라이언트 표적행동의 발생빈도, 지속시간, 발생간격 등을 관찰하여 평가하는 것이다. 자기보고식 척도는 클라이언트의 사고나 감정 등 내적인 상태에 대해 발생빈도와 강도 등을 클라이언트 자신이 숫자로 표시하게 하여 평가하는 것이며 표준화된 척도는 검사도구를 사용하는 것이다.

평가를 계획할 때 사회복지사는 정보를 수집하고 필요한 정보를 가장 신뢰할 수 있고 효율적인 방법으로 전달할 수 있는 기법이 무엇인지 심사숙고해야 한다.

많이 사용되는 평가 방법으로는 개입 기록 분석이나 조사연구방법을 적용한 평가가 있다.

(3) 과업 성취평가

과업성취 평가(Task Achievement Scaling)는 구체적 과업의 완수를 측정하는 것으로 이 평가 방법은 과업 중심실천에서 사용하기 위해 개발되었다(Sheafor & Horejsi, 2015). 과업은 바라는 결과에 도달하기 위해 필요한 클라이언트 혹은 사회복지사의 행동이나 결정을 일컫는다. 과업은 보통 며칠 혹은 길어야 2~3주 내에 완수될 수 있는 것이다. 일반적으로 한 시점에서 세 개 이상의 과업이 부여되지 않는다.

과업성취 평가는 서비스가 상대적으로 단기적이고 활동들이 구체적일 때 유용하다. 예를 들어, 구직활동을 하는 데 사회복지사에게 도움을 요청한 클라이언트를 생각해 보자. 홈페이지의 구인란 공고 찾아보기, 구직신청서 작성과 제출, 면접 연습, 면접을 위한 교통편 확보, 적합한 복장 준비 등 구직을 위해 클라이언트가 해야 할 많은 과업이 있다.

과업성취 평가에서는 결과만 평가될 뿐 의도나 노력, 동기는 평가될 수 없다.

(4) 목표 달성 척도

클라이언트가 개별화된 목표에 도달한 정도를 측정하기 위해 개발된 것이다.

이 척도에서는 개입의 목표를 설정하고 나면 진행 과정을 '목표 달성 추적지침(Goal Ataainment Follow-up Guide)' 양식에 기록하게 된다. 이 지침은 클라이언트의 기능수행 결과를 반영한 척도들로 구성된다.

이 척도의 구성은 다음 세 가지 단계를 거치게 된다.

첫째, 개입이 영향을 줄 것으로 생각되는 중요한 기능수행의 영역을 확인한다. 영역의 수는 4~5개를 넘지 않도록 한다.

둘째, 다른 목표영역과 비교하여 각 목표 영역의 상대적 중요성을 나타내는 점수를 부여한다. 한 영역이 다른 영역보다 두 배 중요한 것으로 판단되면 최종 점수 계산에서 그 영역은 다른 영역의 점수에 비해 두 배만큼 큰 가중치를 준다.

셋째, 각 영역에서 일어날 수 있는 결과를 다섯 가지 수준으로 구체화하여 평가한다. 잠재적인 결과에 대한 평가는 클라이언트의 욕구·능력·희망에 맞추어 작성되어야 하며, 구체적이고 측정 가능하며 현실적이어야 한다.

(5) 동료 검토

동료 검토는 사회복지사의 수행 정도를 동료 사회복지사가 평가하는 것이다. 사회복지실천에서 서비스 전달자인 사회복지사는 매우 중요한 존재다. 사회복지사는 변화 매개자이며 스스로가 변화의 도구가 되어야 하는 존재이므로 사회복지사의 능력이나 사례에 있어서의 구체적인 활동 내용에 대한 평가가 필수적이다. 동료 검토는 사회복지사의 사례개입을 그의 동료들이 검토하는 일종의 품질관리(quality control)활동이라고 할 수 있다.

동료 검토는 개입의 결과보다 과정에 초점을 두는 것으로 좋은 실천 활동이란 어떤 것인지에 대한 기준과 원칙을 논의하면서 발달시키는 것이다. 이때 평가 기준은 열 개를 넘지 않는 것이 좋으며 한 달에 한 번 평가회를 갖는다.

동료 검토에서는 검토 사례를 선정한 다음 사례기록을 점검하고 그 사례에 있어 담당 사회복지사의 접근과 실천 활동이 어떠했는지를 평가하게 된다.

동료 검토를 통한 평가의 목적은 사회복지사 개인의 개입과정에서 나타나는 문제점을 수정하고 개선을 꾀하며, 필요하다면 기관의 정책이나 절차에 대한 수정을 요구하려고 하는 것이다.

(6) 클라이언트 만족도 설문

개입기간 동안 클라이언트가 받은 서비스에 대해 클라이언트의 의견을 구하는 기법이다. 사회복지사나 기관의 궁극적 목적이 클라이언트에 대한 최선의 서비스임을 고려할 때 클라이언트의 반응은 매우 중요하다.

이 설문은 특정 서비스를 받은 모든 클라이언트, 또는 특정 사회복지사의 서비스를 받은 모든 클라이언트에게 행할 수 있다.

이 평가 방법의 한계점은 개입의 결과에 대한 클라이언트의 인식을 알 수 있을 뿐, 클라이언트가 특정 사회복지사의 개입활동을 낮게 평가했다고 해서 그 사회복지사가 능력이 부족한 것은 아닐 수도 있다는 점이다. 클라이언트가 특정 사회복지사를 낮게 평가하는 것은 그 사회복지사의 개인적 방식에 불만이 있었을 수도 있기 때문이다. 또 다른 한계점은 개입에 적극적으로 참여했거나 좋은 인상을 받은 클라이언트만이 응답하는 경향이다.

즉 서비스에 만족하지 못했거나 소극적인 클라이언트는 반응하지 않을 가능성이 크기 때문에 결과가 긍정적인 방향으로 편향되어 나타나기 쉽다(엄명용 외, 2018).

(7) 사례연구

사례연구(case study)는 실천 결과를 평가하는 가장 오래된 방법이다(Thyer, 2008). 이는 클라이언트의 변화를 평가하기 위해 이야기, 도표, 그림 등을 활용하는 질적 평가 방법이다. 많은 학술지들이 사례연구를 게재하고 있다.

사례연구에서 사회복지사는 척도 및 측정도구, 행동 변화의 기록, 감정을 모니터한 일지, 과정기록, 이론적 틀에 대한 비판, 각각의 실천 요소 수행에 대한 철저한 검토, 클라이언트의 만족도 등 여러 가지 평가 수단을 활용한다(Bisman, 1994).

사례연구의 강점은 원인과 치료에 대한 반응에 관해 추론하는 것을 충실하게 보여 주는 임상사례를 상황적 맥락 속에서 살펴볼 수 있는 점이다.

3. 종결의 의미와 유형

1) 종결의 의미

종결은 일종의 사회복지사와 클라이언트 사이의 분리 경험이며, 그에 따르는 다양한 감정이 개입되어 있다. 또한 사회복지실천 과정에서 사회복지사와 클라이언트 간의 개입활동을 마치는 것으로 클라이언트와의 업무적 관계를 끝맺는 체계적인 절차를 말한다(Baker, 2003).

일반적으로 종결은 계획된 개입기간이 종료되었거나, 목적이 달성되었을 때 일어난다. 따라서 원조과정에서 종결단계는 세 가지 중요한 측면을 포함한다(Hepworth et al., 2010).

① 클라이언트의 목적이 만족스럽게 달성된 시점을 사정하는 것
② 클라이언트가 종결 후에도 변화를 유지하고 성장을 지속할 수 있도록 전략을 발전시키는 것을 돕는 것
③ 성공적으로 원조관계를 종료하는 것

종결과정에서 사회복지사의 과업은 다음과 같다.

① 적절한 종결시기의 결정
② 클라이언트와 사회복지사의 정서적 반응의 처리
③ 개입을 통해 획득한 효과의 유지와 강화
④ 필요한 경우 클라이언트를 다른 자원으로 의뢰하는 것

종결이 적합한지를 결정할 때에는 다음과 같은 기준을 고려하여야 한다(Sheafor et al., 2006; 최혜경, 2009).

① 개입 목표가 달성되었는가?

② 서비스 제공이 합의된 시간 내에 달성되었는가?

③ 클라이언트가 기관에 가지고 온 문제나 상황이 충분히 해결되어 클라이언트가 현재 만족스러운 수준으로 기능하고 자신이나 타인을 해칠 위험이 없는가?

④ 사회복지사와 기관이 만족할 만한 성과 없이 시간, 에너지, 기술을 투입하고 있는가?

⑤ 클라이언트와 사회복지사는 모두 앞으로의 접촉에서 더 이상의 이득을 기대할 수 없다는 결론에 도달했는가?

⑥ 클라이언트가 사회복지사나 기관에 부적절하게 의존하게 되었는가?

⑦ 클라이언트를 다른 기관이나 다른 전문가에게 의뢰하는 것이 더 적합한가(권향임 외, 2018)?

2) 종결의 유형

종결은 실천과정에서 언제든지 일어날 수 있다. 사회복지사와 클라이언트가 설정된 목표에 도달하여 클라이언트가 사회복지사의 도움 없이 목표를 수행할 수 있을 때 종결하는 것이 바람직하다. 그러나 실제로 종결은 예상하지 못한 경우에 일어날 수 있어 다음과 같이 구분할 수 있다(최해경, 2009; 길귀숙 외, 2011).

(1) 클라이언트의 일방적 종결

클라이언트가 갑자기 일방적으로 약속을 어기거나, 이러저러한 이유로 올 수가 없음을 핑계 대고, 더 이상 자신의 문제들을 노출시키지 않으면서 종결하기를 원할 때 이루어진다. 이때 사회복지사는 신중히 결정할 것을 권하지만 클라이언트의 자기결정권을 존중하는 것이 좋다.

어떤 클라이언트는 종결결정을 다른 요인들의 탓으로 돌려 더 이상 원조가 필요하지 않다는 등의 이유로 종결을 요구하게 된다. 그러나 사회복지사는 그들의 문제들이 종결 이후에도 오히려 악화될 수도 있다는 것에 대한 인식을 해야 한다.

(2) 시간제한이 없는 종결

시간제한이 없는 방식에 의한 종결에서는 어느 시기에 종결을 할 것인지를 결정하는 것이 매우 중요하다.

일반적으로 사회복지사와의 만남을 통하여 클라이언트가 얻게 되는 것이 줄어들때 즉 세션으로부터 얻게 되는 이득이 줄어들어 중요성이 소멸될 때가 종결할 때이다. 클라이언트가 일이 꽤 오랫동안 잘되고 있으며, 중단하는 것에 대하여 생각해 왔다고 말하면 사회복지사는 클라이언트가 머지않아 종결할 준비가 되어 가고 있다는 사실을 인정하고 이에 대한 반영을 할 수 있다.

사회복지사는 클라이언트에게 충분한 진전이 있다고 판단되면 클라이언트에게 종결에 대하여 언급하도록 한다. 이에 대한 클라이언트의 동의가 있을 경우에는 함께 종결에 대한 계획을 세우도록 한다. 클라이언트가 뚜렷한 진전에 대한 증거를 보고하는 경우에도 목표와 관련하여 그의 현재 기능을 검토할 것을 제안하도록 한다. 이때 클라이언트가 목표 달성에 대한 만족감을 표현하면 사회복지사는 종결계획을 함께 논의한다(이영실 외, 2014).

(3) 시간제약에 의한 계획된 종결

시간을 정해 놓고 서비스를 제공하는 경우이다. 시간은 미리 정해지며 처음부터 종결시간을 알고 시작한다. 이것은 정서적 집착과 의존성을 최소화할 수 있어서 종결에 따르는 클라이언트의 상실감을 완화할 수 있다. 학교의 프로그램, 입원기간에만 제공이 되는 병원서비스, 실습의 기간에만 사례를 다루는 실습 등의 경우이다.

그러나 정해진 시간에 목표를 성취하기 위해 무리하게 과정을 이끌어 나갈 수 있어서 클라이언트의 자발적 능력을 제한할 수도 있다(노혁, 2014).

(4) 시간을 정해 놓은 서비스의 계획된 종결

시간을 정해 놓은 서비스의 계획된 종결은 초기부터 클라이언트와 사회복지사가 개입의 시간을 미리 정하고 시작하는 것이다. 사회복지사와 클라이언트가 처음부터 종결시간에 대하여 안다는 것은 정서적인 집착과 의존성의 정도를 줄일 수 있어서 종결에 따른 클라이언트의 상실감을 줄여 준다. 시간을 정해 놓은 서비스의 종결은 일반적으로 이별에 대한 정서적인 반응이 시간제한이 없는 종결보다 훨씬 덜하지만 여기서도 애착 형성과 상실 경험이 있기 때문에 사회복지사는 클라이언트의 종결에 대한 반응에 민감해야 한다.

노인들이나 장애인들을 대상으로 학생들이 실습 등을 할 때 짧은 시간에 횟수를 정해 놓고 가는 경우가 많기 때문에 지속성이 없어서 의지할 곳 없는 노인들이나 사랑받기를 원하는 클라이언트들에게는 큰 상처로 남아서 다시는 오지 말아달라고 실습 등을 거절하는 경우도 발생할 수 있다.

(5) 목표 달성으로 인한 종결

사회복지사와 클라이언트가 목표의 달성과 충분한 진전이 이루어졌다고 만족하거나, 제시된 상황과 문제에서 벗어났을 때에 종결이 된 경우이다. 종결이 가까워지면 클라이언트와의 접촉빈도를 조금씩 줄이는 것이 바람직하다. 이러한 경우 클라이언트의 정서적 반응을 다루는 것이 중요하다.

(6) 사회복지사의 이동에 의해 종결

사회복지사의 이동에 의한 종결은 사회복지사가 다른 부서로 발령되거나 새로운 직장으로 옮겨가게 된 경우, 클라이언트의 사례가 자신이 다루기에 어려운 경우, 사회복지사의 개인적인 사정 등에 의해 종결된 경우이다. 이러한 종결을 하게 될 때에는 과거에 부모나 중요한 사람들에게 거부되거나 버려진 적이 있는 클라이언트가 그들의 정서를 극복할 수 있도록 원조하고, 다른 사회복지사에게 의뢰되는 것에 대해 수용할 수 있도록 준비시킨다(권향임 외, 2018).

4. 종결의 구성요소

존슨과 얀카(Johnson & Yanca, 2010)는 종결의 구성요소로 분리, 변화의 안정화, 평가 등을 제시하였는데, 이는 핀커스와 미나한(Pincus & Minahan, 1973)의 종결과정 논의에 근거한 것이다. 보고(Bogo, 2006)는 진전수준 검토, 긍정적 변화의 유지, 다음 단계의 계획, 정서적 유대 다루기 등 네 가지 요소를 제시하였다. 여기서는 종결의 구성요소를 진전수준 검토, 변화의 안정화, 정서적 유대 다루기, 다음 단계의 계획, 평가 등 다섯 가지 요소로 구분해 살펴보고자 한다(최해경, 2017).

1) 진전수준 검토

종결이 다가온 것을 클라이언트에게 알리는 유용한 방법은 사회복지사와 클라이언트가 함께해 온 과정에 대해 성찰적 논의를 하도록 클라이언트를 참여시키는 것이다(Bogo, 2006). 이 시점에서 중요한 것은 클라이언트가 노력한 부분에 특히 주목하면서 목표가 어떻게 성취되었는지를 함께 생각해 보는 것이다.

2) 변화의 안정화

변화의 안정화는 진전수준을 검토하는 것에서부터 시작된다. 사회복지사는 그동안의 진전을 검토하면서 클라이언트가 변화를 가져오기 위해 무엇을 했는지 확인하고 자신이 변화의 주체임을 깨닫도록 돕는다(Bogo, 2006). 클라이언트는 탐색을 통해 개인적 요인과 환경적 요인을 구별해 보고 어떠한 변화가 자신의 새로운 사고, 감정, 행동의 결과이고 어떤 변화가 가족, 친구 직장 동료와 같은 중요한 사회적 관계 및 환경이 기여한 결과인지 알게 된다. 이후 성취한 것을 유지하기 위해 어떤 요소와 상황이 중요한지 생각하면서 이를 극대화하고 일반화할 수 있게 된다. 이는 클라이언트에게 미래에 발생하게 될 문제들에 대해 어떻게 접근하고 처리해야 하는지에 대한 지침이 된다. 사회복지사는 변화의 안정화를 위해 문제점을 예상하고 이를 극복할 수 있도록 클라이언트를 준비시킨다.

3) 정서적 유대 다루기

종결은 목표 달성을 의미하므로 일차적으로 긍정적인 것으로 간주된다. 많은 클라이언트들이 종결을 수월하게 받아들인다(Murphy & Dillon, 2003). 목표 달성을 하고 종결을 앞둔 클라이언트는 자신의 역량에 대한 기대와 신뢰가 증진될 수 있다. 긍정적 종결 반응으로 가장 전형적인 것은 클라이언트가 자신의 자아가 확대되었다고 느끼는 것이다. 사회복지사 또한 클라이언트와 함께 설정한 목표를 성취하면서 전문가로서 자존감 향상과 역량강화를 경험할 수 있다.

한편, 종결은 원조관계가 더 이상 유지되지 않는다는 것을 의미한다. 원조관계가 의미 있었다면 종결에 따른 감정이 생긴다.

클라이언트의 종결에 대한 감정은 원조관계의 강도와 성격에 따라 다양하다(Johnson & Yanca, 2010). 원조관계의 강도가 약하거나 참여 기간이 짧았다면 관계가 돈독했거나 장기간이었던 경우보다 종결에 대한 감정이 덜 강렬하다. 비자발적인 클라이언트라면 서비스가 종결되는 것에서 해방감을 느낄 수도 있다. 서비스에 관해 성공이나 만족의 느낌을 가진 클라이언트는 서비스경험에 대해 남다른 감정을 가질 것이다.

삶에서 중요한 상실이나 분리를 경험한 적이 있는 클라이언트는, 특히 그러한 상실의 감정을 다룰 기회가 없었다면 과거에 상실을 경험하지 않았던 클라이언트와는 다른 감정을 경험할 것이다. 클라이언트의 독립성이나 의존 욕구도 감정에 영향을 미친다. 종결 시점에 클라이언트의 삶이 전체적으로 어떠한 상태인가도 클라이언트가 종결을 다루는 방식에 영향을 줄 수 있다. 클라이언트가 많은 변화나 복잡한 요구들을 처리해야 하는 상황에 놓여 있다면 종결이 더 어려울 수도 있고, 반대로 종결을 돌파구로 여길 수도 있다. 원하는 결과를 얻지 못하고 종결하는 경우 클라이언트는 목적이 달성되지 못한 데 대한 실망, 사회복지사에 대한 분노, 초조함 등을 느낄 수 있고, 이런 시점에 종결이 거론되면 충격이 증폭되어 거부 혹은 공격적으로 부정적 감정을 표출할 수 있다.

이처럼 목적 달성이 안 된 종결이라 하더라도 사회복지사는 클라이언트체계와 함께 변화를 성취하지 못하게 작용했던 요인들에 대해 그리고 추가적 원조를 구하는 클라이언트의 감정에 대해 이야기할 기회를 갖는 것이 중요하다.

또한 사회복지사는 클라이언트와의 관계를 적절하게 마무리 짓는 기술을 발휘하여야 한다. 클라이언트에 대한 관여를 점차 줄여 나가고 만남의 간격을 더 넓혀 나가면서 클라이언트 스스로 해야 하는 것을 더 강조하는 접근이 필요하다(최해경, 2017).

4) 다음 단계의 계획

많은 실천 상황에서 종결은 퇴원계획 또는 클라이언트가 필요로 하는 자원이나 프로그램을 제공할 수 있는 다른 기관으로 이동하는 것을 의미한다(Bogo,

2006).

사회복지사는 클라이언트가 도움 없이도 이 자원들을 쉽게 이용할 수 있는지, 혹은 클라이언트가 뜻밖의 자격요건과 대기자 명단으로 서비스를 제공받는데 장애가 되는지 고려해야 한다.

클라이언트에 대한 배려로 다른 자원이나 다른 전문가가 더 적합하기 때문에 의뢰된다는 것을 설명하여야 한다. 다음 단계의 서비스를 받기 위해 사회복지사는 의뢰기관과 클라이언트 간에 확실히 연결될 수 있도록 중개자와 옹호자 역할을 하는 것이 더욱 현실적일 수 있다.

5) 평가

종결과 관련해 사회복지사와 클라이언트가 평가하는 중요한 초점은 사정 과정에서 규명한 것처럼 클라이언트 욕구에 근거하고 행동계획의 일환으로 설정된 목표들에 대해서다(Johnson & Yanca, 2010). 서비스의 성과를 고려할 때 목표에 도달하는 과정을 살펴보며 무엇이 유용했고 유용하지 않았는지 확인하는 것이 도움이 된다. 평가의 이러한 측면은 클라이언트가 이후 자신의 욕구를 충족할 수 있는 방법에 대해 더 잘 이해하도록 도움이 된다는 점에서 사회복지사와 클라이언트 모두에게 유용하다. 또한 종결에 있어서 평가는 사회복지사가 원조과정과 클라이언트와 함께 일하는 방법을 더 잘 이해하도록 돕는다.

사회복지사는 종결과정에서 진전수준 검토, 변화의 안정화, 정서적 유대 다루기, 다음 단계의 계획, 평가 등의 활동을 통해 클라이언트가 지속적으로 성장하고 일상의 다양한 상황과 환경의 기대에 대처하도록 돕는다.

10장

사례관리

1. 사례관리의 등장배경

사회복지에서 사례관리의 기원은 1963년 미국의 「지역정신보건법」 제정으로 탈시설화 정책이 시도됨으로써 시설보호에서 각 지역으로 흩어진 만성정신질환자의 지역사회 보호와 적응을 돕기 위한 것에서 찾을 수 있다(Woodside & McClam, 2006; 엄명용 외, 2017). 한국에서는 1990년 초부터 저서와 논문 등을 통하여 사례관리가 소개되고 사회복지서비스가 재가복지와 지역사회복지로의 전환을 준비하면서 사례관리가 사회복지학이나 간호학과 관련 실천분야에서 관심을 받기 시작하였다.

사례관리의 등장배경은 사회·인구학적 변화, 복지국가의 재정적 위기, 탈시설화의 영향, 서비스의 단편화, 사회적 환경에 대한 인식 증대, 복지체계의 변화 등으로 요약될 수 있는데(장인협·우국희, 2001), 이를 보다 자세하게 살펴보면 다음과 같다.

1) 사회·인구학적 변화

다양한 사회문제의 발생, 사회 · 인구학적인 변화 등으로 인해 복합적인 문제와 욕구를 가진 클라이언트가 증가하게 되었다. 사회적 기능상에서 장애나 문제를 가진 사람들, 즉 지적장애 · 정신질환 · 신체장애 · 노숙자 · 에이즈환자 등 복합적 욕구를 가진 인구가 증가하게 되었지만, 이들이 지역사회 내에서 이용할 수 있는 자원은 매우 부족한 실정이다. 또한 핵가족화로 인하여 이들에 대한 보호부담은 더욱 가중되었다. 이러한 클라이언트와 가족을 위해 자원을 개발하고 연결할 수 있도록 돕는 체계적이고 포괄적인 서비스 제공이 필요하게 되었다.

2) 복지국가의 재정적 위기

복지국가의 위기논쟁을 불러일으킨 1970년대 국가재정의 위기는 정부의 공공지출 규모에 대한 우려를 낳게 되었으며, 때맞춰 불어 닥친 오일쇼크 파동으로 국가재정의 위기를 맞게 되었다. 이에 각국은 국가 지출 규모를 줄이기 위해 보건정책과 사회서비스 정책의 방향을 전환하게 되었는데, 요보호계층에 대한 보호를 전반적으로 관리하면서 다양한 서비스 및 비공식적 지지를 조정하는 사례관리가 효과적인 서비스전달을 최대화하면서 동시에 비용을 절감시키는 수단으로 인식되게 되었다.

3) 탈시설화의 영향

탈시설화란 지역사회와 분리된 수용시설에서 제공되던 서비스 제공방식이 시설병 등 많은 문제점을 드러내자 생활인들을 시설로부터 가정과 지역사회로 돌려보낸 것을 말한다. 탈시설화의 영향으로 퇴소한 클라이언트들을 위해 많은 지역사회 기반의 서비스가 개발되었음에도 그들의 다중적 욕구가 지역사회 내에서 충족되지 못하는 문제점이 제기되게 되었다. 서비스의 분산성, 포괄적인 서비스체계 부족, 시설퇴소 클라이언트들의 능력과 동기 부족 등의 문제가 제시되자 이러한 문제점을 시정하기 위한 방편으로 지역사회 내에서 클라이언트들의 욕구를 적절하게 충족시킬 수 있는 포괄적인 서비스체계 구축이 필요해졌다.

4) 서비스의 단편화

1960년대와 1970년대 사회복지 서비스가 급속도로 확장된 결과 서비스의 이용 가능성은 증대된 반면, 서비스 전달체계는 오히려 복잡해지고 단편화되었으며, 서비스가 중복 제공되기도 하였다. 즉, 기존의 서비스는 특정 서비스를 한정된 범위에서 특정 사람에게만 제공하였기 때문에 서비스가 단편적이고 세분화되어 있어 복합적인 문제와 욕구를 가진 클라이언트의 욕구를 충족시키기 어려웠다. 그로 인해 분산되고 단편화된 서비스를 조직화하고 통합하여 클라이언트의 욕구를 충족시키고자 하는 서비스 조정기능을 담당할 사례관리 시스템과 사례관리자가 등장하게 된 것이다.

5) 사회적 환경에 대한 인식증대

대인복지서비스에서 클라이언트의 삶의 질을 높이기 위한 사회적 지원체계와 지원망의 영향이 매우 크다는 인식이 확산되었다. 사회적 지원체계와 지원망 등 사회적 환경의 중요성이 부각되면서 사회적 지지망의 개발과 연결이 중요한 개입기법으로 등장하게 되었고, 대인 서비스체계 내에서의 클라이언트의 사회적 관계망을 통해 제공되는 비공식적 지지와 공식적 서비스를 통합시켜 주는 적절한 기제의 필요성이 증대되었다. 이에 공식적이고 전문적인 서비스와 비공식적인 지원체계와 지원망을 조정하고 통합하는 사례관리가 필요하게 되었다.

6) 복지체계의 변화

대규모 생활시설과 생활인원의 계속적인 팽창으로 더 이상 국가가 이런 제도를 유지할 능력이 없는 상태에 이르자 생활 인구에 대한 책임을 민간부분으로 이양함으로써 실질적인 국가의 재정문제를 해결하고자 하게 되었다. 그 결과 복합적인 욕구를 가진 클라이언트들의 지역사회 내의 공식·비공식적 자원의 개발과 활용을 새롭게 강조하는 배경이 되었다. 사례관리는 이러한 복지체계 및 대인적 사회서비스의 변화에 부응하여 전문적인 실천부분에서 등장한 구체적인 실천양태라 할 수 있다(장인협·우국희, 2001).

최근까지도 노인·장애인·소년소녀가정·기초생활수급자를 대상으로 사례관리방법을 적용하고자 하는 다양한 노력들이 기관별로 혹은 기관 간 연계를 통해 이루어져 왔으나 복지여건의 미성숙과 공식적인 시스템 부재 등으로 인해 아직까지 정착화되지 못한 상태이다.

2. 사례관리의 개념과 목적

1) 사례관리의 개념

사례관리의 개념은 시대와 국가 그리고 활용 분야와 실시 주체 및 관점에 따라 다양하게 활용되고 있어서 이를 일관되게 정의하기는 쉽지 않다. 복합적인 욕구를 가진 클라이언트의 증가와 사회복지서비스의 확대, 지역사회 중심의 사회복지서비스 강조 등의 사회·환경의 변화는 사회복지사들에게 사례관리에 대한 이해와 활용을 요구하고 있다. 이처럼 사례관리는 복합적인 욕구를 가진 클라이언트의 개별적인 상황에 맞는 서비스를 계획·제공하기 위해 직접적 서비스 제공과 주요 서비스 제공자들을 연계하여 네트워크를 수립, 조정, 점검, 평가하는 실천이라고 할 수 있다(백은령 외, 2008). 사례관리는 개인, 가족, 집단을 비롯한 클라이언트들이 의료·법률 및 사회사업서비스와 적절한 보호를 받을 수 있도록 도움을 주는 활동이다(Rubin, 1985). 경우에 따라서는 사례관리를 보호관리, 보호조정, 서비스조정, 서비스 통합 또는 서비스 관리라는 말로 부르기도 한다(Kane, 1993; Weil & Karls, 1985; 엄명용 외, 2017).

미국사회복지사협회(NASW, 1996)는 사례관리를 "복합적인 욕구를 가진 서비스 대상자에게 포괄적이고 체계적이며 지속적인 지역사회보호 서비스를 제공하도록 구성한 통합적 사회복지실천모델"로 정의하여 지속적인 보호서비스라는 점을 강조하고 있다.

전통적인 사회복지실천이 기관의 서비스 범주 내에서 서비스를 제공하는 데 초점을 두었다면, 사례관리는 클라이언트의 개별적인 욕구에 초점을 두고 기관뿐만 아니라 지역사회의 다양한 서비스와 자원들을 연결하고 조정하면서 서비스를 제공한다는 점에서 차이를 찾아볼 수 있다.

2) 사례관리의 목적

사례관리의 목적은 입장에 따라 달라질 수 있다. 클라이언트는 자신의 욕구가 충족되도록 충분하고 시의적절한 서비스를 원할 것이고, 비용부담자의 입장에서는 사례관리의 효율성과 효과성이 중요하며, 서비스 제공자의 입장에서는 클라이언트의 만족과 큰 성과를 기대할 수 있을 것이다(권진숙·박지영, 2015). 그러나 일반적으로 사례관리의 목적은 다음과 같다.

(1) 클라이언트의 역량강화

사례관리를 하는 궁극적인 목적은 클라이언트가 자신의 삶을 스스로 살아갈 수 있는 역량을 갖추게 하는 것이다. 클라이언트의 역량강화는 클라이언트가 자신이 원하는 자원을 얻을 수 있는 힘을 갖추는 과정인데, 사례관리를 통해 클라이언트는 역량을 기를 수 있도록 지원받는다.

(2) 보호의 연속성 보장

사례관리의 대상은 쉽게 해결될 수 없는 만성적이고 복합적인 욕구를 지니고 있기 때문에 오랜 기간 동안 보호를 받거나 장기적인 지원이 필요한 경우가 많다. 이러한 클라이언트의 욕구가 충족되도록 하기 위해서는 일정한 기간 동안 서비스를 지속적으로 제공해야 한다. 이를 위해 사례관리를 통해 보호의 연속성을 보장할 필요가 있다. 즉, 시간의 경과에 따라 변화하는 개인의 욕구에 반응하는 서비스를 지속적으로 제공하거나, 서비스의 시작인 전화통화부터 서비스가 종료될 때까지 중단하지 않고 서비스를 제공함으로써 보호의 연속성을 보장하여야 한다.

(3) 서비스의 접근성 향상

클라이언트는 자신이 활용할 수 있는 자원에 대한 정보가 부족하거나 이용 가능한 자원을 알아도 다양한 장애물로 인해 서비스 접근이 제한되는 경우가 있다. 서비스의 접근성을 향상시키는 것은 클라이언트의 자격, 규정, 절차 등에 관련된 장애요인을 제거하여 서비스에 쉽게 접근하도록 하는 것이다. 이를 위해 찾아가는 서비스, 정보제공과 의뢰, 자원개발과 연계, 자원활용 역량강화 등과 같은 적극적인 방법을 통해 자원과 서비스에 대한 클라이언트의 접근성을 향상하여야 한다.

(4) 서비스의 통합성 증진

복합적이고 변화하는 이용자의 욕구를 해결하기 위해 기관과 지역사회의 자원과 서비스를 통합적으로 확보하는 것이 필요하다. 다양한 기관이 서비스를 제공하지만 이 서비스와 자원이 서로 연계되고 조정될 수 있도록 통합적으로 관리가 이루어져야 한다. 사례관리는 파편화되거나 중복되는 서비스 간 조정을 통해 통합성을 증진시키는 것이다.

(5) 사회적 책임 제고

사례관리자는 한정된 자원으로 많은 효과를 거둘 수 있도록 효율적인 서비스를 제공해야 할 사회적 책임이 있다. 따라서 사례관리 과정에서 주요 결정은 사례관리자 혼자 하는 것이 아니라 팀에서 결정하며, 외부 전문가와 슈퍼바이저를 포함한 통합회의 개최도 중요하다. 사례관리에 있어서 전문성을 높이고, 높은 수준의 보호를 제공하고, 지속적 개선 등을 통해 효과적이고 효율적으로 서비스를 제공하는 것이 중요하다.

(6) 성과관리

서비스의 효과성과 효율성을 중요시하는 사례관리는 성과관리를 중요한 목적으로 삼는다. 사례관리의 전 과정을 통해 클라이언트에게 적절하게 서비스가 제공되고 있는지, 서비스 제공 과정에 문제는 없는지, 서비스가 클라이언트의 삶에 변화를 가져왔는지 등 과정과 결과 모두가 평가의 대상이 된다.

3. 사례관리모델

사례관리모델은 다양한 사회복지 현장에서 일어나는 현상들을 잘 이해하도록 돕는 논리적인 체계이자 지도(map)라고 할 수 있다. 사례관리모델은 사례관리 내용과 전달 방법을 체계화하는 데 도움이 될 수 있고 새로 계획하는 사례관리의 지침이 되기도 한다(권진숙 외, 2012). 사례관리모델은 임상적 접근을 중요시하는가 아니면 서비스의 관리 기능, 즉 행정적 기능을 중시하는가, 그리고 지향하는 목적이 무엇인지, 사회복지실천 현장이 일차적 현장인지 아니면 이차적 현장인지에 따라서 다양하게 제시된다. 따라서 사례관리자는 자신의 서비스 대상과 소속된 기관의 성격에 적합한 사례관리모델을 정립하고 적용하는 것이 필요하다(길귀숙 외, 2018). 사례관리실천에서 주로 활용되는 모델들을 설명하면 다음과 같다.

1) 매과이어의 모델 분류

매과이어(Maguire)는 사례관리의 모델을 전통적 장기모델과 관리보호단기모델, 일반사회복지모델과 전문사회복지모델로 구분하였다(Maguire, 2002; 배태순 외 역, 2007; 권진숙 외, 2009; 길귀숙 외, 2018).

(1) 전통적 장기모델 : 관리보호단기모델

전통적 장기모델은 치료될 수 없는 장기적이고 만성적인 건강문제나 정신보건문제를 다루는 전통적 사례관리모델이다. 복합적 인과관계를 추구하고, 비관적 예후에 대한 기대를 갖고 있고 장기보호를 필요로 하고 자원의 조정을 필요로 한다.

관리보호단기모델은 시간 제한적이고 집중적이며, 자원의 조정과 연계에 초점을 두고 치료를 중시하고 있다는 점이 전통적 장기모델과 구별되는 특징이다. 이 모델 역시 복합적 인과관계를 중시하고 조정된 보호를 필요로 하며, 시간 제한적이고 집중적인 서비스의 관리를 목표로 한다.

(2) 일반사회복지모델 : 전문사회복지모델

일반사회복지모델은 사례관리자가 클라이언트에게 사례관리에 관한 모든(차원의 다양한) 서비스를 제공하는 모델이다. 한 사회복지사가 모든 서비스를 제공하기 때문에 상충되는 조언을 피할 수 있으나, 전문가의 역량 부족 문제가 한계로 작용한다.

전문사회복지모델은 특정 영역과 문제를 전담하는 전문사례관리자와 전문가들 간의 업무 공유가 중시되며 이들 간의 조정과 팀워크가 중시된다.

2) 사례관리의 복합성 수준에 따른 분류

황성철(1995)은 클라이언트에게 제공되는 서비스의 수준을 기준으로 사례관리의 한국적 모형을 단순형, 기본형, 종합형, 전문관리형으로 구분한 바 있다. 단순형은 지역사회자원과 서비스를 단순히 연계하는 수준의 사례관리모형으로서 준전문가의 수준에서 실천되며, 기본형의 경우에는 지역사회자원과 서비스 연계, 기초상담을 제공하는 수준의 모형으로서 단순형과 마찬가지로 준전문가의 수준에서 실천된다. 종합형은 기본적으로 지역사회자원과 서비스를 연계하고 심층상담 및 치료적 기능을 수행하며, 전문관리형의 경우 직접적·간접적 서비스 제공과 관리자로서의 역할을 수행한다(길귀숙 외, 2018; 권진숙 외, 2012).

3) 서비스 제공기관의 형태에 따른 모델

사례관리 서비스 제공기관의 형태에 따라 사례관리 모델이 분류될 수도 있다. 이에 따르면 사례관리만을 독자적으로 수행하는 독자기관모델, 직접서비스기관 내에 사례관리 실천단위가 있는 직접서비스기관 내의 특수단위모델, 복합기능기관에서 이루어지는 모델, 여러 기관이 할당된 사례를 협력 방식으로 일하는 모델 등으로 구분된다(권진숙 외, 2012).

(1) 독자기관 모델

자율적 관리 조직체를 구축하고 있는 기관에서 사례관리 서비스를 제공하는 모델로 사례관리만을 유일하게 제공한다. 서비스 협정을 통해 재정적인 관리에 관여하지 않기 때문에 보호기획 과정에서 객관성을 유지할 수 있는 특징이 있다.

(2) 직접 서비스 기관 내의 특수단위 모델

사례관리 서비스로 가족상담, 가정건강 보조, 가정조성 또는 안내와 의뢰 서비스와 같은 직접서비스가 제공된다. 그러나 기관에서는 직접서비스만을 제공해야 하는 한계를 지닌다.

(3) 특수단위시설 또는 복합기능기관 모델

사례관리는 병원, 노인홈 또는 다목적 노인센터와 같은 복합시설에서 실시된다. 사례관리의 단위가 하나의 구성요소로 간주될 수 있도록 다른 시설서비스에서 분리되어 주체성을 갖는 것이 중요하다.

(4) 조합 모델

다양한 기관이 할당된 관리방식으로 협동적으로 일하는 것으로 사례관리 프로그램은 조합서비스 제공자망을 통하여 클라이언트에게 원조를 제공하는 기능을 수행한다.

4) 사례관리 환경에 따른 모델

우드사이드와 맥클램(Woodside & McClam, 2003)에 의하면 사례관리자 업무 초점과 기관의 상황에 따라 사례관리의 구조체계와 기능은 영향을 받을 수밖에 없다. 이에 따라 이들은 역할기반 사례관리 모델, 조직기반 사례관리 모델, 책임기반 사례관리 모델로 분류하여 제시한다(권진숙 외, 2012).

(1) 역할기반 사례관리 모델

사례관리자가 수행하기를 기대하는 역할을 수행하는 데 초점을 둔다. 어떤 사례관리자는 주로 중개자의 역할을 수행할 것이 기대되는 반면, 다른 사례관리자는 치료자의 역할을 하면서 때로 중개자와 조정자의 역할을 수행할 것이 기대된다. 또 다른 사례관리자는 비용 절감과 비용 효과성에 초점을 둔다.

(2) 조직기반 사례관리 모델

포괄적인 서비스와 복합적인 문제를 갖고 있는 클라이언트의 욕구의 충족에 초점을 둔다. 이 모델은 종합복지센터나 심리사회적 재활센터, 학제 간 팀 접근을 하는 상황에서 효과적인 모델이다.

(3) 책임기반 사례관리 모델

사례관리 기능이 가족 구성원, 지지적 보호 네트워크, 자원봉사자, 클라이언트 등에 의해서 수행된다. 가석방자가 가석방 계획에서 스스로를 사례관리 하는 경우도 있다. 기관에서 클라이언트는 매우 많은 책임을 지며, 직업과 집을 얻도록 역량강화가 된다.

4. 사례관리의 구성요소

사례관리는 클라이언트, 사회자원, 사례관리자, 사례관리 과정, 사례관리 운영체계 등으로 구성된다고 볼 수 있다. 클라이언트는 중복적인 욕구를 가지고 있으나 스스로 욕구를 충족하기에는 어려움이 있는 사람을 나타낸다. 사회자원은 클라이언트를 둘러싸고 있는 자원 혹은 환경을 의미한다. 사례관리자와 그가 소속된 기관으로 클라이언트의 욕구를 파악하고 각종 서비스를 조정·개발하는 역할을 수행한다. 아울러 사례관리를 더욱 입체적으로 파악한다면 사례관리 과정과 사례관리 운영체계가 부가적으로 포함될 수 있다.

1) 클라이언트

사례관리를 필요로 하는 클라이언트는 대부분 복합적인 욕구를 가지고 있어, 하나 이상의 사회자원을 필요로 하지만 자원의 소재와 이용방법에 대해 잘 모르는 사람을 말한다. 예를 들면 복합적인 신체적, 정신적 장애를 가진 클라이언트나, 서비스가 충분히 제공되고 있지 않거나 복합적인 서비스를 필요로 하는 클라이언트, 행정 서비스 이외에 비공식적인 지원을 필요로 하는 클라이언트 등이 사례관리대상자가 된다. 클라이언트가 경험하는 문제와 욕구의 수준에 따라서 위험도를 '저위험'. '고위험', '위기개입'으로 사정하기도 한다. 위험도 사정 결과에 따라서 '저위험'은 일반사례관리 대상, '고위험'은 집중사례관리 대상, '위기개입'은 위기개입 대상으로 구분하여 관리하기도 한다(엄명용 외, 2017). 무엇보다 사례관리자는 클라이언트에 대한 차이를 인정하고 이해하는 것이 필요하다.

2) 사회자원

클라이언트의 욕구를 충족시키는 사회자원은 인적·물적 서비스를 제공하고 지원하는 다양한 자원의 공급주체를 말한다. 이러한 사회자원은 공급주체가 누구인가에 따라서 비공식적인 자원과 공식 자원으로 분류할 수 있다. 비공식 자원에는 가족구성원, 친척, 친구, 동료·이웃, 자원봉사자 등이 있으며, 공식적인 자원으로는 행정이나 법인 등이 있다. 여러 가지 공급주체에 따른 사회자원을 클라이언트가 활용하고, 각 사회자원이 가지고 있는 장점을 살려서 욕구를 충족시키는 것이 사례관리의 특징이라 할 수 있다. 따라서 사례관리 기관은 자신의 기관이 보유하고 있는 자원에 대한 조직화는 물론 지역사회, 나아가서는 국가단위에서 활용할 수 있는 공적·사적인 자원망을 개발하고 조직화해야 한다.

3) 사례관리자

사례관리자는 사례관리의 가장 중요한 구성요소로서 앞에서 언급한 두 가지의 구성요소를 효과적이고 체계적인 방법으로 연계하는 역할을 수행한다. 여러 가지 서비스 공급 주체에 의한 사회자원을 클라이언트가 활용하여 욕구를 충족해 나갈 수 있도록 촉진하고, 조정하고, 연결시켜 나감으로써 클라이언트 자신의 능력을 향상시키고, 서비스 공급주체들의 능력 또한 발전시키는 것이 사례관리자의 역할이다.

사례관리자의 역할은 크게 직접적 역할과 간접적 역할로 나뉜다(엄명용 외, 2017). 사례관리자가 수행하는 직접 서비스 역할에는 이행자, 상담자, 교육자, 정보 제공자, 조력자의 역할이 포함된다. 사례관리자는 직접적 서비스 역할을 수행하면서 초기에는 사례관리자의 자기 지향성이 높게 발휘되지만, 시간이 지나면서 클라이언트의 자기 지향성이 강화될 수 있도록 해야 한다. 사례관리자가 수행하는 간접적 역할에는 중개자, 연결자, 조정자, 옹호자의 역할이 포함된다. 사례관리의 핵심적인 요소는 자원을 조직화하고 연계하며 자원으로부터 소외된 계층을 대상으로 대변자의 역할을 수행하는 것이므로 간접적 역할의 중요성이 매우 높다.

4) 사례관리 과정

사례관리는 사례관리실천의 목적을 달성하기 위해 수행하는 일련의 공통되고 체계화된 과정을 갖는다(Holt, 2000). 즉 사례관리는 초기 과정, 계획, 조정, 전달과 모니터링, 평가의 과정을 수행하며, 이러한 과정은 체계화된 운영체계를 통하여 다양한 전문체계에 의해 종합적으로 점검되고 관리가 되는 실천방법이므로 시간적으로 전개되는 과정을 갖는다.

사례관리 과정은 사례관리 서비스에서 수행하는 기능에 따라 실천의 단계로 규정할 수 있으며, 초기 과정에서 종결 및 평가 과정으로 시간적인 속성을 갖고 전개되는데, 이 과정은 단선적이 아닌 순환적인 과정이라고 할 수 있다. 즉 계획 과정이나 실행 과정에서 새로운 문제가 발견되면, 다시 사정 과정으로 가서 재사정을 하며, 재계획을 실시해야 한다.

5) 사례관리 운영체계

사례관리실천에 있어서 효율적인 운영체계는 무엇보다도 중요하다. 왜냐하면, 사례관리는 클라이언트에게 필요한 통합적 서비스를 전달하는 작동체계이며, 포괄적 프로그램이 확실히 이루어지게 하는 하나의 기제(mechanism)이기 때문이다. 효율적인 사례관리 운영체계의 구축을 통해서 클라이언트의 발굴과 의뢰 또는 연계가 활발하게 진행될 수 있다. 또한 클라이언트를 원조하는 데 서비스 제공자들 간의 협력이 강화될 수 있으며, 지역사회 자원의 활용이 활발해질 수 있다. 이러한 측면에서 보면, 사례관리 기관 내부뿐만 아니라 외부와 연계된 사례관리 운영체계는 서비스 전달 체계로서의 기능을 수행하게 된다(한국사례관리학회, 2012).

사례관리실천을 위한 운영체계는 크게 일곱 가지 영역으로 나눌 수 있다. 즉, ① 사례관리자, ② 사례관리팀, ③ 통합사례관리팀, ④ 전문 슈퍼바이저, ⑤ 솔루션위원회, ⑥ 통합사례관리 지원단, ⑦ 사례관리 지원망으로 구분할 수 있다(권진숙·박지영, 2015). 여기서 사례관리자와 사례관리팀은 조직 내부 운영체계로 볼 수 있으며, 통합사례관리팀, 전문 슈퍼바이저, 솔루션위원회, 통합사례관리지원단, 사례관리지원망은 조직 외부 협력체계로 볼 수 있다.

5. 사례관리 과정

사례관리를 전개해 나가는 과정은 학자에 따라 다양한 견해가 있지만 내용에 있어서 큰 차이를 보이지 않는다. 이는 사례관리의 핵심요소와 기능에 대한 일반적인 합의가 존재하기 때문이라고 할 수 있다. 여러 학자들이 제시하고 있는 사례관리 과정을 도표로 제시하면 〈표 10-1〉과 같다(백은령 외, 2008).

〈표 10-1〉 사례관리의 주요 과정

Steinberg & Carter(1983)	Weil & Karls (1985)	White & Goldis(1986)	Moxley (1986)	Challis & Davies(1989)	Rothman (1991)	장인협·우국희 (2001)
사례발견, 사전적격 심사	클라이언트의 확인과 출장원조	사례발견	-	사례발견	기관에의 접근, 접수	인테이크
사정	개별적 사정과 진단	사정	사정	사정	인테이크·사정과 목표 수립	사정
목표설정, 서비스 기획, 능력조성	서비스 기획, 자원 확인	보호기획	기획	사례계획 및 서비스 배정	개입계획·자원 확인과 목록 만들기	계획수립
보호계획의 실행	서비스 연결, 서비스 실행과 조정	계획실행	개입	-	클라이언트 연결	실행
재사정	서비스 전달의 점검 및 옹호	사후검토, 재사정	점검	점검 및 재평가	점검과 재사정	점검 및 재평가
종결, 관계유지	평가	-	평가	종료	결과평가	평가 및 종결

출처: 백은령 외 (2008). 사회복지실천론. p. 405 재인용.

사례관리의 과정은 인테이크, 사정, 계획, 실행, 점검, 평가, 종결로 나누어 볼 수 있다. 각 과정에서 고려해야 할 사항들을 중심으로 살펴보면 다음과 같다(장인협·우국희, 2001; 정순둘, 2005).

1) 인테이크(intake)

이 단계는 사례를 발견하고 접수, 관계형성, 문제확인, 욕구와 기대파악, 서비스에 대한 정보제공, 서비스에 대한 수혜 여부 결정, 원조 과정 안내, 의뢰(referral) 및 사전검사(screening), 계약하는 것을 모두 포함하는 과정으로 이해해야 한다. 즉, 사례관리 서비스를 필요로 하는 잠재적 클라이언트를 발견하고 그들의 욕구를 개략적으로 파악하여 적격성 심사를 거쳐 클라이언트로 확정하는 과정이다.

(1) 사례발견

① 아웃리치

자신의 욕구를 충족시킬 수 있는 서비스와 자원의 정보에 대한 접근이 어렵거나, 그러한 것들을 자발적으로 구하려는 동기가 부족한 잠재적 클라이언트로 하여금 서비스에 대한 접근성을 향상시키기 위해 서비스 기관에서 활용하는 방법이다.

아웃리치 방법으로 교회, 노인종합복지관, 동사무소 등지에 포스터나 간단한 인쇄물의 배포, 다양한 대중매체를 통한 광고, 공공장소에의 광고문 설치, 지역사회 조직에서의 설명회, 가정방문 권유 등의 활동이 있다.

② 의뢰

필요한 서비스를 제공할 수 있는 기관, 자원 또는 전문가에게 클라이언트를 직접 연결시켜 주는 방법이다. 클라이언트의 욕구와 그들에게 유용한 서비스를 확인하고, 그러한 서비스에 클라이언트가 참여할 수 있는 기회를 제공하며, 클라이언트와 서비스의 연결이 잘 이루어졌는가를 확인하는 것을 포함한다.

(2) 스크리닝

스크리닝은 사례발견을 통해 서비스를 신청한 사람을 대상으로 서비스 제공의 적합성을 결정하는 것이다. 이는 부적절한 의뢰와 서비스가 필요하지 않은 사람을 사정 이전에 판단함으로써 실제적으로 서비스가 필요한 클라이언트에게 신속한 서비스를 제공하기 위함이다. 이 단계에서의 정보수집은 아주 필수적인 부분으로 제한하여야 한다.

(3) 계약

클라이언트가 사례관리 서비스를 제공받기 원하여 사례관리자와 함께 서비스 제공에 동의하는 서식에 서명하는 것을 말한다. 계약에 포함되어야 할 사항으로 클라이언트의 기대, 클라이언트에 대한 관심과 프로그램의 중요성, 프로그램의 기능과 수행 방법, 클라이언트가 수용해야 할 조건과 책임, 클라이언트나 친족에 대한 선택과 통제권리의 보장, 클라이언트가 된다는 동의, 필요한 응급조치, 다음 단계에 대한 약속과 조정, 이전의 타 기관에 대한 통보 등이 있다.

2) 사정(assessment)

사정은 접수 과정에서 사례관리 서비스 대상으로 결정된 클라이언트들의 복합적인 욕구와 현존하는 문제, 현재의 기능, 생활상태, 그들의 장점과 잠재능력, 공식·비공식 지원체계의 그들에 대한 지원능력 등에 관하여 전반적인 자료를 수집하고 종합적으로 분석하는 집중적이고도 체계적인 과정이다.

사정은 클라이언트의 문제와 상황을 검토하기 위한 절차이며 이 단계에서 서비스의 내용과 수준 등이 결정된다. 총체적인 관점에서 클라이언트의 다양한 문제와 욕구를 확인해야 하는 단계이며 사례관리에서는 사정 과정이 중요한 비중을 차지할 뿐만 아니라 이후 단계에서 진행될 개입의 효과성을 결정짓는 중요한 역할을 담당한다.

즉, 사정의 목적은 클라이언트 및 그의 사회적, 물리적인 환경의 욕구(need)와 강점(strength)을 정확히 평가하는 데 있다. 욕구는 문제점, 요구사항, 해결책, 부족한 부분 등의 여러 가지 측면으로 정의된다. 클라이언트들은 사례관리에서 어떠한 서비스가 제공될 수 있는지를 모르기 때문에 자신의 욕구를 정확하게 표현하지 못하고, 때로 비현실적인 기대를 하거나 너무 좁은 범위의 욕구만 표현하므로 잘 탐구해야 한다.

사정은 사례관리의 초기단계로 끝나는 것이 아니라 사례관리자가 사례를 관리하는 동안 지속적으로 이루어지는 과정이다.

(1) 클라이언트의 욕구 및 문제 사정

사례관리자는 클라이언트와 함께 그들의 현재 상황에서 다양하고 복합적인 욕구를 확인해야 한다. 클라이언트의 욕구 및 문제에 대한 정확한 사정은 사례관리의 목적 달성에 중요하며 개입의 근거를 제시한다.

(2) 욕구에 대한 클라이언트의 능력 사정

클라이언트의 능력을 사정할 때는 클라이언트의 약점이나 결함보다는 강점, 잠재능력, 활용 가능한 자원, 발전 가능성, 문제해결 능력 등과 같은 긍정적인 요소에 우선 초점을 두어야 한다.

(3) 클라이언트 지원체계의 능력 사정

사례관리자는 클라이언트의 욕구를 충족시키기 위한 비공식 지원체계와 공식 지원체계 능력을 클라이언트와 함께 사정한다. 비공식 지원체계에는 가족, 친척, 친구, 이웃, 자조집단, 종교집단, 직장동료 등 다양한 형태가 존재한다. 공식 지원체계에는 사회복지기관과 시설, 지역사회의 공식적 단체와 기관, 정부기관 등이 있다.

(4) 지원체계 활용의 장애 사정

사례관리자는 클라이언트가 공식 지원체계와 비공식 지원체계를 활용하는 데 있어서 장애에 대한 사정을 실시한다. 여기서 장애란 지원체계와의 관계를 방해하거나 형성되지 못하도록 막는 그 무엇을 말한다. 장애요인으로는 자원이용의 불가능성, 자원의 부족, 서비스의 단편성과 불연속성, 비공식 지원체계의 무관심과 책임성 결여 등이 있다.

3) 계획(planning)

사례관리 과정에서 계획은 클라이언트의 욕구충족을 위한 목적을 발전시키는 과정이며, 목적을 성취하기 위해 서비스를 구체화하는 과정이라고 할 수 있다(정순둘, 2005). 계획단계에서 개입의 목표는 명료하고 실현 가능하게 수립되어야 할 뿐만 아니라 클라이언트의 동의하에 이루어져야 한다. 개입계획에서는 자원 확인이 필수적인 부분이며 이용 가능한 서비스와 자원을 파악함으로써 개입계획을 구체화할 수 있다.

사례관리는 자원의 존재 여부만을 확인하는 것이 아니라 클라이언트의 접근성을 높여 주기 위해 다양한 정보들을 수집하여 목록화해야 한다. 사례관리계획은 클라이언트의 욕구에 부응하여 사례관리 과정을 통해 달성하고자 하는 결과목표와 개입을 통해 달성하고자 하는 서비스 목표가 모두 포함되어야 한다.

사정과 계획의 차이는 사정이 해결되어야 할 문제와 서비스의 목적을 확인하는 데 초점을 둔 것이라면, 계획은 이들 욕구를 충족시킬 수 있는 적절한 수단의 실제적 선택에 초점을 둔다.

(1) 목표설정

계획은 사례관리자의 전문적 판단과 실천적 경험으로 세워지게 되며, 첫 단계로 사정 과정에서 확인된 욕구를 바탕으로 클라이언트에 대한 목표를 설정한다. 목표는 대개 클라이언트 생활환경의 개선, 개인의 능력 향상, 지원체계 개발과 강화 등이다.

목표들을 장·단기적으로 구분하고, 우선순위를 설정한다. 장기목표는 단기목표의 달성 후 희망하는 상태를 나타내게 되며, 단기목표는 클라이언트 현재의 욕구충족이나 위기상황을 해결하기 위한 직접적인 목표가 된다.

(2) 서비스 계획의 수립

서비스 계획은 클라이언트에 대하여 설정한 목표를 달성하기 위하여 어떠한 서비스가, 언제, 어떤 방식으로, 얼마 동안, 어느 정도 제공되어야 하는가에 관한 사항들을 문서화한 것이다.

서비스 계획은 주로 소득, 일상생활 활동에 대한 원조, 재가보호, 이동성, 의료보호 등과 같은 클라이언트의 수단적 욕구에 초점을 둔다. 사례관리자는 이 모든 과정에 클라이언트를 동반자로 관여시켜야 하며, 클라이언트의 욕구에 관해 관련된 사람들이 검토, 논의하고 상호 간에 정보를 공유하는 통합적인 과정을 이끌어 가야 한다.

4) 실행(implementation)

이전 단계에서 수립한 서비스 계획을 완전하게 수행하는 단계로 클라이언트에게 필요한 서비스를 연결하고 개입을 통해 서비스 제공과 활용에서의 장애를 극복하며 적절한 서비스를 배열, 정리하는 과정이다.

클라이언트의 서비스에 대한 접근성과 능력을 고양시키고자 하는 직접적 개입에는 클라이언트 교육·훈련, 상담·치료, 정보제공, 지지 및 격려, 위기개입, 클라이언트의 동기화 등이 있다. 간접적 개입에는 자원체계의 연계·중개, 의뢰, 조정, 자원개발 및 자원망 지원활동, 클라이언트가 적절한 대우를 받도록 옹호하는 것 등이 실행 단계에서 이루어지는 사례관리활동이다.

복합적이고 지속적인 클라이언트의 욕구에 적절하게 부응하고 원활한 사례관리를 위해서는 지역사회 내 다양한 자원들 간의 연계 시스템 구축이 필요할 뿐만 아니라 다양한 자원에 대한 파악이 전제되어야 한다. 또한 사례관리자는 서비스 공급주체들과 유대관계 속에서 활동해야 한다.

(1) 장애극복과 옹호

서비스를 적합한 시기에 적절히 제공하고 효율적으로 활용하기 위해서는 보호계획의 수행 시 발생하는 장애를 극복할 필요가 있다. 그 장애는 선천적 무능력, 내부장애, 외부장애가 있으며, 신체적 무능력은 클라이언트 통제 밖의 것으로 서비스 제공자와의 효과적인 의사소통에 제한을 초래하며 특수한 서비스 제공이 필요하다.

내부장애는 클라이언트의 동기 부족, 낙인감, 불신, 신념, 가치 등 심리사회적인 문제로서 클라이언트의 행동 패턴을 결정한다. 외부장애로는 자원의 결여, 자원의 부족, 자원에 대한 정보와 접근성의 결여, 서비스의 단편성과 불연속성 등이 있다.

(2) 서비스 계획의 수행

사례관리자는 클라이언트에게 제공될 서비스 정보를 클라이언트와 비공식 지원체계에 제시하며 책임을 분담하고 문제 이해, 해결방안 추구, 변화계획, 변화에 대한 평가 등에 관한 상담을 실시한다.

(3) 서비스의 조정

서비스의 조정은 클라이언트에게 제공되는 서비스를 적절히 배열, 정리하여 서비스의 효과성과 연속성을 보장할 수 있도록 하는 것이다. 사례관리자는 클라이언트와 밀접한 관계를 맺어 서비스 제공과 관련된 기록을 서비스 조정의 중요한 자료로 활용한다.

5) 점검(monitoring)

점검은 현재 클라이언트에게 제공되는 서비스 및 자원의 적시성, 적절성 및 지속성을 보장하기 위해서 사례관리자가 클라이언트, 클라이언트의 가족, 다른 서비스 제공자와 규칙적인 만남을 유지하며 지원체계의 서비스 전달과 실행을 확인하고 재사정을 실시하는 과정이다.

서비스는 적시에 적절하게 제공되었는지, 질은 높았는지, 연속적이고 포괄적인 서비스 제공이 이루어졌는지를 평가하기 위해 그리고 계획에서 변경을 필요로 하는 부분이 없는지, 클라이언트의 욕구변화 등에 대해서도 검토하기 위해 이루어진다.

점검단계에서는 ① 서비스 계획이 적절하게 이행되고 있는지를 검토한다. ② 서비스와 지원계획이 적절하게 달성되고 있는지를 검토한다. ③ 서비스와 사회적 지지의 산출을 검토한다. ④ 클라이언트의 욕구에 변화가 있는지를 점검한다.

점검단계에서 살펴야 할 점검내용은 다음과 같다.

(1) 서비스

클라이언트에게 제공되는 서비스에 대한 점검은 서비스의 질에 대한 수준과 클라이언트 수준, 서비스 제공자의 수준에서 이루어진다. 서비스의 질에 대한 수준에서는 크게 구조, 과정, 결과의 차원으로 구분하여 평가될 수 있다. 클라이언트의 수준에서는 사례관리자가 클라이언트와 지속적으로 접촉하여 클라이언트의 상황변화를 평가하여 서비스 계획이 수정될 필요가 있는지를 판단한다. 서비스 제공자의 수준에서는 서비스 제공자의 능력, 계약, 이행 등을 점검할 필요가 있다.

(2) 계획 이행 정도

자원제공자의 과업, 활동, 책임에 대한 점검으로 시간 안배, 과업 수행 여부 등 계획이 적절히 이행되고 있는지를 점검한다.

(3) 서비스 산출량과 목표 달성치

목표란 클라이언트의 욕구충족을 달성하기 위해 무엇이 전달되어야 하며 무엇이 제공되어야 하는가를 정리한 것으로 목표 성취 점검이란 클라이언트의 목표에 대한 성취를 점검하는 도구라 할 수 있다.

(4) 새로운 욕구 발견

서비스 산출에 대한 점검이란 산출량과 목표 달성치를 점검하여 계획 수정을 고려하기 위함이며, 계획변화를 요청하는 새로운 욕구의 발견은 지원망들이 새로운 욕구에 대해 알도록 정보를 공유하는 과정 속에서 조정되는 재사정 과정을 거친다(한국사례관리학회, 2012). 재사정은 서비스 계획의 수행 중에 주기적인 사정을 통하여 클라이언트에게 제공되는 서비스의 적합성, 보호계획 변화의 필요성과 변화방식을 결정하는 과정이다.

6) 평가(evaluation) 및 종결(termination)

사례관리의 효과성을 제시할 수 있는 단계이다. 평가는 사례관리 과정과 사례관리자의 활동이 클라이언트의 삶에 어떠한 변화를 가져왔는지를 판단하는 과정이다. 서비스 계획의 효과성과 이 계획이 클라이언트의 기능화에 미친 영향, 클라이언트와 유사한 상황의 클라이언트에게 미친 영향에 관한 평가를 한다. 평가는 다음과 같은 영역에서 이루어져야 한다. 클라이언트에 대한 서비스와 지원계획에 대한 평가, 목적 달성에 대한 평가, 사례관리 서비스의 전반적인 효과성에 대한 평가, 클라이언트의 만족도에 대한 평가 등이다.

종결은 사례관리 활동을 마무리하는 과정으로, 사례관리자와 클라이언트 간의 관계가 끝나게 됨을 의미한다. 클라이언트에게 더 이상 서비스가 필요 없게 되었을 때, 자원의 한계로 클라이언트의 조건을 더 이상 개선시키기 어려울 때 혹은 클라이언트와 사례관리자 간의 관계에 문제가 있을 경우 발생할 수 있다. 종결의 최종 과정은 클라이언트에 대한 모든 서류정리 완료와 서비스 제공자들에게 공지함으로써 이루어진다.

제3부

사회복지실천 이론

11장

면접론

1. 면접의 정의

면접은 '서로 직접 만나 본다.'라는 사전적 의미를 가지고 있다. 하지만 사회복지실천에서의 면접은 서로 직접 만나서 보는 것 외에도 더 다양한 의미를 갖고 있다. 사회복지실천에서 가장 큰 도구는 사회복지사 자신이라고 할 수 있다. 면접은 사회복지사와 클라이언트가 만나 목적을 가지고 대화를 나누며 클라이언트의 문제를 해결하고 욕구를 충족시키기 위한 것으로 사회복지실천에서 중요한 역할을 하게 된다. 경우에 따라 면접만이 클라이언트에 대한 개입방안의 전부로서 기능하기도 한다.

일반적으로 면접이라 하면 최소한 두 사람 이상이 특정한 목적을 가지고 함께 대화를 나누는 것을 뜻한다. 언어적·비언어적 의사소통의 다양한 방식 중 하나이며 특별한 의사소통 방식이라 할 수 있다.

사회복지실천에서의 면접은 사회복지사와 클라이언트의 전문적 관계에서 일어나는 상호작용을 의미하며 이를 통해 정보수집, 과업수행, 문제해결 등과 같은 목적을 수행한다. 면접은 사회적 상호작용과 의사소통 과정이며 인지, 정서,

행동의 변화를 목적으로 한 언어적 행동으로서 문제해결을 위한 개입이라고 할 수 있다. 즉 면접은 클라이언트의 문제나 욕구해결 등과 같은 목적을 수행하는 시간제한적 의사소통으로서 사회복지 개입의 주요 도구이다(사회복지교육센터, 2014).

또한 면접은 전문적 기술이지만 사회복지사의 창의적 방법이 통합되는 예술이라고 할 수 있다. 모든 면접은 목적을 가지고 있고 상황에 따라 다양한 기술이 적용된다. 따라서 사회복지사는 자신에게 적절한 스타일의 면접 기술을 발달시켜야 한다.

2. 면접의 특성

콤튼과 갤러웨이(Compton & Galaway, 1984)는 사회복지실천 면접의 특성을 네 가지로 제시하였다(노혁, 2014 재인용).

① **세팅:** 클라이언트에게 서비스를 제공하는 기관의 상황이나 장(場)을 세팅이라고 한다. 사회복지 면접은 특정한 상황과 시간, 공간 속에서 진행된다.
② **목적:** 사회복지 면접은 구체적인 목적 달성을 위하여 방향성을 가지고 진행되며 비공식적인 대화와는 구분되어야 한다.
③ **계약:** 클라이언트의 욕구 충족을 위하여 사회복지사와 클라이언트 간 상호 합의된 과정을 통해서 사회복지 면접이 진행된다.
④ **역할관계:** 사회복지 면접에서는 사회복지사와 클라이언트의 역할이 규정되어 있다.

3. 면접의 조건

1) 물리적 환경

면접을 위한 물리적 준비는 적절한 채광과 조명, 안락한 온도, 넓은 공간, 어울리는 가구와 실내장식, 등을 편안히 받쳐 주는 의자, 비밀을 이야기할 수 있을 정도의 독립적 공간, 방해 받지 않는 분위기, 참여자들 사이의 개방적 공간이다.

2) 비밀보장

효과적인 면접을 위해서는 클라이언트의 비밀이 유지될 수 있어야 한다. 면접장소의 물리적 환경도 중요하지만 클라이언트에 대한 사회복지사의 태도도 중요하다. 사회복지사는 클라이언트와 사회복지사 간 전문적 관계를 유지하기 위한 책임을 이행하여야 하며 클라이언트의 비밀을 경솔하게 취급하지 않아야 한다.

3) 면접자의 예비지식

사회복지사는 일반성을 기초로 하는 이론과 구체적인 실제를 기초로 하는 특수성에 관한 지식을 갖고 있어야 한다. 일반성을 기초로 하는 이론은 사회복지의 모든 분야에 공통적으로 적용될 수 있는 것으로 일반성을 지니고 있는 것이다. 사회복지사가 어떤 클라이언트를 도와주는 데 일반성을 지닌 이론만 가지고는 충분하다고 할 수 없다. 사회복지사는 일반적인 이론을 구체적인 실천에 적용하기 위한 자신의 창의력을 필요로 하게 된다.

사회복지사가 보다 효과적으로 클라이언트를 면접하거나 도와주기 위해서는 먼저 일정 수준의 전문적 지식이 필요하다. 일반성을 중심으로 하는 전문적 지식 이외에 사회복지사가 종사하고 있는 기관의 성질과 목적에 관계되는 특수한 지식을 가지고 있어야 한다.

4. 면접의 종류

1) 정보수집

정보수집을 위한 면접은 클라이언트의 개인적, 사회적 문제와 관련된 배경과 발달력을 수집하기 위한 것이다. 이 면접의 목적은 클라이언트의 모든 배경을 파악하기 위한 것이라기보다는 클라이언트를 더 잘 이해하기 위한 것이다. 수집하는 정보에는 객관적 측면과 함께 클라이언트의 주관적 감정과 태도도 포함된다. 또한 클라이언트의 유형, 문제유형, 기관의 성격에 따라 수집되는 정보의 내용이 달라진다. 일반적으로 정보수집 면접에 포함되는 내용은 다음과 같다.

※ 정보수집 면접에 포함되는 내용

- 나이, 성별, 학력, 주소, 결혼상태, 종교 등 일반적 사항
- 가족력: 클라이언트의 원가족과의 관계 등
- 개인력: 발달단계상의 문제, 환경 등
- 현재의 문제
- 사회적·인지적·신체적 기능

2) 사정

사정을 위한 면접은 클라이언트의 문제를 해결하기 위해 구체적으로 어떤 서비스가 필요한지를 결정하는 것으로 정보수집 면접보다는 목적 지향적이다. 사정을 위한 면접에서는 클라이언트의 현재 문제상황을 파악하고 문제해결의 목표를 설정하며 설정된 목표를 달성하기 위하여 어떤 개입 방법을 선택해야 할지를 결정한다(조학래, 2017).

※ 사정을 위한 면접 질문

- 언제, 어디서, 누구와 있을 때 문제행동이 나타나는가?
- 언제부터 문제행동이 나타났는가?
- 클라이언트는 문제에 어떤 의미를 부여하고 있는가?
- 문제에 대한 클라이언트의 반응은 어떠한가?
- 클라이언트의 욕구는 무엇인가?
- 문제해결을 위해 필요한 자원은 무엇인가?
- 클라이언트의 강점과 약점은 무엇인가?

출처: 구금섭 외(2014).

3) 치료

치료면접의 목적은 클라이언트의 변화를 돕기 위한 것, 클라이언트의 사회적 기능을 향상하기 위해 사회환경을 변화시키는 것, 클라이언트와 사회환경 모두의 변화를 돕는 것이다. 클라이언트의 변화를 돕기 위한 치료면접은 주로 개인 내적인 변화에 초점을 둔다(조학래, 2017).

5. 면접의 유형

1) 구조화된 면접

구조화된 면접은 표준화 면접이라고도 한다. 구조화(표준화)된 면접조사표를 가지고 면접을 진행하는 것으로 누가 면접을 시행하건 동일한 내용으로 면접이 진행되도록 하는 것이 구조화된 면접이다. 구조화된 면접의 경우 면접자는 임의로 질문이나 형식, 순서를 바꿀 수 없고(구금섭 외, 2014), 주어진 대로 진행해야 한다. 구조화된 면접은 주로 신임 사회복지사나 실습생 위주로 활용하게 된다. 구조화된 면접의 단점은 논리적인 반응을 하게 되는 경향이 있어 정서적 내용이 거의 없으며 피면접자에 따라 특정한 질문이 해당되지 않거나 부적절하여 면접시간을 낭비할 수 있다는 한계가 있다.

2) 반구조화된 면접

반구조화된 면접은 구조화와 비구조화의 중간형태로서 개략적인 조사표를 가지고 융통성 있게 면접내용을 조정하는 경우를 말하며 반표준화 면접 또는 준구조화 면접이라고도 한다. 지침이 있는 면접으로 미리 결정된 질문이나 주요 단어가 있으나 구조화된 면접과는 달리 특정 관점에서 질문할 수 있고 피면접자의 반응에 따라 적절한 시점에서 개방형 방식으로 질문할 수 있다.

3) 비구조화된 면접

비구조화된 면접은 조사하고자 하는 대상이나 사례가 특수하여 미리 구조화된 조사표를 작성하기 어려운 경우가 있을 때 숙련된 조사원이 최소한의 방향만 제시하는 지침을 가지고 면접 당사자 간 상황에 따라 말이나 문답의 순서에 구애없이 자유로운 상태에서 면접이 진행된다. 비표준화 면접이라고도 한다. 비구조화된 면접은 면접 시 질문이나 알아보고자 하는 내용이 미리 짜여 있기보다는 말 그대로 구조화하지 않은 채 면접의 목적에 따라 개방적으로 진행되는 면접방식으로 피면접자의 상황에 대해 심층적이며 자세한 묘사와 이해를 얻고자 할 때 사용한다.

6. 면접의 기술

1) 관찰

관찰은 클라이언트가 말하고 행동하는 것뿐 아니라 비언어적 표현에 주의를 기울이며 클라이언트를 이해하는 것이다. 관찰은 사회복지 면접에서 매우 중요한 기술이다. 같은 상황이라 하더라도 보는 사람에 따라 다르게 관찰할 수 있다. 각자 자신이 보고 싶은 것만 보거나 선입견에 따라 선택적으로 관찰하기 때문이다. 면접에서 사회복지사의 관찰은 자동으로 되는 것이 아니라 연습과 훈련을 통해 이루어진다.

또한 사회복지사만 클라이언트를 관찰하는 것이 아니라 클라이언트도 사회복지사가 얼마나 열의가 있는지, 진실하게 반응하는지, 자신의 이야기를 얼마나 진지하게 듣고 있는지 등을 관찰한다. 사회복지사가 어떻게 관찰하고 있는지에 따라 클라이언트의 행동도 달라질 수 있다.

면접에서 사회복지사가 주목해야 하는 것은 클라이언트의 언어적·비언어적 표현, 시작하는 말과 끝맺는 말, 면접 중 주제의 변경, 반복되는 언급, 내용의 불일치, 숨겨진 의미, 침묵 등이다(엄명용 외, 2011; 조학래, 2017 재인용)

(1) 클라이언트의 언어적·비언어적 표현

클라이언트와 면접을 진행할 때 언어적 표현에만 귀 기울이는 것이 아니라 몸짓, 손짓, 표정, 시선, 자세 등 비언어적 표현도 주의 깊게 관찰하는 것이 필요하다. 특히 언어적 표현과 비언어적 표현에 차이가 있는가를 파악할 수 있어야 하고 두 표현 방법이 다를 때에는 비언어적 표현에 보다 주의를 기울여야 한다.

(2) 시작하는 말과 끝맺는 말

면접에서 보여 주는 시작하는 말과 끝맺는 말은 클라이언트가 생각하고 있는 우선순위, 본인의 환경에 대한 생각, 사회복지사에게 원하는 것들을 포함하게 된다. 사회복지사는 면접을 시작할 때 클라이언트가 원하는 내용과 방향을 이야기할 수 있도록 개방형 질문을 하는 것이 바람직하다. 또한 클라이언트는 정말 하고 싶었던 말을 끝맺는 말에서 하는 경우가 있다. 따라서 사회복지사는 클라이언트의 끝맺는 말을 기억했다가 다음 면접에서 다루는 것도 필요하다.

(3) 면접 중 주제의 변경

클라이언트는 면접에서 특정 주제가 나올 때마다 의식적으로 또는 무의식적으로 갑자기 대화의 주제를 변경하기도 한다. 이것은 그 주제가 클라이언트에게 민감한 것이거나 이야기하기 싫은 것이거나 어렵다는 의미이므로 나중에라도 그 이유를 알아볼 필요가 있다.

(4) 반복되는 언급

클라이언트가 특정한 주제를 반복해서 이야기하거나 우회적으로 말하는 경우가 있다. 이 주제는 클라이언트에게 매우 중요하거나 사회복지사에게 도움을 원하는 문제이므로 사회복지사는 주의 깊게 들어야 한다.

(5) 내용의 불일치

클라이언트의 말이 일관되지 않고 내용이 불일치한 경우가 있다. 이때에 사회복지사는 어떠한 부분인지 살펴볼 필요가 있다. 또한 클라이언트가 이야기하지 않고 넘어가는 부분에 대하여도 주의를 기울일 필요가 있다.

(6) 숨겨진 의미

사회복지사는 클라이언트의 말실수, 말과 태도의 불일치, 클라이언트의 저항 등에 숨겨진 의미가 있는지 관찰할 필요가 있다.

(7) 침묵

면접 중 클라이언트의 침묵에도 주목해서 관찰해야 한다. 클라이언트가 자신의 생각을 정리한 후 표현하기 위하여 침묵할 수도 있고 말하는 도중에 감정이 격해져서 침묵하며 감정을 다스리는 경우도 있다. 또한 대답하기 곤란한 경우에 침묵을 선택하기도 하고 정말 할 말이 없어서 침묵하기도 한다.

사회복지사는 침묵의 의미를 파악하여 클라이언트가 침묵하는 의미에 따라 다르게 반응해야 하는데 이를 분별하기 위해 클라이언트를 주의 깊게 관찰하는 것이 필요하다. 침묵을 깨뜨리기 위해 사회복지사가 대화의 주제를 변경하거나 질문을 하는 것은 바람직하지 않다. '침묵을 해도 괜찮다.', '말하고 싶을 때 천천히 말해도 된다.'는 등의 반응을 보이는 것이 바람직하다.

2) 경청

경청의 사전적 정의는 '남의 말을 귀기울여 주의 깊게 들음'이다. 하지만 사회복지 면접에서 경청이란 클라이언트의 말뿐 아니라 행동까지 주목하는 것을 뜻한다. 상대방과 라포 형성을 위해 기본적으로 상대방에게 관심을 기울이고 상대방의 이야기를 잘 들어 줄 필요가 있다. 클라이언트가 무언가를 말하려 하는 데 사회복지사가 집중하지 않고 다른 일을 한다든지 다른 사람과 어떤 비언어적인 의사소통을 한다든지 하면 더 이상 이야기하고 싶은 마음이 생기지 않는다.

사회복지현장에서 만나게 되는 클라이언트들은 자신감이 결여되어 있고 사회관계에서 어려움을 겪으며 거부당한 경험이 많기 때문에 상대적으로 다른 사람들보다 본인에게 관심을 가지고 집중해 주기를 원한다. 경청을 위해서는 기본적으로 상대방에 대해 최대한 관심을 기울이고 그 관심을 표명할 필요가 있다. 상대방에게 관심을 가지고 있다고 보여 줄 수 있는 것은 언어적 반응도 있지만 자세, 태도, 행동과 같은 비언어적 반응으로 나타나고 전달되게 된다.

먼저 신체적으로 이완되고 편안하고 자연스러운 자세를 취하는 것이 중요하고 상대방을 향해 상체가 약 15도 정도 기울어지는 것이 좋다. 가급적 눈을 보며 이야기하는 것이 좋지만 그렇다고 너무 뚫어져라 바라보게 되면 거부감을 느끼게 된다. 부드럽고 온화한 눈길을 보내는 것이 좋다. 박수를 친다든지 고개를 끄덕인다든지 하는 비언어적 반응도 필요하다.

3) 초점화

초점화는 제한된 면접 시간 내에 최대의 효과를 가져와야 하는 전문적 관계에서 이루어지는 면접에서 불필요한 시간의 낭비를 막아 주는 효과적인 기술이다. 이 기술을 통해 사회복지사는 면접과정 동안 초점을 유지할 수 있기 때문에 클라이언트의 산만한 사고와 감정을 정리하여 중심이 되는 문제를 깊이 탐색하고 원하는 변화를 이끌어 낼 수 있도록 도와준다(남연희 외, 2012; 박희숙 외, 2018 재인용).

4) 명료화

명료화는 '어떤 일이나 현상이 분명하고 또렷하게 됨'을 뜻한다. 사회복지 면접에서 명료화란 클라이언트의 말속에 내포된 의미를 사회복지사가 클라이언트에게 명확하게 말해 주는 것이다. 이러한 과정을 통해 클라이언트의 혼란스럽고 갈등되는 느낌을 가려내어 분명하게 해 주게 된다.

5) 재명명

재구성이라고도 한다. 어떤 문제에 대해 클라이언트가 부여하는 부정적 의미를 수정해 줌으로써 클라이언트의 시각을 긍정적 방향으로 변화시키려는 전략이다.

6) 재보증

재보증은 합리적이고 현실적인 본인의 생각과 결정에 대해 클라이언트가 의문을 갖는 경우 사용함으로써 클라이언트를 지지해 주고 희망을 줄 수 있다. 반면 사회복지사가 클라이언트에게 지나칠 정도로 재보증을 하게 되면 클라이언트는 자신의 문제행동에 관한 이유를 밝히려 하지 않을 수 있다(길기숙 외, 2018).

7) 반영

반영이란 '사물의 속성 또는 어떠한 사실이나 현상 따위가 다른 사물이나 사실, 현상 따위를 통해 드러남'을 뜻한다. 사회복지 면접에서 반영이란 클라이언트의 말과 행동에서 표현된 감정, 생각 등을 사회복지사가 본인의 언어로 다시 한번 이야기해 주는 것이다.

8) 직면

직면은 '정면으로 맞닥뜨림'을 뜻하는데 사회복지 면접에서는 클라이언트가 피하고 있는 문제에 대하여 사회복지사가 이야기함으로써 클라이언트가 맞닥뜨릴 수 있도록 하는 것을 의미한다. 클라이언트가 모르고 있거나 인정하기를 거부하는 생각, 느낌에 대해 스스로 주목하도록 하는 기법이다. 이러한 기법을 통해 클라이언트로 하여금 자기의 행동, 사고, 감정상의 모순을 알 수 있도록 해 준다. 주로 다음과 같은 상황에서 사용하게 된다.

① 상대가 앞에서 한 말과 뒤에서 한 말 사이에 불일치나 모순이 있을 때
② 평소에 하는 말과 행동이 서로 불일치하거나 모순될 때
③ 생각, 감정, 행동이나 그의 표현에서 무엇인가 일치하지 않는 점이 있을 때
④ 스스로 인식하는 인식내용이 타인들의 그것과 불일치할 때
⑤ 평소의 언행이 일반적으로 기대되는 방향(도덕, 윤리, 규칙 등)과 불일치할 때
⑥ 클라이언트의 장래에 해로운 행동이나 사회적으로 바람직하지 못한 행동, 사회적 실재에 관해 클라이언트가 잘못된 정보를 가지고 있을 때

직면에서 중요하게 염두에 두어야 할 것은 클라이언트와 사회복지사 간 충분한 신뢰관계가 형성되었을 경우 사용하는 것이 좋고 클라이언트의 구체적 행동패턴을 말하고 일어날 부정적 결과를 지적한 후 사회복지사의 느낌을 말하며 생각해 보기를 권해야 한다. 신뢰관계가 형성된 후라 하더라도 가급적 부드럽고 지지적으로 예의바르게 하는 것이 좋다. 직면을 잘못 사용하게 되면 클라이언트에게 상처를 받게 하거나 면접 진행 과정에 반발을 초래할 수 있기 때문이다.

9) 해석

해석은 '어떤 현상이나 행동, 글 따위의 의미를 이해하거나 판단함'을 뜻한다. 사회복지 면접에서는 클라이언트의 행동, 말에 담긴 의미를 사회복지사가 이해하고 판단하여 클라이언트에게 다시 이야기해 주는 것을 말한다.

10) 요약

면접의 내용을 요점만 간추려서 간결하고 분명하게 재구성하는 것으로 클라이언트에게 면접의 중요사안을 이해시키며 동시에 면접의 방향을 정위치로 잡는 데 도움이 되는 기법이다. 요약을 위해 사회복지사는 가장 중요한 사실, 쟁점, 주제를 지적할 줄 아는 능력을 갖추어야 한다.

> "당신 얘기를 종합해 보면 결국 당신의 실수는 별로 없는데 그가 당신에게 크게 오해를 해서 문제가 그렇게 커졌다는 얘기군요."

11) 질문

면접에서 사용하게 되는 질문 유형 중 주의를 기울여야 하는 질문은 너무 많거나 적은 질문, '왜'로 시작하는 질문, 유도질문, 호기심 질문, 사적인 질문이 있다(조학래, 2017).

(1) 폐쇄형 질문과 개방형 질문

사회복지실천 면접은 주로 개방형 질문을 사용하는 것이 바람직하다. 반면 클라이언트에게 정확한 정보를 얻거나 구체적 상황에 초점을 맞출 때에는 폐쇄형 질문을 사용하게 된다. 폐쇄형 질문은 클라이언트의 대답방법과 초점을 제한하고 확실한 사실에 대해서만 묻는 질문 방식이다. 폐쇄형 질문은 주로 중요한 정보를 빨리 얻어야 하는 위기상황일 때 사회복지사가 원하는 구체적인 정보를 얻고자 할 때, 면접 주제의 범위를 좁히거나 한정하고자 할 때, 사회복지사가 클라이언트의 말을 이해했는지 확인하고 동의를 구할 때 사용하게 된다. 하지만 폐쇄형 질문을 너무 많이 사용하게 되면 클라이언트는 심문을 당하는 느낌을 받게 되고 이러한 경우 관계형성에 방해가 되기도 한다. 개방형 질문은 클라이언트가 자유롭게 대답하며 자신에 대하여 더 많은 것을 표현하도록 하는 것이다. '무엇'으로 시작하는 질문은 어떤 사실이나 세부사항을 알아 낼 수 있다. '어떻게'로 시작하는 질문은 과정이나 절차에 관한 정보를 얻을 수 있다.

> • 폐쇄형 질문
> "이전에도 상담을 받았던 경험이 있나요?"
> "오늘 기분은 좋으신가요?"
>
> • 개방형 질문
> "오늘은 기분이 어떤가요?"
> "어떤 점에서 그렇게 생각하시나요?"

(2) 너무 많거나 적은 질문

사회복지사가 한 번에 여러 내용이 섞여 있는 중첩형 질문을 하면 클라이언트는 혼란을 느끼게 된다. 사회복지사가 많은 질문을 연속적으로 하게 되면 클라이언트는 몇 번째 질문에 초점을 맞추어 대답을 해야 할지 모를 수 있고 질문의 효과가 낮아지게 된다. 하나씩 분리하여 순서대로 질문을 하는 것이 좋다. 반면 사회복지사가 질문을 너무 적게 하는 경우 클라이언트가 면접에 부담을 가지게 된다.

> • 중첩형 질문
> "부모님 사이가 어떤가요? 무슨 근거로 그렇게 생각하나요? 부모님에게 어떤 감정을 느끼고 있나요?"

(3) '왜'로 시작하는 질문

'왜'로 시작하는 질문은 클라이언트에게 잘못이 있어 책임을 추궁하거나 몰아세우는 인상을 주게 된다. 또한 클라이언트가 잘 알지 못하는 상황에 대해서도 답변을 강요할 수 있어 조심할 필요가 있다. 일반적으로 '왜'라고 하는 단어는 반감을 가져오게 되어 클라이언트는 본인이 잘못하지 않았다는 것을 보여 주기 위해 방어적인 태도를 취하게 된다.

> "왜 그런 행동을 했나요?"
> "왜 이제야 상담을 받으러 왔나요?"

(4) 유도질문

유도질문은 사회복지사가 생각하는 대로 말하도록 암시하거나 듣고자 하는 방향으로 클라이언트가 대답하도록 이끄는 것이다. 따라서 면접에 있어서 유도질문은 피하는 것이 바람직하다. 유도질문은 클라이언트의 상황보다 사회복지사가 생각하고 있는 의견을 확인하기 위한 것으로 면접에 방해가 된다. 이때 클라이언트는 사회복지사가 원하는 대답을 하기 위하여 본인의 생각과 다른 대답을 하거나 거짓말을 하게 되기도 한다.

> "처음부터 친구를 때리려고 마음먹고 있었던 거죠?"

(5) 호기심 질문

사회복지실천 면접에서 질문은 목적을 가지고 해야 하며 면접 진행에 도움이 되어야 한다. 따라서 단순히 사회복지사의 호기심을 해결하기 위한 질문은 지양해야 한다. 호기심 질문을 하게 되는 경우 클라이언트의 문제해결을 위한 면접에서 초점이 흐려질 수 있다.

(6) 사적인 질문

클라이언트가 사회복지사에게 사적인 질문을 하는 경우가 있다. 사적인 질문에 대한 사회복지사의 답변이 클라이언트와의 관계형성에 영향을 미칠 수 있다. 또한 사회복지사에 대한 사적인 질문의 내용이 클라이언트의 문제를 드러내는 방법이 되기도 한다. 사회복지사는 사적인 질문을 받았을 때 질문에 대하여 자세하게 답변을 할 필요는 없고, 필요에 따라 간단히 답변 후 클라이언트의 문제로 초점을 돌려야 한다.

7. 의사소통기술

1) 언어적 의사소통기술

의사소통기술은 면접에서 활용하는 여러 기술들과 함께 면접과정에서 중요하게 다루어져야 한다. 의사소통기술은 클라이언트와 대화를 통해 나타나는 언어적 의사소통기술과 클라이언트와 사회복지사의 비언어적 의사소통기술, 의사소통을 방해하는 요소로 살펴보도록 하겠다.

(1) 클라이언트에 대한 지지적 언어반응

클라이언트가 하는 말 사이에 긍정적 언어반응으로 "아, 그랬군요, 알겠어요, 예" 등 간단한 반응을 해 줌으로써 클라이언트로 하여금 사회복지사가 자신에게 관심을 갖고 경청하고 있음을 알려 주는 것이다.

(2) 클라이언트 언어의 재구성

클라이언트의 의도를 제대로 파악했는지 알아보거나 클라이언트에게 자신의 말을 다시 한번 생각해 볼 여유를 주기 위해, 클라이언트의 말을 경청하고 있다는 것을 보여 주기 위한 목적으로 사용한다.

(3) 클라이언트의 감정에 대한 성찰적 반응

클라이언트가 자신의 감정을 충분히 이해하지 못하거나 표현력 부족으로 자신의 감정을 표현하려다 중단하는 경우 사회복지사가 클라이언트의 감정을 읽어 언어로 표현해 줌으로써 클라이언트와 감정의 대화를 가능하게 할 수 있다.

(4) 클라이언트 인식의 명료화

클라이언트가 말하는 것을 확실하게 이해하기 위해 사용되는 기법으로 클라이언트에게 자신이 말한 것을 좀 더 분명하게 인식시킴과 동시에 사회복지사 자신의 이해를 분명하게 하기 위한 목적으로 사용한다.

(5) 클라이언트 말의 해석

명료화보다 한 단계 더 진전하여 클라이언트가 말한 것에서 결론을 이끌어내고 말 자체보다 그 의미를 도출해 내는 기법을 말한다. 클라이언트가 말한 것을 해석함으로써 클라이언트가 자신과 자신의 문제를 심층적으로 이해할 수 있도록 돕고 상황에 대한 인식력을 높여 준다.

(6) 간접적 표현의 직접적 언어화

원조와 변화에 대한 양가감정과 방어, 클라이언트의 문제가 사회적 금기인 경우 사회복지사의 권위에 대한 두려움 등의 이유로 클라이언트는 은유와 비유를 사용하여 간접적으로 의사를 표현하는 경우가 있다. 이럴 때 사회복지사는 자신의 판단과 추측을 통해 직접적으로 반응하여 클라이언트가 의미하는 바를 명확하게 언어화하는 기술이 필요하다. 이런 기술을 통해 클라이언트와 사회복지사는 원조관계를 호전시킬 수 있는 대화의 영역을 열 수 있다.

(7) 클라이언트에게 정보제공

클라이언트가 때로는 구체적인 사항에 대해 직접적으로 물어올 때가 있다. 사회복지사에게 왜 자신의 이야기를 해야 하는지, 필요한 자원을 어디서 얻을 수 있는지 등에 대해 물어보면 이에 대해 정확한 설명이나 정보를 제공하는 것을 말한다.

(8) 클라이언트의 강점 강조

대부분의 클라이언트는 많은 문제를 지니고 있기 때문에 삶에 대하여 비관적이며 희망을 잃는 경우가 많다. 클라이언트의 강점을 찾아 강조해 주면 클라이언트 자신에 대한 자존심과 가치를 회복시킬 수 있고 자신의 문제에 대해 희망적이게 하며 동시에 강점을 활용한 문제해결의 가능성을 모색할 수 있게 된다.

(9) 사회복지사의 자기노출

사회복지사를 위한 것이 아니라 클라이언트에게 도움이 되어야 하며 클라이언트 상황에 적합해야 하고 짧고 간결해야 한다. 지나치게 사회복지사 자신에 대해 이야기하면 클라이언트는 신뢰감을 갖지 못하기 때문에 클라이언트와의 관계형성을 증진시키는 수준에서 자기노출을 해야 한다.

2) 비언어적 의사소통기술

클라이언트와 의사소통을 할 때 언어적 표현 못지않게 비언어적 표현이 중요하게 작용한다. 친구관계나 가족관계에서도 무의식적으로 반복하는 '고맙다', '사랑한다' 등의 언어적 표현보다 따듯한 눈빛을 주고받거나 손을 잡아 주고, 등을 두드려 주는 등의 행동을 통해서 마음이 전달되는 경우가 있다. 클라이언트도 사회복지사의 비언어적 표현을 통하여 위로 받을 수 있을 것이다. 이는 다문화 클라이언트를 만날 때에도 효과적으로 적용할 수 있다.

비언어적 의사소통을 사회복지사가 활용하는 것도 중요하지만 클라이언트가 제시하는 비언어적 표현을 잘 이해하는 것이 중요하다. 특히 언어적 표현과 비언어적 표현이 일치하지 않을 경우에는 비언어적 표현을 우선시하는 것이 좋다.

※ 비언어적 의사소통을 위하여 살펴보아야 하는 사항

- 시선 접촉, 눈 맞춤
- 목소리의 어조
- 얼굴 표정
- 몸동작: 주먹을 쥐고 있음, 손이나 다리를 흔들고 있음
- 몸의 자세: 똑바로 쳐다봄, 의자에 기댐
- 옷차림과 외모
- 신체적 반응: 호흡, 얼굴색

출처: 구금섭 외(2014).

3) 의사소통을 방해하는 요소

의사소통에 장애가 되는 요소에는 사회복지사의 도덕적 반응, 성급한 조언과 해결책 제시, 논리적 설득, 비판과 비난적 반응, 극적인 해석, 겉치레적인 확신, 동정, 위로, 지나친 풍자와 유머, 위협적인 반응, 부적절한 질문 유형, 부적절하거나 과도한 끼어들기, 사교적 대화, 소극적 반응, 진부한 문구의 남용, 과거나 미래의 집착, 사회복지사의 부적절한 자기노출이 있다(Hepworth & larsen, 1990; 나동석 외, 2014 재인용)

(1) 도덕적 반응

클라이언트의 이야기나 행동에 대하여 도덕적이며 규범적인 반응을 사회복지사가 보이게 되면 클라이언트의 자기방어를 강화하여 본인의 이야기를 숨기게 된다.

(2) 성급한 조언과 해결책 제시

클라이언트와 라포가 형성되기 전, 또는 문제해결을 위한 충분한 사정을 하기 전, 상담 등 개입이 진행되는 과정 중에서 성급한 조언과 지시를 하게 될 때

에도 원조관계를 실패하게 된다.

(3) 논리적 설득

클라이언트의 상황에 대하여 이성적인 분석과 판단을 기반으로 접근하는 경우 클라이언트의 자기방어를 강화시킬 뿐 아니라 클라이언트와의 관계에서 논쟁을 유발시키게 된다.

(4) 비판과 비난적 반응

비판과 비난적 반응과 같은 부정적 태도는 사회복지실천 관계의 원칙인 수용과 자기결정권에 위배된다고 볼 수 있으며 원조과정에서도 치명적이다. 사회복지사가 이러한 태도를 가지고 클라이언트와의 면접에 임하게 될 경우 클라이언트의 저항과 공격을 유발시키게 된다.

(5) 극적인 해석

해석이 사회복지 면접에서 중요한 기술이긴 하지만 클라이언트의 인식수준을 넘어서 적용하거나 시점이 적절하지 않은 경우 클라이언트의 저항을 불러일으켜 실패하게 된다. 또한 사회복지사의 입장에서 전문적 용어를 사용한 성급한 진단은 문제상황을 포괄적으로 이해하기보다 지나치게 단순화시켜 클라이언트를 정형화하는 오류를 낳게 된다.

(6) 겉치레적인 확신, 동정, 위로

이러한 반응이 시기적절하다면 긍정적이지만 근거 없는 확신, 동정, 위로는 오히려 클라이언트에게 절망, 자포자기, 무기력과 같은 감정을 외면하는 결과를 가져오게 된다. 클라이언트의 고통스러운 감정이 무엇인가를 파악하고 이에 대한 인식을 하도록 돕는 것이 바람직하다.

(7) 지나친 풍자와 유머

빈정거리는 듯한 태도는 클라이언트에게 적개심을 갖게 한다. 풍자와 유머를 적절하게 사용하는 경우 클라이언트의 긴장을 완화하는 데 효과적이지만 지나치면 피상적으로 접근하게 만든다.

(8) 위협적인 반응

사회복지사의 이야기를 듣지 않으면 안 된다는 태도를 가지고 클라이언트와 면접을 하게 된다면 클라이언트에게 저항, 공격, 적개심을 유발하여 원조관계를 위협하게 된다.

(9) 부적절한 질문 유형

질문이 사회복지 면접에서 가장 많이 사용하는 기법이지만 부적절한 질문을 사용하게 되면 오히려 면접 진행을 방해하게 된다. 폐쇄형 질문을 남용하는 경우 클라이언트가 본인의 의견을 잘 전달하지 못하는 문제가 발생할 수 있고 중첩형 질문을 남용하는 경우에는 어떤 질문에 답을 해야 할지 의문을 갖게 된다. 또한 유도형 질문의 경우 클라이언트의 상황 파악보다는 사회복지사가 원하는 방향으로 면접을 진행하게 되어 효과적인 의사소통을 방해한다.

(10) 부적절하거나 과도한 끼어들기

초점 있는 면접을 위해 클라이언트가 말하는 중간에 사회복지사가 적절하게 개입하는 것이 필요하다. 하지만 너무 자주, 적절치 못한 시점에서 끼어들기가 시행되면 클라이언트가 자신의 문제를 자유롭게 표출하는 것을 방해하게 된다.

(11) 사교적 대화

날씨, 뉴스, 취미와 같은 가벼운 사교적 대화는 초기단계에서 라포를 형성할 때에는 도움이 되지만 사교적 대화로만 면접이 진행되면 전문적 의사소통을 필요로 하는 원조관계에는 유해한 영향을 주게 된다.

(12) 소극적 반응

면접 시 클라이언트의 말과 행동에 대한 사회복지사의 소극적 반응은 사회복지사에 대한 클라이언트의 신뢰감을 떨어뜨리게 된다.

(13) 진부한 문구의 남용

사회복지 면접과정에서 클라이언트가 말한 내용을 사회복지사가 새로운 용어로 재구성하여 클라이언트에게 전달하는 작업이 필요하다. 이때에 필요하지 않은 문구는 사용하지 말고 정확하고 간결한 문장을 사용하는 것이 바람직하다.

(14) 과거나 미래의 집착

사회복지사는 클라이언트와의 의사소통에 있어 과거나 미래에 집착하기보다는 현재에 초점을 맞추어 대화를 진행하는 것이 바람직하다. 사회복지 면접을 통하여 변화시킬 수 있는 것은 클라이언트가 가지고 있는 현재의 문제, 상황, 행동, 기분이기 때문이다.

(15) 사회복지사의 부적절한 자기노출

사회복지 면접에 있어 사회복지사의 자기노출을 통하여 클라이언트와의 신뢰관계 형성에 도움을 받을 수 있다. 하지만 지나치게 사회복지사에 관한 이야기가 이어지면 클라이언트를 위한 대화가 아닐 뿐 아니라 클라이언트의 신뢰를 얻지 못할 수 있다.

8. 사회복지실천 기록

1) 기록의 목적

기록의 목적은 다음과 같다.

※ 기록의 목적

① 클라이언트의 욕구 확인
② 서비스 내용 보고
③ 사례의 연속성 유지
④ 전문가 사이의 원활한 의사소통
⑤ 클라이언트와 정보 공유
⑥ 슈퍼비전, 자문, 동료 검토에 의한 활성화
⑦ 서비스 과정과 효과의 점검
⑧ 학생과 다른 전문가의 교육자료 제공
⑨ 실무와 행정 과업의 개선자료 제공
⑩ 조사 연구의 자료 제공

출처: 김혜영 외(2014); 조학래(2017 재인용).

2) 기록의 유형

(1) 과정기록

사회복지실천에서 가장 오래된 역사를 가진 기록 방법으로 면담과정에서 일어나는 대화내용, 클라이언트의 행동, 관찰한 것, 판단한 것을 대화형태 그대로 기록하는 구체적이고 매우 상세한 기록양식이다. 클라이언트와 상담했던 내용을 구체적이며 정확하게 상기할 수 있도록 그대로 기록하는 것으로 사회복지사와 클라이언트의 의사소통내용이나 비언어적 표현까지도 포함되며 가능한 수정하지 않고 그대로 기록한다.

※ 과정기록의 예

면담내용	사회복지사의 견해
사회복지사: 오랜만에 면담을 하네요. 2주 동안 어떻게 지내셨나요?	
클라이언트: 전공이나 교양수업 과제를 하면서 정신없이 지낸 것 같아요. 이 문제에 대해서 별로 생각도 하지 않았네요…^^	클라이언트가 문제를 별로 심각하게 생각하지 않는 것으로 보였다.
사회복지사: 그러셨군요. 전공수업을 듣거나 공부를 하는 것에는 익숙해지셨나요?	
클라이언트: 네. 학기 초보다는 이제 수업 듣는 것에 매우 익숙해졌어요. 그렇지만 공부는 중간고사를 보기 전보다 더욱 안 하는 것 같군요.	
사회복지사: 네… 우리가 세운 과업에 대동제 때 과 장터에 참여하는 것이 있었는데요. 참여하셨었나요?	
클라이언트: 네 준비과정엔 참여하지 못했지만 당일에 참여하였습니다.	
사회복지사: 장터를 하면서 전에 비해 과 동기들에 대해 어떤 것 같아요?	질문이 명확하지 못한 것 같다. '어떤 것'을 '어떻게 느끼는지' 등으로 구체적으로 물어야 했다.
클라이언트: 큰 변화는 없어요. 다만 학기 초에 지녔던 긴장감은 많이 사라졌지요.	
사회복지사: 어떤 면에서 긴장감이 사라졌다고 생각하세요?	
클라이언트: 긴장감을 가졌을 때는 인사할 때 참 서먹하고 그랬는데 지금은 그렇게까지 서먹하진 않아요. 다만 어울리는 부류가 달라서 예전과 별로 다를 게 없다는 것이지요. 친한 정도가…	
사회복지사: 그렇군요. 초기에 과 동기들에 비하여 진로에 대한 생각이나 전공에 대하여 뒤처져 있어 조급하게 느껴진다고 했는데 지금은 어떠세요?	여기에 대하여 더 질문을 하여 클라이언트의 감정을 알고 반응해 주어야 했는데 그냥 넘어갔다.
클라이언트: 이젠 조급하다기보다 시기가 다른 것뿐이며 나는 나대로의 계획을 세워서 목표를 잘 이루어 나가면 되는 것이라고 생각하고 있어요. 진로에 대한 전문적인 지식, 정보가 뒤처지고, 부족한 건 사실이지만 당연한 거라고 생각하고 천천히 해나가려고 해요. 마음은 이렇게 먹었지만 뒤처진다고 느껴지거나 불안한 마음은 잘 통제가 되지 않지요.	어떤 경위로 생각이 바뀌었는지를 물어보지 못하였다.
사회복지사: 누구나 생각한 대로 마음이 움직이지는 않을 거예요.	클라이언트의 감정에 잘 공감해 주었다.

과정기록은 사회복지사와 클라이언트의 상호작용과정을 면밀히 분석하기 위해서 사용되며 많이 사용되지는 않는다. 주로 사회복지 실습이나 교육적 목적을 위해 활용되는데 기록자 자신이 진행한 과정을 세밀하게 기록하면서 자신에 대해 새롭게 인식할 수 있고 서비스 과정에서 자아를 활용하는 정도가 향상된다. 전체 면담과정을 철저히 분석할 수 있다는 장점이 있고 피드백을 얻을 수 있어 학생이나 신입직원의 사정기술이나 면접기술 훈련에 많이 활용된다. 내용을 생생하고 사실 그대로 기록하기 위해서는 면접 직후에 가능한 빨리 기록해야 한다.

기관측면에서는 기록한 내용을 보면서 사례진행에 대해 점검하고 잘못된 경우가 있으면 사전에 문제를 예방할 수 있는 장점이 있다. 반면 번거롭고 비용이 많이 들며 시간 소모적인 경우가 많아 거의 사용되지 않고 있고 면접에서 실제로 일어난 일을 완벽하게 재현하기 어려워 불완전하고 왜곡된 정보를 제공할 수도 있다.

(2) 이야기체 기록

이야기체기록은 사회복지사의 말이나 느낌보다는 클라이언트나 면접 상황, 제공되는 서비스 등에 초점을 두고 이야기하듯 서술하기 때문에 사회복지실천과정을 기록하는 데 유용하다. 이 유형은 시간대별로 서술하거나 요약체로 기록한다.

시간대별 서술은 일지 형식과 유사하여 사건이 있을 때마다 기록한다. 요약체 기록은 일정 기간별로 묶어서 서술하는 형태로 일지 기록을 바탕으로 작성한다. 대체로 사회복지실천 과정의 단계에 따라 요약하는 것이 효과적이다. 요약의 내용에는 면접 일시, 대상, 장소, 문제탐색, 표적문제와 개입 전략의 요약 및 계약 등이 포함된다. 개입 단계에서는 클라이언트의 과업 수행 과정과 표적 문제해결의 진행 상태 및 사회복지사의 과업 수행 등이 포함된다. 종결단계에서는 문제의 상태와 사후관리 계획 등이 포함된다. 이야기체 기록은 작성하는 데 시간이 오래 걸리며 사회복지사의 문장 능력이나 기록에 투입한 시간에 따라 그 질이 달라질 수 있다는 것이 단점이다.

※ 이야기체 기록의 예

〈정겨운 이웃사촌〉
이웃들과 이야기하던 중 날이 저물기 전에 밥을 먹자는 이야기가 나왔습니다. 모두 공감하며 계획했던 시간보다 조금 더 앞당겨 저녁식사를 준비했습니다.
참여자 이웃이 한 곳에 모이니 북적북적합니다. 남자 이웃들은 모여 앉을 수 있도록 나무식탁을 옮깁니다. 모두 둘러앉아 각자 준비한 음식을 내어 놓습니다. 고기, 카레, 국수, 유부초밥, 소시지, 새우요리, 불고기까지 정말 다양합니다. 나누어 먹으니 푸짐합니다. 함께 먹으니 더 맛있습니다.
"이거 한번 먹어 봐요."
"와, 맛있어요. 맛있게 잘하시네요. 떠 주지만 마시고 같이 좀 드세요."
"전 이런 그림이 좋아요. 자연에서 다 같이 둘러앉아 같이 저녁 먹는 거."
서로 준비한 음식을 나누고 챙겨주는 모습이 친척들이 함께 식사하는 자리 같이 정겹습니다.
비록 남남끼리라도 서로 이웃하여 다정하게 지내면 사촌과 같이 가깝다는 말의 이웃사촌. 지금 딱 들어맞아 보입니다.

출처: 서귀포시서부종합사회복지관.

(3) 문제중심기록

문서화뿐 아니라 정보교환에 목표가 있어 병원, 의료적 프로그램, 보건, 정신보건현장에서 많이 사용되는 기록이며 사회복지기관에서도 널리 사용한다. 문제중심기록은 다른 전문 영역에서 많이 활용하고 있다는 장점이 있다. 문제 중심으로 구성되고 문제의 영역을 밝히고 각각의 문제를 해결하기 위한 개입계획을 기록한다.

다양한 전문직 간 효율적인 의사소통과 정보교환을 위해 문제중심기록이 활용된다. 팀 접근 시 다른 분야의 전문가들도 모두 동일한 기록지에 기록하기 때문에 다른 팀에서 무슨 일을 하는지 쉽게 파악할 수 있다. 문제를 확인하고 서비스를 계획하고 전달하는 개입이 필요할 때 행동을 서술하는 진행을 기록하는 방법이다.

※문제 중심 기록

- S(Subjective Information: 주관적 정보)
  클라이언트가 상황을 어떻게 느끼고 인지하는가, 클라이언트나 가족으로부터 얻은 주관적 정보, 일기, 진술서, 자기보고 등
- O(Objective Information: 객관적 정보)
  전문가의 관찰, 임상적 검사, 체계적 자료수집 등으로 얻어진 정보, 관찰로부터 얻은 객관적 정보로 사회복지사의 견해
- A(Assessment: 사정)
  주관적 및 객관적 정보로부터 얻어진 정보를 검토하여 얻은 전문가의 결론으로 사정임
- P(Plan: 계획)
  전문가가 어떻게 구체적 문제를 해결할 것인가에 대한 방안, 그 문제에 대한 계획(처방)을 기록함

장점은 타 전문직과의 의사소통을 촉진시키고 여러 분야 간 공조를 원활하게 해 주며 목록화된 각 문제에 초점을 맞춰 다루어 책무성을 향상시키고 기록이 간결하다는 것이다. 단점은 클라이언트의 강점, 욕구, 자원보다는 문제를 강조함으로써 사회복지실천의 관심폭을 한정시킬 수 있다는 것이다. 각 문제에 대한 개입계획을 진행하는 데 있어서는 기록이 단순하기 때문에 추가적인 정보를 기록하게 되기도 한다.

(4) 요약기록

요약기록은 단순하고 경제적인 기록 방법이다. 일반적으로 사회복지기관에서 가장 많이 사용되는 기록 형태로 시간의 흐름에 따라 변화된 상황, 개입 활동, 중요한 정보 등을 요약하여 기록하는 것이다. 면접 날짜와 클라이언트의 기본적인 사항을 적은 뒤 개입 내용과 변화 상황을 간단히 요약하여 작성한다(길기숙 외, 2018). 사회복지 면접에서 수집된 자료를 모두 제시하기보다 중요성에 따라 취사선택하여 클라이언트의 상황을 정확하고 요점적으로 기록하는 것이다.

12장

관계론

1. 사회복지실천에서의 관계

1) 관계의 개념

사회복지사와 클라이언트가 맺는 전문적 관계는 사회복지실천에서 매우 중요하게 다루어지는 주제이며, 때로는 관계를 어떻게 맺느냐가 사회복지실천의 질을 결정짓는 중요한 잣대가 되기도 한다(장연진 외, 2012). 전문적 관계는 사회복지사와 클라이언트 두 사람 사이에서 주고받는 외현적 행동과 내재적 사고의 상호작용 속에서 이루어지는 것으로 관계 안에서의 느낌과 태도가 포함된다. 사회복지사와 클라이언트 관계 안에서 주고받는 연결감을 포함하고 클라이언트에 대한 사회복지사의 언어적·비언어적 반응양식과 공감과 같은 반응태도가 관계의 질을 향상시키는 개념에 포함된다(Hill, 1994). 사회복지실천의 형태가 변화하고 있지만, 여전히 그 중심에는 클라이언트와 사회복지사가 맺는 실천관계가 자리 잡고 있다(최명민 외, 2014). 사회복지사와 클라이언트가 좋은 관계를 맺어 클라이언트가 성장해 가는 것을 바라봄으로써 사회복지사의 소진을 예방할 수도 있다(최명민 외, 2005).

관계에 관한 학자들의 정의는 다음과 같다(구금섭 외, 2014).

(1) 비에스텍(Biestek)

사회복지사와 클라이언트 간 감정과 태도의 역동적 상호작용으로서 클라이언트가 자신과 환경 간, 즉 환경 속 인간의 개념 안에서 좀 더 나은 적응을 할 수 있도록 돕는 목적을 갖고 있다.

(2) 펄만(Perlman)

하나의 촉매제로서 문제해결과 도움을 향한 인간의 에너지와 동기를 지지하고 양성하며 자유롭게 하는 원동력이다.

(3) 노던(Northen)

인간의 행동이 각기 다른 정서적 반응을 불러일으키는 것처럼 관계란 일차적으로 한 사람으로부터 다른 사람에게로 흘러가는 감정적인 반응으로 구성된다.

(4) 핀커스와 미나한(Pincus & Minahan)

사회복지사와 그가 관계하는 다른 체계 간의 정서적 유대로 볼 수 있으며 이들 관계에서는 협력, 협상 또는 갈등의 분위기가 포함될 수 있다. 편하고 따듯한 정서적 분위기 속에서 클라이언트는 방어의 벽을 허물고 마음을 쉽게 열게 된다. 이를 통해 사회복지사와 클라이언트는 함께 목적 달성을 위한 협동적 노력을 하게 된다.

2) 전문적 관계의 특성

(1) 의도적 목적성

전문적 관계는 사회복지사와 클라이언트 사이에서 인정되고 합의된 목적을 근거로 이루어진다. 전문적 관계의 목적은 클라이언트가 당면한 문제해결과 사회적 기능 향상을 위해 사회복지사 자신과 자원을 활용하는 것이다. 특히 인정되고 합의된 목적이란 클라이언트가 원하며 달성하기를 기대하는 것에 대해 사회복지사와 클라이언트가 서로 분명히 하고 다음 단계에서 무엇을 기대하며 각자 무슨 일에 관여할 것인지 등을 이해하는 것을 의미한다.

(2) 시간제한적

전문적 관계는 시간상으로 제한되어 있다. 전문적 관계는 상호 합의한 목적이 달성되면 종결된다. 이처럼 전문적 관계에서 시간적 제한을 두는 이유는 사회복지사의 현실적 여건 때문이다. 일상생활에서 지지적인 관계를 경험하지 못한 클라이언트는 사회복지사에게 편안함을 느껴 지속적인 관계 유지를 원할 수도 있다. 하지만 사회복지사는 다른 사례들도 다루어야 하므로 현실적으로 관계를 계속 유지하는 것은 어렵다. 다른 이유로는 시간적인 제한이 있을 때 클라이언트는 자신의 역량을 최대한 발휘하는 경향이 있기 때문이다. 이처럼 정해진 시간 내에 문제를 해결해야 한다는 것을 사회복지사와 클라이언트가 인식함으로써 각자가 해야 할 일에 초점을 맞추어 노력하게 된다. 또한 종결을 예고하는 시간적 제한은 클라이언트가 전문적 관계의 종결 과정을 심리적으로 준비할 수 있게 도와준다.

(3) 클라이언트에 헌신

전문적 관계는 클라이언트를 위한 것, 즉 클라이언트의 욕구가 중심이 된다.

일반적인 인간관계는 서로의 만족과 욕구가 충족되는 것을 기대하지만 전문적 관계는 사회복지사의 헌신이 필요한 클라이언트 중심적 관계이다. 대체로 클라이언트는 만족스러운 관계를 형성하고 유지할 능력이 없거나 심한 스트레스 상황에서 자신의 안전과 보호만을 중요하게 여길 수 있다. 이런 상황에서 사회복지사의 관심과 호의는 일방적인 것이 될 수 있다. 만약 클라이언트가 적절히 반응하면 사회복지사는 보람을 느끼지만, 비협조적이면 화가 나거나 실망할 수도 있다. 그러므로 전문적 관계의 목적은 클라이언트의 문제해결과 사회적 기능 향상을 위해 사회복지사의 지식과 전문성을 활용하는 것이다.

(4) 권위성

사회복지사는 전문적 지식과 기술, 전문직의 윤리강령에서 비롯된 전문가의 권위 등을 가지고 클라이언트에게 영향력을 행사할 수 있다. 이러한 권위는 책임감이 수반되는데 사회복지사는 클라이언트와 그의 상황을 이해하여 더 좋은 결과를 얻도록 하는 방법이 무엇인지를 전문적으로 판단하여야 한다.

(5) 통제된 관계

통제란 클라이언트를 통제하는 것이 아니라 사회복지사와 실천 방법에 대한 통제를 말한다. 클라이언트의 문제와 욕구에 대해서 사회복지사는 자신의 감정을 인식하고 무엇이 바람직하고 바람직하지 않은가를 판단하여 가장 효과적이고 효율적인 실천 방법을 사용해야 한다는 것이다.

2. 전문적 관계의 기본요소

1) 타인에 대한 관심

타인에 대한 관심은 사회복지사가 클라이언트의 상황에 진실되게 관심을 가지고 따듯함, 친절함, 지지적인 태도를 보여 주는 것이다. 실천과정에서 사회복지사는 자신과 다른 생활습관을 지니고 있거나 적대적인 클라이언트를 만나는 경우도 있다. 사회복지사는 클라이언트의 말과 행동 및 태도 등이 마음에 들지 않더라도 존엄성과 가치를 지닌 존재로 인정해야 한다.

또한 사회복지사는 자신의 감정을 인식함으로써 클라이언트에게 무의식적으로 분노와 거부 반응을 보이지 않도록 주의해야 한다. 타인에 대한 관심은 모든 클라이언트를 고유한 가치가 있는 존재로 인정하며 클라이언트의 관심사와 원하는 목표에 맞추어 사회복지사 자신을 기꺼이 내주며 자신의 지식과 기술을 제공하는 것이다. 이처럼 타인에 대한 관심, 즉 클라이언트를 존중한다는 것은 클라이언트에게 영향을 주는 모든 사람과 사회 체계에 관심을 가져야 한다는 것을 의미한다.

2) 진실성

클라이언트와의 관계에서 사회복지사는 신중하고 진실하게 말하고 행동하며 대화의 내용과 행동이 항상 일치하고 자신의 내면과 외면이 일치하도록 노력해야 한다. 진실한 사회복지사는 방어적이지 않고 다른 사람의 생각에 열려 있으며 자기 생각과 느낌을 솔직히 나눈다.

전문적 원조관계에서 사회복지사는 전문가 역할을 기계적으로 수행하는 것이 아니라 타인에게 관심을 가지며 자신을 가장하지 않고 실제 모습으로 관계를 형성한다. 진실성과 일치성을 갖추기 위해서 사회복지사는 올바른 자기 인식과 자기 성찰이 필요하며 자신의 감정에 정직해야 한다. 또한 사회복지사와 클라이언트에게 같은 의미로 작용하는 전문가의 역할, 기관의 절차와 정책과 관련된 지식, 타인에 대한 관심, 수용, 헌신 등 전문적 원조관계에서 필요한 기본 요소를 내면화해야 한다.

3) 자기노출

자기노출은 사회복지사가 자신의 감정을 노출하거나 자신의 경험을 이야기하는 것이다. 이 과정을 통해 클라이언트가 자연스럽게 자신의 이야기를 꺼낼 수도 있다. 하지만 사회복지사와 클라이언트의 사적인 대화가 길어지면 원조관계에 방해요인이 될 수 있으므로 적절히 사용해야 한다.

4) 권위 및 권한

권위는 사회복지사에게 위임된 권한으로 볼 수 있다. 사회복지사가 지식과 경험을 보유하고 일정한 지위에 있게 되면 실천 전반에 걸쳐 클라이언트에게 영향력을 미칠 수 있는 권한을 가지게 된다. 전문적 원조관계에서 권위는 두 가지 측면으로 나타나게 된다. 첫 번째는 사회복지기관 내에서 사회복지사의 위치와 기능에서 나오는 제도적 측면이다. 사회복지사가 일선사회복지사인지 선임사회복지사인지 팀장인지 과장인지 부장인지 관장인지에 따라 갖게 되는 권위가 다르다. 두 번째는 클라이언트가 사회복지사에게 부여하는 심리적 측면에서의 권위로 볼 수 있다.

5) 헌신과 의무

사회복지사뿐 아니라 클라이언트도 가지고 있어야 하는 요소이다. 책임감이 기반되어야 헌신과 의무가 가능하다. 사회복지사는 사회복지실천의 전문적 관계에 있어 문제해결, 관계유지 등의 조건을 최대한 지키도록 해야 한다. 또한 클라이언트도 절차상의 조건을 지키도록 해야 한다.

6) 배려

배려를 통해 사회복지사는 클라이언트에게 개별적으로 집중적인 서비스를 제공할 수 있는 기회를 얻게 된다. 면접시간을 정하거나 면접장소를 정하는 데 있어 클라이언트의 상황을 고려하게 된다면 클라이언트가 보다 편하게 면접에 임할 수 있을 것이다.

7) 감정이입

감정이입은 사회복지사가 클라이언트의 느낌과 경험에 몰입하여 그의 감정을 받아들이고 존중해 주려는 태도이다. 동정은 사회복지사가 클라이언트와 같은 감정 상태에 함몰되어 문제해결 능력을 상실한 상태인 반면 감정이입이란 사회복지사가 원조 과정에서 자신의 관점을 유지하면서 클라이언트의 감정과 사고를 이해하는 능력을 의미한다. 이는 사회복지사가 클라이언트의 처지에서 보고 느낄 수 있는 능력으로 클라이언트의 주관적 경험에 의식적이고 의도적으로 참여하는 것이다.

사회복지사는 클라이언트의 경험과 느낌에 공감해야 하지만 사회복지사로서 전문적 책임을 다하기 위해 자신을 통제해야 한다. 사회복지사는 클라이언트의 감정과 하나가 되는 과정에서 자신을 잃지 않으면서 심리적 거리를 유지해야만 이성적으로 문제해결방법을 찾을 수 있다. 감정이입을 위해서는 적극적 경청과 세심한 관찰이 필요하며, 클라이언트의 상황에서 사회복지사는 어떤 감정을 느낄 것인가를 상상해 보는 것이 좋다. 또한 클라이언트에게 감정이입의 반응을 보이기 위해 다양한 감정에 대해 적절한 어휘를 사용하여 표현하여야 한다.

8) 사회복지사에게 요구되는 자질

(1) 성숙함

유능한 사회복지사는 성숙해 가는 과정 속에서 자신을 성장시키며 발전하는 인간으로 키워가는 사람이다. 성숙해 가는 사람은 변화와 성장을 흥미 있는 것으로 기꺼이 받아들이려는 자세를 취하는 사람이다.

(2) 창조성

창의적 사회복지사는 클라이언트의 문제상황에 대한 해결책에 대해 개방적이다. 이미 알려진 해결책을 찾기보다 당면한 상황에서 최선의 해결책을 찾도록 자신을 개방하고 기존의 이론적 입장이나 사고체계를 거부하지 않으면서 새로운 대안을 찾으려는 자세를 말한다.

(3) 자기를 관찰하는 능력

자신의 목표에 깊이 숙고하고 자기 자신을 믿고 존중하며 그러면서도 한 발 물러서서 자신을 복잡한 개입활동의 한 부분으로 관찰할 수 있는 능력이다. 자기보호가 필요한 사회복지사는 클라이언트에게 적절한 도움을 줄 수 없으므로 자신이 무엇을 하고 있으며 왜 이것을 하고 있는지, 제대로 하고 있는지에 대한 성찰을 해 보아야 한다.

(4) 인간적 자질

사회복지실천에서 사회복지사는 클라이언트를 존중하며 이해하는 마음을 갖고 수용하고 공감하며 비심판적 태도로 클라이언트를 있는 그대로 인정해야 한다. 그 외 자신과 다른 인생경험이나 행동양식을 이해하고 가치관에 대한 포용성, 장기목표를 갖고 일할 수 있는 끈기, 클라이언트가 자기결정권을 행사할 수 있도록 도울 수 있는 것 등이 사회복지사에게 필요한 인간적 자질이다.

(5) 용기

사회복지사는 실패하거나 어려운 상황에 휘말리는 일, 통제할 수 없는 상황에 감정적으로 억눌리거나 비난 또는 학대받는 일, 예측할 수 없는 상황에 계속적으로 연관되는 일, 신체적으로 위협받는 일 등을 기꺼이 받아들일 수 있어야 한다.

(6) 민감성

사회복지사는 특정한 단서 없이도 클라이언트의 내면세계를 느끼고 감지할 수 있는 능력이 필요하다. 민감성이란 창의성의 구성요소 중 하나이다. 사회복지사가 새로운 것에 대한 개방성과 변화에 대한 준비자세를 갖추는 것은 바로 창의성이라고 볼 수 있다. 창의적 사회복지사가 되기 위해서는 민감해야 한다. 선입견과 고정관념의 틀에서 벗어나서 클라이언트의 감정과 사고에 자신을 투입시키는 능력이 필요하다.

3. 사회복지실천의 관계원칙

비에스텍(Biestek, 1957)은 사회복지실천에서 사회복지사와 클라이언트의 관계에서 필요한 일곱 가지 원칙을 제시하였다.

〈표 12-1〉 사회복지실천의 관계원칙

관계의 기본원칙	클라이언트의 욕구
개별화	한 인간으로서 처우받고 싶어 하는 욕구
의도적 감정 표현	자신의 감정을 표현하고자 하는 욕구
통제된 정서적 관여	표현된 감정에 대해 이해와 반응을 구하는 욕구
수용	가치 있는 인간으로서 인정받기를 원하는 욕구
비심판적 태도	자신의 처지와 곤란에 대해 심판이나 비난을 받고 싶어 하지 않는 욕구
클라이언트의 자기결정	자신의 생활에 관해 스스로 결정하고 싶은 욕구
비밀보장	자신에 대한 정보가 가능한 비밀 유지되기를 원하는 욕구

1) 개별화

사회복지사는 클라이언트를 대할 때 어떤 집단의 한 사람으로서 이해하기보다는 독특한 욕구와 특성을 가지고 있는 사람으로 인식하고 반응해야 한다. 클라이언트를 보편적인 존재로서 대하는 것이 아니라 개인적인 독특한 차이를 지니고 있는 인간으로 바라보아야 한다는 것이다(Biestek, 1957; 엄명용 외, 2017 재인용).

사회복지실천에서 클라이언트를 개별화하기 위한 사회복지사의 역할은 다음과 같다(김만두 역, 1992; 엄명용 외, 2017 재인용).

첫째, 인간에 대한 편견이나 선입관으로부터 자유로워야 한다. 사회복지사가 편견이나 선입관을 갖고 클라이언트를 만나게 되면 클라이언트를 정확하게 판단하지 못하게 된다. 간혹 사회복지사가 제한된 정보를 기초로 하여 클라이언트를 특정 집단과 동일화시키고 그 집단 구성원에게서 보여지는 태도, 감정, 행동을 클라이언트와 동일하게 생각하는 경향이 있다.

둘째, 인간과 행동에 대한 지식을 가지고 있어야 한다. 인간과 행동에 대한 지식을 통해 개인을 이해하고 원조하기 위한 분석틀을 마련하게 된다. 사회복지사는 인간과 행동에 관한 전문지식과 경험을 습득하고 활용할 수 있어야 한다.

셋째, 클라이언트와 클라이언트 개인의 특성과 욕구, 문제에 관해 이야기를 나누어야 한다. 클라이언트가 자기 방식대로 감정을 이야기하며 원하는 모든 것을 표현하는 데에는 한계가 있다. 하지만 사회복지사가 주의 깊게 들어 주고 진지하게 관찰하여 클라이언트를 이해하려고 하면 개별화가 용이하다.

넷째, 사회복지실천의 개입계획을 세울 때 클라이언트가 현재 처해 있는 곳에서부터 출발해야 한다. 조사, 사정 및 개입과정에 클라이언트가 충분히 참여할 수 있도록 하면 클라이언트에 대한 개별화 전략을 수행할 수 있을 것이다.

다섯째, 클라이언트의 감정에 대해 민감하게 반응하고 클라이언트의 감정과 경험을 사회복지사 자신의 경험으로 받아들여 이해하고 느껴야 한다. 클라이언트의 감정은 가장 개별적인 특성으로 볼 수 있고 같은 상황과 같은 문제 속에서도 각기 다른 감정을 표출한다. 개별화를 위해 이러한 감정에 대한 민감성이 필요하다.

여섯째, 클라이언트가 속한 환경을 포함한 클라이언트 전체 상황을 이해하고 관여할 수 있어야 한다. 개별화에 치중하느라 클라이언트가 속한 환경과 같은 전체적인 관점을 소홀히 해서는 안 된다. 클라이언트의 개별화를 위하여 사회환경과 각 요소들 간 상호작용의 영향력과 파급성까지 고려해야 할 것이다.

2) 의도적 감정표현

의도적 감정표현은 클라이언트가 자신의 감정을 자유롭게 표현하도록 하는 것으로 특히 자신이 비판받게 될지도 모르는 감정이나 부정적인 감정들을 표현하게 하는 것이다.

클라이언트가 감정을 자유롭게 표현할 수 있도록 하기 위한 사회복지사의 역할은 다음과 같다(엄명용 외, 2017).

첫째, 클라이언트가 자신의 감정을 자유롭게 표현할 수 있도록 안정된 환경을 조성하고 허용적인 태도와 편안한 분위기를 마련해 주는 것이 필요하다.

둘째, 클라이언트의 감정과 행동의 차이점을 인식할 수 있도록 하고 클라이언트가 감정을 표현하기에 좋은 시간과 장소를 선택할 수 있도록 한다.

셋째, 자유로운 감정표현을 위하여 클라이언트에게 정서적 지지를 제공해야 한다. 지지를 통해 저항을 감소시킬 수 있고 클라이언트와 사회복지사 사이를 편안하게 만들 수 있다. 특히 클라이언트는 초기단계에서 자신의 사생활 침해, 자신의 무능이 드러날 가능성, 타인에게 자신의 부정적인 면이 알려지는 것에 대한 두려움 등을 갖고 있게 된다. 이때 정서적 지지를 통해 클라이언트를 심리적으로 격려하고 안정을 유지시킬 수 있다.

넷째, 클라이언트의 감정환기를 위한 노력이 필요하다. 감정을 무조건 발산하고 분출시키는 것이 아니라 환기를 통하여 클라이언트가 생활 속에 포함된 모든 감정과 생각을 표현할 수 있도록 해야 한다.

※ 감정 표현 단어

- **기쁨, 즐거움**: 기쁘다. 편안하다. 뿌듯하다. 유쾌하다. 즐겁다. 흥이 난다. 죽인다. 기분이 상쾌하다. 행복하다. 황홀하다. 살맛 난다. 몸 둘 바를 모르겠다. 안심된다. 신난다. 재미있다. 캡이다. 만족스럽다. 즐겁다. 짜릿하다. 흐뭇하다. 날아갈 듯하다. 자유롭다. 째진다. 흥미롭다. 짱이다.
- **슬픔, 근심**: 슬프다. 절망스럽다. 앞이 안 보인다. 버림받았다. 가슴이 찢어진다. 가슴을 저민다. 우울하다. 상처받았다. 불쌍하다. 캄캄하다. 아무 소용없다. 혼자인 것 같다. 공허하다. 좌절감을 느낀다. 속 썩는다. 불행하다. 가슴 아프다. 측은하다. 가엾다. 모욕을 느낀다. 비난받는다. 안타깝다. 한스럽다.
- **분노, 혐오**: 화난다. 성질난다. 속이 부글부글 끓는다. 답답하다. 속상하다. 불쾌하다. 서운하다. 나쁘다. 안 좋다. 싫증 난다. 지겹다. 욕해 주고 싶다. 괘씸하다. 신경질 난다. 미치겠다. 짜증 난다. 증오를 느낀다. 싫다. 울화가 치민다. 열 받는다. 한 맺힌다. 불만이다. 밥맛 떨어진다.
- **사랑, 좋음**: 사랑스럽다. 인정받는다. 정성스럽다. 존경스럽다. 매력을 느낀다. 존경받을 것 같다. 감사함을 느낀다. 평화스럽다. 따듯함을 느낀다. 다정하다.
- **욕심**: 욕심을 느낀다. 질투를 느낀다. 부럽다. 배 아프다. 약 오른다. 긴장을 느낀다. 경쟁심을 느낀다. 성에 안 찬다. 갖고 싶다. 부족하다.
- **놀라움**: 놀랍다. 놀랐다. 당혹스럽다. 곤혹스럽다. 충격받았다. 흥분을 느낀다. 감격스럽다. 머리칼이 곤두선다. 정신이 번쩍 든다. 당한 것 같다. 덫에 걸린 것 같다. 화끈거린다.
- **의아함**: 의아스럽다. 의심스럽다. 이해할 수 없다. 조심스럽다. 불확실하다. 막힌 것 같다. 양가감정을 느낀다. 답답하다. 확신이 안 선다. 정리가 안 된다. 비관적이다. 아리송하다. 막막하다. 불안하다. 걱정된다. 힘이 없다. 안개 속이다.
- **공포**: 무섭다. 몸이 떨린다. 전율을 느낀다. 겁난다. 초조하다. 불안하다. 소름 끼친다. 위협을 느낀다. 간이 콩알만 해졌다. 피하고 싶다. 큰일 날 것 같다.
- **사모함, 연모함**: 그립다. 감사함을 느낀다. 배려받는다. 버림받을 것 같다. 늙은 것 같다. 아련하다. 애간장이 탄다. 기분이 묘하다. 마음이 이상하다.
- **수치, 죄**: 창피하다. 부끄럽다. 수치스럽다. 쥐구멍을 찾고 싶다. 죄책감이 느껴진다. 쑥스럽다. 캄캄하다. 한심하다.
- **힘없음, 힘 있음**: 약하다. 기운이 없다. 의존하고 싶다. 기대고 싶다. 능력이 없다. 쉬고 싶다. 낙담했다. 관심이 없다. 낭패스럽다. 허전하다. 가소롭다. 아무 가치가 없다. 마음이 든든하다. 자랑스럽다. 자신감을 느낀다. 확신하다. 안전하다. 필요를 느낀다. 자유롭다.

출처: 구금섭 외(2014).

3) 통제된 정서적 관여

통제된 정서적 관여는 사회복지사가 클라이언트의 감정에 민감성과 이해로 반응하는 것이다.

통제된 정서적 관여를 위한 사회복지사의 역할은 다음과 같다(최은희 외, 2017).

첫째, 사회복지사는 민감성을 가져야 한다. 민감성은 클라이언트의 감정을 살피고 경청하는 것으로 클라이언트가 감정을 언어로 잘 표현하지 못해도 비언어적 표현을 통해 민감하게 파악하고 적절히 대처하는 것을 의미한다.

둘째, 감정이입적 이해를 해야 한다. 사회복지사는 클라이언트의 감정 표현을 통해 그들 경험을 파악하고 그것의 어떤 영향을 클라이언트의 입장에서 민감하고 정확하게 이해하는 것이다. 감정의 의미를 문제와 관련시켜 이해하고 표면적 내용뿐 아니라 잠재적 내용에도 반응할 수 있어야 한다.

셋째, 사회복지사는 클라이언트의 감정에 대한 반응을 보여야 한다. 민감성이나 이해로 부족한 부분을 반응으로 채워 줄 수 있다. 내면적 반응은 사회복지사가 의도적으로 클라이언트의 감정과 동일화함으로써 감정을 분담하는 것을 의미한다.

4) 수용

수용이란 클라이언트의 행동 또는 언어에 대하여 비판하지 않고 받아들이는 것이다.

사회복지실천에서 효과적인 수용을 위한 사회복지사의 역할은 다음과 같다(엄명용 외, 2017).

첫째, 클라이언트를 완전히 이해하고자 하는 태도를 가져야 한다. 클라이언트를 존재하는 그대로 받아들이는 것을 의미한다. 클라이언트를 수용하기 위해 클라이언트의 잠재력과 성장의 가능성을 신뢰하는 것에서부터 출발해야 한다.

둘째, 클라이언트와의 가치관 차이가 있다면 이를 극복해야 한다. 클라이언트를 수용하는 과정에서 사회복지사의 가치관이 작용해서는 안 된다.

셋째, 수용과 동의(허용)의 차이를 인식하고 있어야 한다. 수용은 사회복지사와 클라이언트의 다름을 허용한다. 하지만 일반적인 사회규범이나 가치관으로부터 벗어난 클라이언트의 행동을 수용하고 지지하는 것은 클라이언트로 하여금 사회복지사의 진실성과 능력을 의심하게 할 수 있다.

반면, 사회복지사가 클라이언트를 수용하는 데 방해가 되는 요인도 존재한다. 이러한 경우 방해가 되는 요인을 줄여 나감으로써 클라이언트의 수용이 가능하게 된다.

① 사회복지사가 인간의 행동과 성장발달에 관한 지식이 충분하지 못한 경우
② 사회복지사 자신의 개인적인 가치관이 개입되는 경우
③ 사회복지사가 자신을 정확하게 인식할 수 있는 능력이 부족한 경우
④ 사회복지사의 편견이나 선입관
⑤ 사회복지사가 클라이언트에게 말로만 하는 재보증
⑥ 수용할 수 있는 일과 수용할 수 없는 일의 구분이 모호할 경우

5) 비심판적 태도

비심판적 태도란 사회복지사가 클라이언트의 옳음과 그름을 판단하고 심판하는 일을 피하고 심판하고 있다는 것을 표현하지 않는 것을 의미한다.
비심판적 태도와 관련한 사회복지사의 역할은 다음과 같다(엄명용 외, 2017).

첫째, 중요한 것은 사회복지사가 클라이언트에 대해 비심판적 태도를 가지고 있다는 것이 전달되어야 한다. 클라이언트로 하여금 사회복지사가 클라이언트의 잘못을 비판하지 않고 심판하지 않을 것이라고 전달되고 느껴질 수 있도록 해야 한다. 클라이언트가 사회복지사의 비심판적 태도를 느낌으로써 클라이언트가 이전에 만났던 사람들과 다른 관계를 맺을 수 있을 것이라는 기대를 갖게 된다.

둘째, 클라이언트의 행동이나 진술에 대하여 편견과 선입관을 가지고 다가서는 경우, 너무 빨리 결론을 내리는 경우, 다른 사람과 비교하거나 일정한 유형으로 분류하려는 것은 비심판적인 태도를 클라이언트에게 전달하는 데 장애가 된다.

6) 클라이언트의 자기결정

클라이언트의 자기결정이란 클라이언트가 모든 의사결정 과정에 참여하여 스스로 선택하고 결정하도록 하는 것이다.

클라이언트가 자기결정을 할 수 있도록 돕는 사회복지사의 역할은 다음과 같다(엄명용 외, 2017).

첫째, 클라이언트 스스로 자신의 문제와 욕구를 객관적으로 관찰하고 이해할 수 있도록 도와야 한다.

둘째, 클라이언트 주변에 있는 물적자원, 인적자원뿐 아니라 지역사회 내에서 활용 가능한 자원들이 존재하고 있음을 알려 주는 역할을 해야 한다. 여러 자원들 가운데에서 한 가지를 선택해야 하는 경우 선택 가능한 대안들의 특성과 중요성, 각 대안들이 가지고 있는 장단점 등 필요한 정보를 자세하고 알기 쉽게 설명해 주어야 한다.

셋째, 클라이언트 스스로 잠재적인 자원을 적극적으로 개발하고 활용할 수 있도록 자극을 주어야 한다. 사회복지사의 개입 없이 클라이언트가 성장할 수 있고 자신의 문제를 해결할 수 있는 관계의 환경을 만들어 주어야 하는 것이다.

넷째, 클라이언트가 사회복지실천의 전 과정에 적극적으로 참여할 수 있도록 도와야 한다. 클라이언트의 문제와 관련한 의사결정이 필요한 경우 의사결정 과정에 클라이언트가 참여하여 스스로 판단하고 결정할 수 있도록 해야 한다. 이를 통해 클라이언트 자신의 방법과 능력 범위 안에서 문제를 스스로 해결하고 성장할 수 있도록 하는 잠재적인 힘을 개발시키고 키워 나갈 수 있을 것이다.

반면 클라이언트의 자기결정을 위해 사회복지사는 다음과 같은 사항은 피해야 한다.

첫째, 사회복지사가 결정한 후 결정한 내용을 클라이언트가 그대로 따르도록 유도하는 일은 피해야 한다. 사회복지사가 모든 결정을 내리고 클라이언트가 종속하는 행위가 반복되는 것은 절대 피해야 한다.

둘째, 사회복지사 중심의 서비스 계획 수립과 지원내용, 방법의 결정도 피해야 한다. 사회복지사가 전체적인 책임을 지려고 하는 태도도 잘못된 것이다.

셋째, 사회복지사의 판단에 따라 행동의 양식 또는 개입 방법을 선택하거나 결정하도록 직·간접적으로 조정하는 일은 피해야 한다.

넷째, 클라이언트를 통제하는 것은 결국 클라이언트의 선택과 결정권한을 제한하는 일이기 때문에 통제와 같은 방법으로 클라이언트를 선택하는 일은 없어야 한다.

7) 비밀보장

비밀보장을 위한 사회복지사의 역할은 다음과 같다(최은희 외, 2017).

첫째, 사회복지사는 클라이언트에게 개입 초기에 비밀보장의 원칙과 한계에 대해 명확히 설명해야 한다. 법적인 명령이 있는 경우나 클라이언트나 타인의 생명에 위협이 되는 경우 등에는 비밀보장이 지켜지지 않는 것을 명확하게 알려 주어야 한다.

둘째, 사회복지사는 클라이언트의 정보가 어떤 목적으로 수집되고 어떻게 활용되는지를 설명해야 한다.

셋째, 사회복지사는 클라이언트에게 그에 관련한 공식적 기록을 이해할 수 있도록 설명해야 한다.

넷째, 사회복지사는 클라이언트와의 실천과정에서 제3자의 관찰이나 녹음 등을 실시하기 전에 미리 클라이언트에게 알리고 승인을 받아야 한다.

반면 비밀보장이 가지고 있는 한계는 다음과 같다.

첫째, 클라이언트의 문제해결을 위해 기관 내·외의 다른 전문가와 필요한 정보를 공유해야 하는 경우 비밀보장의 원칙이 온전히 지켜지기 힘들다.

둘째, 학생이나 신임 사회복지사의 경우에 지도감독을 위해 슈퍼바이저에게 사례를 상세히 보고해야 하는 경우에도 비밀보장의 원칙이 지켜지기 힘들고 이 경우 클라이언트에게 누구와 사례에 관한 이야기를 하게 되는지 명확하게 이야기하는 것이 필요하다.

셋째, 동료들과 사례회의를 하는 경우에도 사전에 클라이언트에게 고지하는 것이 필요하고 경우에 따라서는 클라이언트를 사례회의에 함께 참여시키는 것도 필요하다.

넷째, 타인이나 클라이언트 자신의 생명을 위협하는 경우에는 비밀보장보다 생명의 존엄성을 우선하여 비밀보장이 지켜지지 않는다.

4. 관계형성의 장애요인

1) 변화를 방해하는 관계요소

(1) 불신

클라이언트가 사회복지사 또는 도움을 받는 상황에 대해서 신뢰하지 않는 것이다. 때로는 클라이언트가 문제해결에 대한 좋지 않은 기억을 갖고 있거나 사회에 대한 불신이 관계에 투사되기도 한다. 이러한 불신은 관계의 시작부터 어렵게 만든다. 또한 내재되어 있는 클라이언트의 강한 불신은 사회복지사의 노력에도 불구하고 클라이언트의 긍정적 변화를 힘들게 한다. 이와 같은 불신은 비자발적인 클라이언트에게 종종 나타난다. 범법 청소년은 면담과정에서 어른들에게 주로 비난이나 책망만 들어왔기에 자신의 이야기를 진지하게 듣거나 이해하려 하지 않는 어른에 대한 강한 불신을 갖고 있다. 따라서 사회복지사도 무조건 자신을 이해하지 못할 것이라는 의심을 갖고 있기 때문에 사회복지사가 묻는 말에 건성으로 답하고 사회복지사가 무슨 이야기를 할 것인지 다 안다는 반응을 보이기도 한다.

(2) 비자발성

사회복지실천 현장에서 사회복지사는 때때로 비자발적 클라이언트를 만나게 된다. 학교폭력 가해청소년이나 가정폭력 등으로 규정이나 법적 절차에 따라 사회복지기관에 의뢰가 들어온 사람에게도 서비스를 제공해야 하는 것이다. 물리적 상황에 따라 비자발적으로 의뢰되기도 하지만 자발적으로 사회복지사를 찾아왔다가 면담과정에서 비자발적으로 바뀌기도 한다. 변화에 대한 두려움이나 자신의 감정을 노출시키는 것에 대한 부담 등이 작용하는 이유 때문이다.

(3) 저항

저항의 유형은 다음과 같다(최은희 외, 2017).

① 침묵

클라이언트가 말을 하지 않거나 말하고 싶지 않다고 하는 경우로 저항을 하는 클라이언트에게서 가장 많이 나타나는 유형이다. 클라이언트가 침묵하는 경우 신임 사회복지사의 경우 견디기 어려워하며 가장 다루기 어려운 저항의 형태이다.

② 핵심에서 벗어난 주제 말하기

중요한 주제는 뛰어넘고 주변 이야기만 장황하게 하거나 중요하지만 직면하기 힘든 이야기를 꺼내면 못 들은 것처럼 다른 이야기를 하거나 더 중요한 이야기가 생각난 것처럼 이야기하는 것이다.

③ 무력함

잘 안될 것이라고 반응하며 변화를 원치 않는 태도를 보이는 것이다. 이미 사회복지사를 만나기 전에 실패의 경험을 한 경우를 떠올리며 적극적으로 참여하지 않는 것인데 이러한 클라이언트를 만나게 되면 사회복지사 역시 무력감을 느끼게 된다.

④ 문제를 축소

당면하고 있는 문제를 축소하거나 마술적 해법을 기대하는 것이다. 문제에 직면하지 않음으로써 변화를 위한 노력을 하지 않는 경우이다.

⑤ 저항적인 행동

저항의 심리를 행동으로 보여 주는 것이다. 사회복지사가 준 과제를 하지 않거나 약속시간에 지각하거나 결석하는 등의 행동을 보이는 것이다.

(4) 전이와 역전이

전이는 클라이언트가 어린 시절 누군가에 대해 느낀 바람, 원망, 사랑, 두려움의 감정을 사회복지사에게 보이는 것이고 역전이는 사회복지사가 클라이언트를 마치 자신의 과거 어떤 인물처럼 느끼고 무의식적으로 그렇게 반응하는 것이다.

〈표 12-2〉 전이와 역전이의 징후

전이 반응의 징후	역전이 반응의 징후
• 사회복지사에게 개인적 질문을 많이 하거나 흥미를 묻는 것 • 과도한 칭찬이나 비위를 맞추거나 개인적 호감을 표현하거나 선물을 주는 것 • 식사나 파티에 초대하여 사교상 관계를 맺으려는 것 • 사회복지사에 대해 꿈이나 환상을 갖는 것 • 사소한 이유로 약속을 자주 변경하는 등 특별한 관심을 끌려는 것 • 사회복지사와 논쟁하거나 괴롭히면서 도발적으로 행동하는 것 • 사회복지사가 약속을 취소하거나 연기하는 경우 퇴행하거나 파괴적인 방법으로 행동하는 것 • 방어적으로 반응하거나 거부당한다고 느끼거나 현실적인 이유 없이 비난이나 벌을 예상하는 것	• 클라이언트에게 지나치게 관심을 갖는 것 • 클라이언트에 대해서 끊임없이 성적인 환상이나 꿈을 꾸는 것 • 클라이언트와의 면담을 두려워하면서 또는 즐거워하면서 기대하는 것 • 특정 클라이언트와의 약속에 계속 늦거나 잊어버리는 것 • 클라이언트와 특정 문제에 대해서 이야기하는 것을 불편해하거나 방어적으로 느끼는 것 • 클라이언트에 대해서 적대감을 느끼거나 공감할 수 없는 것 • 클라이언트의 어려움에 대해서 다른 사람을 배타적으로 비난하는 것 • 계속 면담을 일찍 마치거나 정해진 시간을 넘기는 것을 허용하는 것 • 클라이언트를 감동시키거나 클라이언트에게 감동을 받으려고 과도하게 노력하는 것 • 클라이언트와 논쟁하거나 클라이언트의 비난에 대해서 방어적이거나 상처를 받는것

2) 변화를 방해하는 관계 다루기

(1) 긍정적 재해석

클라이언트의 부정적이고 바람직하지 못한 감정에 사회복지사가 긍정적 의미를 부여하는 것이다. 이 기법의 목적은 클라이언트의 자기 방어를 줄이고 손상되기 쉬운 자존심을 보호하고자 하는 것이다.

(2) 문제를 성장의 기회로 재규정

문제를 성장과 도전의 기회로 인식하게 하는 것이다. 클라이언트에게 문제에 대한 낙관적이고 긍정적인 관점을 제공해 주는 것이 중요하다.

(3) 직면

변화를 방해하는 부정적 감정, 생각, 행동을 클라이언트가 인식하도록 돕는 직접적 방법이다. 클라이언트가 자신의 행동, 생각, 감정 사이의 모순을 발견하지 못할 때 효과적이지만 그들이 받아들일 준비가 되어 있지 않을 때에는 역효과가 나타나기도 한다.

(4) 전이와 역전이 다루기

전이반응은 클라이언트가 생산적으로 문제를 해결하는 데 방해가 되기도 하지만 성장을 위한 기회가 되기도 한다. 클라이언트는 평상시의 대인관계 행동 및 인지패턴과 감정을 드러내므로 사회복지사는 그러한 클라이언트가 자신의 왜곡된 인지를 깨닫고 사회복지사를 비롯한 타인들을 고유한 개인으로 인식할 수 있도록 도와야 한다. 사회복지사는 클라이언트가 그러한 감정이 언제 그리고 어떤 방식으로 나타나는지 탐색하여 왜곡된 인지의 원천을 확인할 수 있도록 도우며 클라이언트가 자기감정의 비현실성과 그러한 감정을 유발한 왜곡을 인식하고 난 후에는 사회복지사와 실질적 감정을 공유할 수 있도록 해야 한다.

역전이의 징후가 보이는 감정과 행동을 인식하게 되면 사회복지사는 즉시 역전이를 교정할 방법을 강구해야 한다. 그렇지 않으면 사회복지사와 클라이언트의 관계에 부정적 영향을 미치고 클라이언트에게 도움이 되기는커녕 역기능을 심화시킬 수 있기 때문이다. 역전이를 해결하는 첫 단계는 자기성찰이다. 자기성찰은 감정, 반응, 인식 그리고 행동의 근원에 대해 자기 자신과 분석적으로 대화하는 것이다. 동료나 슈퍼바이저와의 논의도 사회복지사 자신의 감정을 탐색하고 새로운 생각을 하도록 도와준다.

(5) 저항 다루기

개입단계에 따라 저항을 다루는 방법도 달라지게 된다(구금섭 외, 2014).

① 초기

초기단계에서 클라이언트는 변화에 대한 양가감정을 가지게 되는데 사회복지사는 이 양가감정을 이해하고 저항을 자연스럽게 받아들일 수 있도록 해야 한다. 클라이언트가 자신의 감정을 탐색해 변화에 대한 장점과 단점을 평가할 수 있도록 도와준다.

② 중기

개입단계에서 클라이언트가 저항을 보이는 경우는 사회복지서비스와 구체적 개입 절차에 대하여 이해를 잘못하고 있는 경우가 있다. 사회복지사는 클라이언트에게 요구되는 것은 무엇인지, 클라이언트의 선택이 가능한 부분은 무엇인지 등 서비스나 개입의 성격을 분명하고 충분히 설명해야 한다. 개입단계에서 저항을 막는 가장 좋은 방법은 공식적인 계약을 맺고 서로 역할을 명확히 하며 클라이언트 스스로 선택할 수 있는 자기결정권을 보장하는 것이다.

③ 종결

종결이 다가오면 클라이언트는 두려움을 갖게 되어 종결상황에서 저항을 보이기도 한다. 사회복지사는 클라이언트가 갖는 두려움에 대하여 탐색하고 모델링이나 행동연습과 같은 기법을 통해 변화를 위해 필요한 행동을 수행하도록 준비해야 한다. 이때 클라이언트의 저항감에 대한 비판보다는 지지를 보여 주고 클라이언트의 변화 가능성에 대한 능력과 희망에 대해 신뢰를 표현해 주어야 한다.

(6) 공감적 질문

공감적 질문 자체는 사회복지사의 호기심을 채우기 위한 것이 아닌 클라이언트에게 있어 가장 중요한 문제로 이어지게 하는 질문으로 이어질 수 있다(김영근, 2016).

13장

사회복지실천의 관점

1. 사회복지실천의 통합적 접근

1) 통합적 방법의 등장배경

통합적 방법의 등장배경과 관련하여 다양한 학자들이 의견을 제시하고 있다. 스텀프는 전통적 접근 방법의 사회복지사는 클라이언트의 생활상 문제에 전체적으로 개입하기보다 사회복지사의 입장에서 적절하게 처리할 수 있는 문제만을 부분적으로 잘라내어 원조하는 형식을 취하고 있다고 주장했다. 이에 따라 클라이언트의 전체적인 생활상 문제에 개입하기 위해서 통합적 접근이 등장하게 된다. 또한 브라이어는 통합적 접근이 시도된 이유에 대하여 첫째, 전통적 방법은 주로 제한된 특정 문제 중심의 개입을 하고 있어 현대사회의 복잡한 문제 상황에 대해 적절히 개입하기 어려운 상황이 발생한다는 것, 둘째, 전통적 방법은 지나친 분화와 전문화로 서비스의 파편화 현상을 초래함으로써 다양한 문제와 욕구를 가지고 있는 클라이언트가 여러 기관이나 사회복지사를 찾아다녀야 하는 부담감을 야기한다는 것, 셋째, 전문화 중심의 교육훈련은 사회복지사의 분야별 직장이동에 도움을 주지 못한다는 것, 넷째, 공통기반을 전제하지 않는 분화와 전문화는 각각 별개의 사고와 언어 및 과정을 보여 줌으로써 사회복지 전문직의 정체성 확립에 장애가 된다는 점을 제시하였다(전재일, 1981; 최세영 외, 2017 재인용).

2) 통합적 방법의 개념 및 특징

통합적 방법이란 사회복지사가 개인, 집단, 지역사회에서 제기되는 사회문제에 활용할 수 있는 공통된 원리나 개념을 제공하는 것으로 방법을 통합하는 것을 의미한다(전재일, 1981). 전통적인 사회복지실천 방법을 조합해서 사회복지사 한 명이 두 가지 이상의 방법을 통합적으로 사용하여 클라이언트에게 개입할 수 있도록 하는 것이다(최세영 외, 2017).

통합적 접근 방법의 특징은 다음과 같다(김융일 외, 1995).

첫째, 통합적 접근 방법은 사회복지실천에서 본질적인 개념, 활동, 기술, 과업 등에 공통적 기반이 있다고 전제한다.

둘째, 통합적 접근 방법의 가치는 클라이언트의 잠재력을 인정하며 이러한 잠재력은 향후 개발될 수 있다는 미래 지향적 접근을 강조한다.

셋째, 사회복지 지식은 과거 심리역동 관점부터 환경 속의 인간을 이해하려는 일반체계이론까지 광범위하게 확대된 개념을 사용한다.

넷째, 과거의 사회복지실천은 주로 인간 혹은 환경에 각각 초점을 두는 2궤도 접근을 지향했지만 통합적 접근 방법은 인간과 환경 사이의 상호작용에 초점을 둔다. 따라서 사회복지사의 역할은 인간과 환경의 공유 영역인 사회적 기능에 개입하는 것임을 강조한다.

다섯째, 클라이언트의 존엄성, 참여, 자기결정 및 개별화 등을 극대화할 것을 강조하며 사회복지실천 과정에서 지속적인 평가를 중요시한다.

(1) 생태체계 관점 유지

일반체계이론, 사회체계이론, 생태학이론 등의 이론적 관점을 복합적 토대로 활용하고 있다. 체계이론과 생태학적 관점의 개념들은 통합적 접근을 위한 유용한 틀을 제공한다.

(2) 광범위하고 포괄적인 문제 규정

문제란 병리적이거나 부정적인 상황을 의미하는 것이 아니라 전체 문제해결 과정에서 매우 광범위하고 포괄적인 것으로 규정한다. 사회복지실천의 초점은 개인과 체계 사이의 연계 및 상호작용, 개인과 체계의 기능 수행에서 직면하는 문제에 맞춰져 있다. 또한 사회복지실천을 문제해결 과정으로 보거나 문제의 개념을 개인과 환경 사이의 스트레스로 규정하고 사회복지실천의 개입 초점으로 명시하기도 한다.

(3) 다양한 클라이언트체계 수준에서의 접근

통합적 접근에서 사회복지사는 다양한 크기의 체계에 접근할 수 있다. 즉 사회복지사는 개인을 대상으로 하는 미시적 수준의 실천부터 집단을 대상으로 하는 중간적 수준, 지역사회, 조직, 제도 및 사회 등과 같은 거시적 수준의 실천까지 다양한 클라이언트체계 수준과 일하게 된다.

(4) 이론과 개입의 개방적 선택

특정 이론적 접근만 사용하는 것이 아니라 클라이언트의 문제에 따라 다양한 이론적 접근을 채택하여 활용할 수 있다. 사회복지사의 사정과 개입의 근거가 되는 이론은 클라이언트 문제에 따라 선택적으로 활용한다. 따라서 사회복지사는 특정한 방법만 한정하는 것이 아니라 클라이언트의 문제상황, 관련체계 및 잠재적 해결 방안 등을 모두 고려하여 다양한 방법을 통하여 개입의 방향과 내용을 구성한다.

(5) 문제해결 과정

사회복지실천 과정은 연속적 과정이지만 모든 과정이 반드시 순서에 따라 진행되는 것은 아니다. 사회복지실천 과정은 유사성이나 중복성이 있어 진행 중에 하나 이상의 단계가 동시에 발생하기도 한다. 사회복지실천 과정이란 일련의 문제가 해결되고 새로운 문제들이 나타남에 따라 반복하여 계속되는 일종의 주기적인 활동이다.

2. 통합적 접근의 실천모델

1) 4체계 모델

통합적 접근의 실천모델 중 핀커스와 미나한의 4체계 모델은 클라이언트체계, 행동체계, 표적체계, 변화매개체계로 구성된다(서혜석 외, 2017).

(1) 클라이언트체계

서비스나 도움이 필요한 사람 중 사회복지사와 계약이 이루어진 경우 클라이언트체계로 본다.

(2) 행동체계

클라이언트체계의 문제를 해결하기 위해 상호작용하는 사람들로 가족, 이웃, 전문가 등이 포함된다. 행동체계에 들어 있는 사람이 클라이언트체계의 목표에 찬성한다면 협력이 확고해질 수 있지만 반대의 경우에는 적극적으로 행동하지 않을 수 있다. 또한 행동체계 성원 나름대로 개인적인 이익을 위해 변화노력에 참여하는 경우도 발생한다.

(3) 표적체계

사회복지사는 클라이언트체계의 목표를 달성하기 위하여 클라이언트 주변의 다른 체계(개인 및 환경)를 변화시키려고 노력한다. 이 경우 주변의 다른 체계가 표적체계가 된다.

(4) 변화매개체계

변화매개체계는 도움을 주는 사람으로 사회복지사와 사회복지사를 고용하고 있는 기관 및 조직을 의미한다. 사회복지사는 변화매개인으로서 기능한다.

2) 6체계 모델

콤튼과 갤러웨이는 사회복지실천을 구성하는 체계를 핀커스와 미나한이 제시한 클라이언트체계, 행동체계, 표적체계, 변화매개체계에 전문가체계, 의뢰-응답체계를 추가하였다.

(1) 전문가체계

전문가체계란 전문가 단체, 전문가를 육성하는 교육체계 등을 이야기한다. 전문가체계의 가치와 문화는 변화매개체계인 사회복지사의 행동과 사고에 영향을 준다. 또한 사회복지사는 사회변화를 위한 옹호자의 역할을 할 때 전문가체계를 이용하기도 한다.

(2) 의뢰-응답체계

의뢰-응답체계는 클라이언트가 다른 사람의 요청이나 강제로 사회복지기관에 오는 경우 일반 클라이언트체계와 구별하기 위해 사용된다. 의뢰체계는 서비스를 요청한 사람이고 응답체계는 외부의 요청으로 사회복지기관으로 오게 된 체계이다(사회복지교육연구센터, 2016; 최세영 외, 2017 재인용).

3) 문제해결모델

인간의 삶 자체를 지속적인 문제해결 과정으로 보며 클라이언트의 문제해결 능력을 회복시키는 것으로 클라이언트는 자신이 가지고 있는 문제의 해결자라는 것을 인식시키고 클라이언트의 자아 강화를 중요하게 생각하며 인간은 누구든지 자신의 안전을 유지하고 회복하려 하며 문제해결에 의식적으로든 무의식적으로든 관여하게 된다는 것이다.

① **초점:** 개인과 상황의 상호작용

② **문제원인에 대한 입장:** 개인이 문제해결에 실패하는 것은 개인의 정신적 결함이나 병리에 원인이 있는 것이 아니라 문제를 해결해 나가는 태도가 잘못되었기 때문임

③ **개입목적:** 클라이언트의 문제해결 능력을 회복시키는 것이며 클라이언트 및 사회복지사의 공동관계 형성 등

④ **클라이언트에 대한 입장:** 클라이언트 자신이 문제해결자이며 클라이언트의 자아가 중요한 역할을 함

⑤ **사회복지사의 기능:** 자료수집과 평가, 문제해결을 위한 개입전략 제공

⑥ **개입에서 사회복지사의 역할:** 변화를 위해 클라이언트의 동기를 개방시키고 활력을 주며 방향성을 제시하며 문제의 경감 또는 해결에 필요한 자원을 클라이언트가 이용할 수 있도록 원조함. 문제에 대처하기 위해 클라이

언트의 정신적, 감정적, 행동적 능력을 개방시키고 반복적으로 훈련시킴

⑦ **개입과정:** 문제해결의 과정으로 클라이언트가 가지고 있는 불안이나 공포를 최소화시키고 자아방어기제를 약화시키며 성장에 대한 기대치를 높임. 문제해결과 관련해 클라이언트가 자기 자신을 다루는 지적·정서적·행동적 능력을 발휘하고 이를 반복하여 실천하게 함으로써 자신의 문제해결 능력을 향상시킴. 어려움은 문제에 있는 것이 아니라 문제를 해결하는 태도에 있음. 개인과 환경 간의 상호작용에 초점을 두고 개입함

펄만은 문제해결모델을 사용하면서 다루어야 하는 내용을 문제, 사람, 과정, 장소로 정리하였고 이를 '4P이론'이라고 하였다.

'4P이론'의 내용은 다음과 같다.

(1) 문제(Problem)

개인의 사회적 기능에 민감하게 영향을 주고받는 것으로 인간생활의 모든 문제는 연쇄반응을 일으키는 경향이 있다. 사람들이 당면한 문제에는 객관적, 주관적 의미가 있다. 문제에는 내적, 외적 의미가 공존하며 그중 어느 하나가 다른 것의 원인이 되기도 한다. 클라이언트의 문제는 다면적이고 역동적이므로 사회복지사와 클라이언트는 문제의 한 부분을 작업단위로 선택해야 한다.

(2) 사람(Person)

인간의 행동에는 목적과 의미가 포함된다. 성격구조와 기능은 그 사람이 경험하는 신체적·심리적·사회적 환경과의 계속적 상호작용에서 생기는 유전적·소질적 능력의 산물이다. 행동이 행복을 가져다주는지의 여부는 성격구조와 관계된다. 사람의 발달단계는 유전적 요소와 후천적 양육의 산물이며 현재와 미래의 연속적 과정 속에 존재한다.

(3) 과정(Process)

사회복지실천 과정에서는 클라이언트가 그동안 문제해결을 위한 노력에서 나타난 장애의 종류를 우선 검토해야 한다. 또한 문제해결에 있어 물질이나 기회를 필요로 하는 사람에게 주어야 한다. 실천과정은 클라이언트 스스로 문제를 파악하고 대처하게 함으로써 현재뿐 아니라 미래에도 안정성을 갖게 한다.

(4) 장소(Place)

사회복지서비스가 제공되는 물리적 공간으로 사회복지기관을 의미하며 사회와 사회집단의 의지에 의해 형성된 것이다. 책임과 역할을 조직화, 수행하기 위한 기구를 가지며 일정한 지침과 절차를 가지고 체계적으로 운영한다. 욕구충족을 위한 프로그램을 개발하며 변화를 받아들이는 적응적인 유기체이다. 기관의 모든 직원은 기관의 기능을 위해 말하거나 행동하며 사회복지사는 원조과정에서 그 기관을 대표한다.

4) 생활모델

1970년대 초 저메인과 기터만(Germain & Gittermann)이 생태체계관점을 이론적 준거틀로 도입하여 개발한 것으로 인간과 환경의 상호작용에 초점을 두고 개인, 집단, 지역사회 등 제반 체계에 개입할 수 있는 실천원칙과 기술을 통합한 것으로 생활과정 안에서 문제를 해결해 나가도록 하는 실천모델이다.

생태체계에 근거하여 문제의 초점이 인간의 삶에서 시작되므로 클라이언트의 갈등은 삶의 문제에서 등장한다고 본다. 이 모델은 문제를 개인적 장애로만 보지 않고 생활의 맥락에서 문제를 파악하는 데 관심을 둔다. 생활모델은 개인의 요구와 능력, 환경적 특성 사이의 불일치에 의하여 일어나는 심리사회적 사건으로서 긴장을 다룬다. 긴장은 생활의 변천문제, 환경의 압박문제, 대인관계과정과 같은 상호 관련된 생활영역에서 일어난다.

5) 단일화모델

골드스테인(Goldstein)의 단일화 모델은 세 가지 중요한 준거틀을 갖고 있다. 사회체계모델, 사회학습 혹은 문제해결모델, 과정모델을 결합한 것으로 이 중에서도 특히 과정모델의 내용을 강조한다. 4체계 모델이 클라이언트체계와 자원체계, 사회복지사와의 상호 기능을 중시한 데 비해 단일화 모델은 사회학습에 관한 사회복지사의 기능에 더 많은 관심을 집중한다. 사회학습을 매우 광범위한 일반적 의미로 제시하여 중요한 변화목표로서 개인이나 소집단체계에 국한시키지 않고 사회학습과정을 통해 좀 더 큰 체계로 변화될 수 있음을 강조한다. 사회복지사의 자원확보와 폭넓은 활용을 통해 사회변화가 가능함을 강조한 것이다.

3. 생태체계적 관점

1) 일반체계이론

일반체계이론은 개인에 대한 개입뿐 아니라 가족, 집단, 지역사회를 포함한 다양한 형태의 사회조직에 개입할 때 모두 적용할 수 있다(최영란, 2016).

(1) 주요개념

① 체계

체계란 서로 상호작용하고 상호의존하는 부분들로 구성된 전체이다. 또한 체계는 체계 내부와 외부 간의 정보, 에너지, 자원을 교환하고 다른 체계와 관계를 맺기도 한다. 따라서 체계 전체는 각 부분의 합보다 큰 것으로 정의할 수 있다.

② 경계

경계란 눈에 보이지는 않지만 하나의 단위나 실체를 규정하는 개념으로 체계 내부와 외부, 한 체계와 다른 체계를 구분할 수 있는 테두리라고 할 수 있다. 경계를 형성하는 요인은 에너지의 교류, 상호작용, 규칙 등이 있다. 경계는 물리적으로 확연히 구분되는 경우도 있지만 개념적으로만 경계가 지어지는 경우가 있다.

경계의 명확성, 투과성, 유연성에 따라 체계는 개방체계와 폐쇄체계로 구분된다. 개방체계는 주변의 다른 체계와 자유롭게 정보, 에너지 등을 주고 받지만 폐쇄체계는 경계가 명확하고 굳건하여 다른 체계와 교류가 이루어지지 않게 된다.

③ 홀론

홀론은 모든 체계는 부분인 동시에 전체라는 의미를 갖고 있다. 경계로 구분된 체계를 구성하는 작은 체계보다는 큰 상위체계이고 그 체계를 둘러싼 더 큰 체계보다는 하위체계라는 것이다. 예를 들어 가족이라는 체계는 부부체계나 자녀체계보다는 상위체계이지만 지역사회라는 체계 안에서는 하위체계가 된다.

④ 엔트로피와 네겐트로피

엔트로피는 외부로부터 에너지나 정보의 유입이 없고 체계 내부의 상호작용이 감소하며 유용한 에너지가 소멸되어 가는 상태를 말하다. 엔트로피가 지속되면 체계는 결국 소멸되게 된다. 엔트로피는 주로 폐쇄체계에서 나타나게 된다. 엔트로피 상태를 피하기 위해서는 외부로부터 자원, 정보, 에너지 등을 유입해야 한다.

네겐트로피는 부적 엔트로피라고도 이야기하고 주로 개방체계와 관련되어 있다. 체계가 열려 있을 때 체계 내부에서 사용하는 에너지보다 더 많은 에너지를 유입할 수 있다.

⑤ 항상성, 안정, 평형

항상성은 체계가 균형을 유지하거나 안정된 평형상태로 돌아가려는 것을 의미한다. 항상적인 균형은 고정된 것이 아니라 변화하는 것이며 환경 속에서 변화하는 상황에 대한 반응으로서 자기규제를 의미한다. 항상성은 자동온도조절장치를 활용한 자기규제와도 같다. 온도가 일정 수준으로 올라가면 자동으로 전원을 차단해서 온도를 낮추고 온도가 일정 정도 내려가면 다시 전원을 올려서 온도를 조절하는 것과 같은 이치이다.

안정상태는 체계들과의 관계를 유지시키고 붕괴되지 않도록 에너지가 계속적으로 사용되는 상태로 체계가 거쳐 온 이전의 연속 상태를 의미한다. 환경과의 교류뿐 아니라 환경에 적응하기 위해 체계의 구조를 변화시키는 상태로서 개방체계에 존재한다. 안정상태는 모든 사회 체계의 기본 속성이며 체계의 목표와 정체성을 유지하려는 체계의 의도적인 노력에 의해 수정된다. 안정상태는 고도의 조직성, 복잡성, 환경에 대한 개방성이 특징을 이룬다.

평형상태는 폐쇄체계에서 나타나며 체계가 고정된 구조를 가지고 주위환경과 수직적인 상호작용을 하기보다 수평적인 상호작용을 하면서 거의 교류를 하지 않는 상태이다. 즉 외부와의 교류나 체계 구조 변화가 거의 없는 고정된 상태를 의미한다.

⑥ 투입, 전환, 산출, 환류

투입은 체계 외부에서 체계 내부로 들어오는 에너지나 정보를 말한다. 전환은 체계 내에 들어온 에너지나 정보 같은 투입물을 처리하여 체계를 유지하는데 필요한 형태로 바꾸는 과정이다. 산출은 전환을 통해 나타난 결과물로 체계의 경계를 넘어 주변 환경에 영향을 미치게 된다. 환류는 산출된 결과의 상호작용으로 산출에 따라 투입을 강화하거나 수정할 수 있다.

⑦ 동등종결성과 다중종결성

동등종결성(동귀결성, equifinality)은 다양한 출발점에서 시작해서 동일한 결과에 이른다는 뜻이다. 체계들의 초기상황이 서로 다르더라도 그 체계들이 개방되어 있어 주변의 체계들과 목적 지향적인 교류를 하면 결국 동일한 상태 또는 목적을 이끌어낼 수 있다는 것이다. 또한 체계들이 개방되어 있어 서로 교류하고 있을 경우 동일한 목적을 달성하는 방법은 여러 가지가 있을 수 있다는 것을 의미한다.

다중종결성(다중귀결성, multifinality)은 똑같은 출발점에서 시작해서 다양한 결과에 이른다는 뜻이다. 유사한 상황에 있는 체계라 할지라도 체계 내의 구성요소들 간의 상호작용 양상, 또는 다른 체계들과의 상호작용 양상과 특성이 다르면 최종상태도 서로 달라질 수 있음을 나타낸다. 한 가지 원인이 여러 결과를 유발할 수 있다는 개념이다. 따라서 유사한 문제를 갖고 있는 클라이언트라 하더라도 문제의 종결상태가 항상 동일하지는 않다고 할 수 있다.

2) 생태학적 관점

생태학이란 용어는 유기체와 환경 간의 상호작용을 연구하는 생물학에서 유래된 것으로(김동배·이희연, 2003) 인간생태학은 1차 세계대전 이후 발달하기 시작하며 생물학적 생태학으로부터 영향을 받고 많은 개념들을 가져왔다(박명숙, 1999).

3) 생태체계적 관점

※ 생태체계적 관점의 특성

- '상황 속의 인간'의 다양한 변화 가능성 제시
- 클라이언트체계의 강점 강조
- 현재 행동을 '상황 속의 인간'의 적합성으로 설명
- 역기능을 상황 속에서 적응적이거나 합리적인 것으로 개념화
- 개인, 사회집단, 사회적 환경, 물리적 환경 안에서 변화를 위한 여러 가지 대안 탐색

출처: 전재일 외(2003); 서혜석 외(2017 재인용).

생태체계적 관점에 비추어 볼 때 한 인간이 삶의 전 과정을 통해 활동범위를 넓히고 관계망을 넓히며 이를 기반으로 다양한 역할을 수행하며 사회구성원으로 자신의 몫을 해 나간다고 볼 수 있다(김나영, 2007).

(1) 개념

환경은 인간발달을 설명함에 있어 매우 중요한 위치를 차지하는데, 생태환경을 구성하는 구조들은 크게 미시체계, 중간체계, 외부체계, 거시체계로 나눌 수 있으며 각 체계에 대한 설명은 다음과 같다(황보수연, 2012).

① 미시체계

미시체계는 개인이 독특한 물리적 특성을 가진 환경 내에서 경험하는 활동, 역할 및 대인관계 유형을 포함한다. 예를 들면, 청소년의 부모나 형제, 친구, 가족, 이웃 등이 포함된다. 또한 거주하는 집, 놀이터, 학교시설 등과 같은 물리적 환경이 포함된다.

② 중간체계

중간체계는 개인이 적극적으로 참여하는 둘 이상의 환경 간에 나타나는 상호관계로 이루어진다. 예를 들면, 청소년은 학교에서 스트레스를 많이 받은 날에는 집에 와서 부모에게 짜증을 내거나 화를 낼 수 있다. 이는 학교라는 체계와 가정이라는 체계가 활동이 다른 미시체계와 연결된다는 것이다.

③ 외부체계

외부체계는 개인이 적극적인 참여자로 관여하지는 않으나 개인이 속한 환경에서 일어나는 일에 영향을 주거나 영향을 받는 사건이 발생되는 하나 또는 그 이상의 환경을 의미한다. 예를 들면, 부모의 직장, 정부기관, 대중매체, 지방교육청의 활동, 공공복지 시설(교통, 문화, 병원 등) 등이 여기에 속한다. 이러한 외부체계에 청소년이 직접적으로 참여하지는 않지만 이러한 환경들은 청소년의 행동에 여러 가지 영향을 미친다.

④ 거시체계

거시체계는 문화적 환경의 한 부분이다. 문화는 여러 세대를 거쳐 전수된 행동양식, 신념 및 산물 등으로서 청소년들의 발달적 맥락을 둘러싸고 있으며 그들 속에 스며 있다. 법률과 같이 명백한 형태로 있는 것도 있으나 대부분 비형식적인 것으로 문화적 신념, 정치적 이념, 관습 등이 여기에 속한다.

(2) 특징

생태체계 관점의 특징은 다음과 같다(사회복지교육연구센터, 2016; 최세영 외, 2017 재인용).

첫째, 인간의 심리적 과정이 생물학적·대인관계적·문화적·경제적·조직학적·정치적인 요인 사이에서 복잡한 상호작용의 발현이며 이러한 요인들은 상호작용하면서 일생을 통하여 인간행동에 영향을 미친다고 설명한다.

둘째, 유기체가 환경 속에서 어떻게 역학적인 평형상태를 유지하고 성장해 가는지에 관심을 두며 인간과 환경의 상호작용 방법에 대한 실천가의 관점을 중요시한다.

셋째, 개인과 환경은 특정한 상황 속에서 지속적으로 영향을 주고받는다는 측면에서 이해되어야 함을 강조한다. 개인이 가족에서부터 더 넓은 사회적 환경에 이르기까지 환경의 다양한 측면들이 어떻게 인간발달에 영향을 미치는지 설명한다.

넷째, 개인과 환경 간의 적합성과 상호교류, 적응을 지지하거나 방해하는 요소를 중시한다. 역기능을 적응적이거나 합리적인 것으로 개념화하여 클라이언트체계의 강점을 강조한다.

다섯째, 개인의 대처능력 강화와 개인에게 영향을 주는 모든 환경을 이해하는 개념적 틀을 제공한다. 개인과 그를 둘러싸고 있는 다양한 제도, 체계 간의 상호작용을 이해하는 것에 대한 개념적 틀을 제공해 준다.

여섯째, 개인의 병리적 상태가 반영된 것을 '문제'의 원인으로 보지 않고 주위 사람, 사물, 장소, 조직, 정보 등을 포함하는 생태체계의 여러 요인 간 상호작용의 결과로 문제가 발생한다고 본다.

반면 생태체계관점의 적용에 관한 한계가 지적되기도 하였다. 전반적인 현상이나 상황에 대한 개념의 설명은 가능하지만 특정 영역이나 문제에 대한 구체적인 설명이 부족하다는 것이다(Wakefield, 1996a; 1996b).

4. 강점관점

강점관점은 기존의 사회복지실천이 클라이언트의 문제증상에 대한 파악에 주력하는 병리학을 전제로 한다는 점에 비판을 가하면서 등장하였다. 문제를 해결하고 문제를 지각하는 것으로 패러다임이 전환했다는 것을 알 수 있다(최말옥, 2012). 클라이언트 개인을 바라볼 때 강점과 기질, 재능, 자원을 가진 독특한 존재로 인정하고, 인간의 변화 가능성과 그 과정에 주안점을 두어야 한다고 강조하고 있다(Saleebey, 1992; 민소영, 2008 재인용). 강점관점은 클라이언트의 결핍이나 역기능보다는 개인의 강점과 자원에 주목하고 치료대상보다는 서비스를 함께 만들어 가는 협력자로 본다(윤민화 외, 2014). 또한 사회복지사는 공식적인 자원을 찾기에 앞서 클라이언트가 이미 관계를 맺고 있는 이용자에게 친숙한 지역사회의 비공식적 자원을 활용하는 것을 중요하게 고려한다(김경미·윤재영, 2010; 노혜련·유성은, 2007). 강점관점 실천을 위해서 사회환경의 변화로 인해 클라이언트가 겪게 되는 심리·사회·영적발달 등에 대한 경험적 지식기반을 갖추어야 한다(박선영, 2011).

〈표 13-1〉 강점관점의 영역

영역	본인의 강점	예
기술		집수리를 좋아한다. 동물을 잘 기른다. 외국어를 할 수 있다. 기계를 잘 고친다.
재능		악기를 연주할 수 있다. 요리하는 것을 좋아한다. 운동을 할 수 있다. 그림을 그릴 수 있다.
개인적 장점과 특성		집중력이 있다. 멋을 잘 낸다. 유머감각이 있다. 친구를 잘 사귄다.
상호관계기술		중재할 수 있는 능력이 있다. 위로하는 말을 잘한다. 상대방의 입장을 배려한다. 집단지도능력이 있다.
대인·환경자원		나를 사랑하는 부모님이 있다. 형제가 있다. 친한 친구가 있다. 가까운 이웃이 있다.
문화적 지식		예의범절이 좋다는 말을 듣는다. 한국전통의식에 관심이 많다. 문화행사에 참여하는 것을 좋아한다.

출처: 송성자 외(2006); 서혜석 외(2017 재인용).

강점관점 실천 초기에는 심각하고 영구적인 정신장애를 가진 사람들과 일하는 데 적용하기 위한 모델로서 고안되었으나, 1980년대 이후로 점차 다양한 집단에 적용되어 왔다. 아동과 청소년(Arnold et al., 2007; Clark, 1996), 폭력문제를 가진 사람(Curwood et al., 2011), 노인(Sullivan and Fisher, 1994; Whitley et al., 1999) 등에게 적용되었다. 우리나라에서는 우리아이희망네트워크 지원사업 외에도, 정신보건 현장에서 적용된 강점기반 실천에 대해 정신보건사회복지사 경험(이경아·하경희, 2012)과 이용자 경험(하경희 외, 2010)에 대한 연구가 수행되었고, 빈곤 영유아 가정에 대한 강점관점 사례관리의 적용(민소영, 2012)연구 및 재가노인을 대상으로 한 강점관점 사례관리(한혜경, 2009)의 적용과 효과성에 관한 연구, 빈곤여성가구주에 대한 사례관리 적용(박석란, 2008) 연구가 수행되었다(김경희 외, 2013). 또한 클라이언트가 심각한 삶의 어려움을 극복하는 원천으로서 영성이 강점관점의 개념으로 주목받고 있다(김도희, 2016).

1) 임파워먼트 모델

임파워먼트 접근에서는 사람들이 임파워먼트 지향의 개별사회사업, 집단사회사업, 지역사회행동, 그리고 정치지식과 기술을 통해 스스로 힘의 부여를 이루는 것을 기본원칙으로 삼고 있다. 이와 함께 성장과 힘을 이루고자 하는 개인적 욕구의 충족을 넘어 지역사회 임파워먼트를 이루고 강인한 사람들로 발전시키는 것을 궁극적 목표로 한다. 이러한 점에서 임파워먼트 접근은 개인과 집단이 서로 분리될 수 없음을 인정하면서도 집단성이 좀 더 강한 특징을 보인다.

(1) 임파워먼트의 개념

임파워먼트란 누군가에게 권한을 주는 것, 힘을 부여하는 것, 가능하도록 역량을 강화하는 것, 능력을 키우는 것, 허락하는 것이라고 정의할 수 있다. 임파워먼트는 개인적, 사회구조적 이유 등으로 클라이언트가 그들의 환경과의 상호교류에서 권리, 기회, 자원을 박탈하거나 상실한 경우에 이를 회복시켜 주는 노력이라고 할 수 있다.

(2) 임파워먼트의 구성요소

① 선택

변화는 처우를 위해 어떤 특정 개인을 표적으로 하여 얻어진다. 변화노력은 구체적인 개인보다는 시스템의 역동성에 방향을 맞추어야 한다. 변화노력의 가능성은 개인의 자율성에 관한 것으로 의식과 전의식을 포함하는 정서적인 과정까지 확대해서 이해될 수 있다. 이같은 차원에서 자율성의 작용으로 인간은 자신을 포함한 세계에 대한 우리의 이해를 능동적으로 조직화한다.

② 유능성

사람들은 성장 및 변화를 위한 개별적 능력을 갖는다는 것을 인식하고 클라이언트체계는 이미 자원과 능력의 보고를 갖고 있음을 인식한다. 상호작용과 협력은 새로운 자원을 구축하기 위해 기존의 자원을 증대시키고 긍정적 변화는 희망과 미래의 가능성 위에 구축되며 클라이언트체계는 그들의 상황을 가장 잘 알며 대안이 주어지면 가장 적절한 해결책을 결정할 수 있다. 무력감을 증대시키기보다 완수감과 능력을 증대시키는 과정을 지지한다. 체계의 결함 안에서 더욱 체계 간의 상호교류과정에서 도전과 관심을 제기한다. 이러한 특성으로 클라이언트들이 기본적으로 변화 가능성을 가진 유능한 사람이라고 믿는다.

③ 의미

어떤 일이나 활동이 자신에게 중요하다는 인식이다. 자기 자신의 중요성을 기반으로 집단이나 지역사회 등 자신이 속한 모든 체계가 중요하다는 인식의 정도를 말한다. 클라이언트가 자신에 대한 부정적 인식을 극복하고 자신을 이해하고 장점과 능력을 확신할 때 임파워먼트 될 수 있다는 것과 같이 이해될 수 있다.

④ 영향력

클라이언트가 개인이나 집단, 지역사회의 어떤 결정에 관한 영향력을 가지고 있다는 신념이다. 이러한 신념은 클라이언트 스스로 삶에 대한 통제력을 확보하는 것이며 주변체계가 자신에게 영향을 미쳤던 것처럼 주변체계 내에서의 자신의 위치에 대한 확인이다.

(3) 사회복지실천에의 적용

임파워먼트 모델의 실천과정은 대화단계, 발견단계, 발전단계로 구성되어 있다. 대화단계에는 관계설명하기, 노력의 목표와 개인적 힘 분명히 하기, 방향 설정하기가 해당되고, 발견단계에는 강점과 자원의 역량을 사정하여 자원체계 활용하기, 자원능력 분석하기, 해결의 틀 구성하기가 해당된다. 마지막 발전단계는 자원을 활성화하고 기회를 확대시키기, 성공 인정하기, 목표를 완전하게 하기가 해당된다. 각 단계별 구체적 내용은 다음과 같다.

① 관계 설명하기

임파워먼트의 기초는 사회복지사가 클라이언트의 시각과 협력적으로 일하기 위한 적극적인 노력을 깨닫는 것에 있다. 기본적으로 협력의 의미가 전제가 되고 임파워먼트의 협력은 상호적인 개념으로 설명된다. 임파워먼트에서 협력은 다른 사람과 함께 일하는 것이고 클라이언트가 사회복지사에게 협력하는 것 모두를 포함하는 것으로 관계를 만들어 가는 데 영향을 주는 요인이며, 그들의 전문적인 목적, 클라이언트 참여의 특징, 사회복지사의 효과적 대인기술의 사용을 포함한다.

② 노력의 목표와 개인적인 힘 분명히 하기

클라이언트가 처음 노력의 목표를 정할 때 그 목표가 불가능하다고 믿는다면 행동은 달라지지 않을 것이다. 그것은 더 이상 스스로 무력하고 도울 수 없다고 생각하는 것이 아니라 가능성이 있고 클라이언트의 노력이 달라지게 만들 수 있고 희망을 가질 수 있다는 것이다. 클라이언트는 임파워먼트를 경험할 때 그들이 유용하다고 느끼고 유능하다고 생각하고 그들의 삶의 여정을 관리할 수 있다고 생각한다.

지금 현재 클라이언트가 변화하고 싶어하는 목표를 분명히 하고 개인이 무엇을 경험하기 원하는지 생각해야 한다. 그것은 변화의 가능성이며 스스로 자신을 변화시키고 클라이언트 스스로 싸움에서 자원을 찾아낼 수 있는 능력을 가졌다는 것이라고 할 수 있다.

③ 방향설정하기

방향을 설정한다는 것은 사회복지사와 클라이언트의 활동에 목적을 제공한다는 것이다. 방향은 사정을 이끄는 초점을 결정하게 되는데 분명한 방향감각이 없다면 방황하게 되는 것이다. 따라서 이 방향을 정하는 것은 분명한 목표의식을 갖게 하고 참여할 동기를 불어넣어 준다.

④ 자원체계 활용하기

클라이언트의 상황에 대한 이해에 상호교류적인 자원을 덧붙여서 사회복지사와 클라이언트가 함께 이용 가능한 개인적·대인적·환경적 자원을 평가한다. 연결은 이용 가능한 것이어야 하고 신뢰할 수 있어야 하고 편안해야 하고 균형이 있어야 한다는 기준이 충족되어야 한다. 주변 자원과의 거래에서 이러한 기준이 충족되지 않으면 자신의 인생이 불편하고 불만족스럽다고 느낄 수 있다.

⑤ 자원능력 분석하기

사회복지사와 클라이언트는 그들 자신의 생각, 기록, 관찰보다 공식적인 조사정보 등을 포함하는 다양한 분석도구를 끌어낼 수 있기 때문에 성공적인 분석은 생태체계 사정에 의해 수집된 풍부한 정보를 행동계획 수립을 위한 일관되고 조직화된 자료로 변형시킨다. 자원능력을 분석한다는 것은 자원체계 활용을 통한 사정을 구체화시키며 활용 가능한 자원으로 구성화시키는 것이다.

⑥ 해결의 틀 구성하기

해결의 틀을 구성하는 것은 설계도를 완성하는 것이다. 모든 주변체계와 클라이언트체계를 고려하여 정해진 목표를 이루기 위해 거치는 단계이다. 사회복지사는 전문적인 지식과 인간행동, 사회환경, 서비스 전달체계, 실천방법론에 관한 기술을 제시하고 클라이언트체계들을 그것들이 개인과 가족, 비공식적 집단과 조직이든, 공동체와 사회조직이든 간에 그들 자신의 경험과 개인적 삶의 경험, 가족관계 유형, 조직의 지도자 스타일, 공동체의 독창성, 사회가 지향하는 가치가 같은 자원을 제시한다. 가능한 해결책을 구상하는 것은 사회복지사와 클라이언트의 행동계획, 목적과 목표를 달성하기 위하여 그들이 공통의 자원을 끌어내는 과정이다.

⑦ 자원을 활성화하고 기회를 확대시키기

자원을 활성화시키는 것은 현실적으로 사용할 수 있는 자원을 얻어내는 것인 반면 기회를 확대한다는 것은 사회와 물리적 환경에 참여함으로써 추가 자원을 만들어낸다. 임파워먼트에 기초한 사회복지사들은 선택의 기회를 여는 것, 클라이언트를 돕는 것은 그들의 선택기회를 확대하는 것이거나 다양한 길을 자유롭게 고려하는 것으로서 자신들의 역할을 정의한다.

기회를 확대한다는 것은 먼저, 대인적 수준에서 자기통제 능력을 배양함으로써 자기 효용성을 증가시키고 주위의 협조적인 사람들과 연합하여 자원획득을 증가시켜야 하는데 여기서 사회복지사는 행동가, 중재자의 역할을 해야 하며 이 과정에서 방해되는 요소에 대해서는 그것을 관리하는 기술교육이 함께 이루어져야 한다.

둘째, 문제해결 능력 및 대처기술을 기르는 것인데 이것은 사회적 지지를 획득할 수 있고 사회기술훈련을 통해서 얻어지는 결과는 효과적이다.

셋째, 자신감을 증진하는 것이다.

넷째, 소집단을 구성하는 것이다. 소집단 구성은 클라이언트 내에서 파트너십으로 연결된 협력체계로서 자조집단을 구성함으로써 힘을 증강시키는 계기를 마련할 수 있다.

다섯째, 사회복지사의 전문성에 대한 제고이다. 임파워먼트를 실천하기 위해 사회복지사의 전문성은 너무나 중요하다.

여섯째, 환경수정의 단계이다. 환경수정은 생태학적 관점에서 클라이언트를 사정할 경우 클라이언트를 임파워먼트시킬 수 있는 유력한 방법이라고 할 수 있다. 가족단계의 환경수정은 가족 구성원의 구체적인 욕구와 기술에 중점을 두고 지역사회단계의 환경수정은 지역적 참여와 더불어 법 집행 등 사회 전반적인 부분에의 결정을 촉진하고 지역사회 모든 사람의 의식변화를 이끌어 낸다.

⑧ 성공 인정하기

클라이언트가 그들의 목표를 달성하였는가? 행동계획은 변화를 만들었는가? 사회복지사와 클라이언트는 강점에 초점을 맞추었는가? 등의 질문을 통한 사회복지실천 과정에 대한 평가는 클라이언트가 성공을 인정할 수 있도록 하는 자원이 된다.

⑨ 목표를 완전하게 하기

목표를 완전하게 함으로써 사회복지실천 과정의 종료를 설명하는 것은 변화가 클라이언트와 사회복지사 사이의 전문적 관계가 끝난 후에 계속 진행되는 과정이라는 사실을 뒷받침한다. 사회복지실천에서 종결은 또 다른 시작이며 전문적으로 돕는 사람 없이 삶을 시작하는 것이다. 종결을 수용하고 목표 달성을 지각하고 전문적 지식의 감각을 쌓고 이익을 결합하고 미래로의 도약점을 제공해야 함은 종결단계에서 고려해야 할 사항이다.

2) 적응 유연성 모델

인간은 역경에도 불구하고 뛰어난 심리적·사회적·학업적 적응을 보이기도 한다. 빈곤은 아동의 인지, 정서, 행동, 사회성 발달에 부정적 영향을 미친다. 하지만 빈곤한 아동들 가운데 일부는 빈곤하지 않은 아동들처럼 또는 빈곤하지 않은 아동들보다 오히려 더 긍정적인 발달 성과를 보이기도 한다. 마찬가지로 알코올 중독 부모의 자녀들이 성장하여 알코올 문제가 전혀 없는 경우가 많으며 어린 시절 반복적인 가정폭력에 노출되었음에도 불구하고 공격적이거나 강압적인 대인관계 성향을 보이지 않는 성인들도 많다. 이와 같은 상태를 적응 유연성(resilience) 또는 탄력성으로 설명한다. 적응 유연성이란 '심각한 사회적 또는 건강 문제의 위험에 상당히 노출되었음에도 불구하고 정상적 또는 예외적으로 긍정적인 발달 성과를 보이는 것'을 의미한다.

적응 유연성 개념은 위험요인, 보호요인의 개념과 함께 설명된다. 사회복지사는 클라이언트의 적응 유연성을 향상시키기 위해 위험요인을 감소시키거나 제거하고 보호요인을 증가시키는 개입에 초점을 둘 수 있다. 또한 클라이언트의 변화를 위해 다체계 수준의 개입이 필요하다는 것을 보여 준다. 즉 클라이언트의 개인적 한계가 있는 경우에도 대인적, 환경적 자원을 적극 활용하거나 이를 개발하는 데 개입의 초점을 둘 수 있다.

(1) 위험요인

위험요인은 문제의 발생 또는 악화 가능성을 증가시키는 개인, 가족, 환경 요인을 의미한다. 예를 들어 청소년 비행의 위험 요인으로는 낮은 학업성취, 비행 또래와의 관계, 가족갈등, 부모의 지도감독 소홀, 부모의 관여 부족, 지역사회 폭력 등을 들 수 있다. 이러한 위험요인을 복합적으로 가진 경우를 고위험, 상대적으로 적게 가진 경우를 저위험으로 구분한다.

(2) 보호요인

보효요인은 위험의 영향을 받지 않거나 위험을 감소시키는 개인, 가족, 환경 요인을 의미한다. 청소년 비행의 보호요인은 자기훈육, 문제해결기술, 긍정적 또래관계, 학업성공, 지지적 가족 분위기, 부모에 대한 강한 애착, 효과적인 부모의 지도감독, 지역사회 내 사회 서비스 등을 들 수 있다.

참고문헌

감정기 · 최원규 · 진재문(2002). 사회복지의 역사. 서울: 나남.

고수현 · 김익균(2003). 지역사회복지론. 서울: 대학출판사.

곽미정 · 전미숙 · 홍희석 · 윤선영 · 구성숙(2016). 사회복지실천론. 서울: 창지사.

구금섭 · 박지영 · 김종철 · 전대성 · 허정철(2013). 사회복지실천론. 경기: 공동체.

구금섭 · 박지영 · 김종철 · 전대성 · 허정철(2014). 사회복지실천론. 경기: 공동체.

권진숙 · 김상곤 · 김성경 · 김성천 · 김혜성 · 민소영 · 박선영 · 박지영 · 백은령 · 유명이 · 유서구 · 이기연 · 조미숙 · 조현순 · 황성철(2012). 사례관리론. 서울: 학지사.

권진숙 · 박지영(2015). 사례관리의 이론과 실제. 서울: 학지사.

권향임 · 김상아 · 신민정 · 윤정혜 · 이기량 · 이남순 · 이채식 · 전영록(2018). 사회복지실천론. 서울: 창지사.

길귀숙 · 강희숙 · 오영훈 · 오하나 · 유진희 · 제미자 · 현영렬(2018). 사회복지실천론. 경기: 양서원.

김경미 · 윤재영(2010). 강점관점과 지역사회네트워크를 기반으로 하는 통합적 사례관리 실천방법의 구조화-개념도 연구법(concept mapping)을 활용하여-. 한국가족복지학, 28, 93-118.

김경희 · 강미경 · 노혜련(2013). 강점관점 사례관리의 적용과 성과에 대한 탐색적 연구: 우리아이 희망네트워크 사업 수행 기관을 중심으로. 한국사회복지질적연구, 7(2), 175-203.

김나영(2007). 국제결혼 이주여성의 생활만족도에 관한 연구: 사회적 지지와 사회참여를 중심으로. 이화여자대학교 대학원 석사학위 청구논문.

김도희(2016). 사회복지실천과 영성에 관한 고찰. 사회과학연구, 32(1), 79-104.

김동배 · 이희연(2003). 사회복지실천의 생태체계 패러다임과 연구방법론에 대한 고찰(I). 연세사회복지연구, 9, 27-58.

김만두 · 한혜경(2001). 현대사회복지개론. 서울: 홍익재.

김만두 역(1992). 케이스웍 관계론. 서울: 홍익재.

김성천 · 박순우 · 장혜림 · 이현주 · 이해령 역(2007). 급진사회복지실천. 서울: 학지사.

김영근(2016). 청소년상담에서의 초기면접. 한국정신보건사회복지학회 학술발표논문집, 271-284.

김융일 · 조흥식 · 김연옥(1995). 사회사업 실천론. 서울: 나남출판.

김융일 · 조흥식 · 김연옥(2000). 사회복지실천론(개정2판). 서울: 나남.

김춘경 · 이수연 · 이윤주 · 정종진 · 최웅용(2016). 상담의 이론과 실제. 서울: 학지사.

김혜란 · 공계순 · 박현선(2013). 사회복지실천론. 경기: 나남.

김혜영 · 석말숙 · 최정숙 · 김성경(2013). 사회복지실천론. 경기: 공동체.

김혜영 · 석말숙 · 최정숙 · 김성경(2014). 사회복지실천론. 경기: 공동체.

김혜영 · 석말숙 · 최정숙 · 김성경(2017). 사회복지실천론(개정2판). 경기: 공동체.

김효선 · 김녹현 · 이경희 · 이우언 · 조성욱 · 최영자 · 황동섭(2019). 사회복지실천론. 경기: 공동체.

나동석 · 서혜석(2008). 사회복지실천론. 경기: 학현사.

나동석 · 서혜석 · 이대식 · 곽의향 · 김미혜(2008). 정신건강론. 경기: 양서원.

나동석 · 서혜석 · 채인석(2014). 사회복지실천론. 경기: 정민사.

노혁(2014). 사회복지실천론. 서울: 학지사.

노혜련 · 유성은(2007). 강점관점 사례관리의 특성에 관한 연구: 빈곤여성가구주의 참여경험을 중심으로. 한국가족치료학회지, 15, 75-103.

도광조(2018). 사회복지실천론. 경기: 양서원.

문인숙 외 공역(1985). 임상사회복지학. A. Pincus and A. Minahan 저. Social Work Practice : Model and Method. 서울: 집문당.

민소영(2008). 강점관점 반영 사례관리 훈련프로그램의 개발 및 효과성 연구. 한국사회복지행정학, 10(1), 39-65.

민소영(2012). 사회복지사가 경험한 강점관점 사례관리 실천: 영유아 빈곤가정을 대상으로. 사회복지연구, 43(1), 275-304.

박경일 · 김경호 · 서화정 · 윤숙자 · 이명현 · 이상주 · 이재모 · 전광현 · 조수경(2010). 사회복지학 강의. 경기: 양서원.

박광준(2013). 사회복지의 사상과 역사: 서구복지국가와 한국. 경기: 양서원.

박귀영 · 류기덕 · 박형준 · 신종우 · 오현숙 · 이상주(2010). 사회복지실천론. 경기: 양서원.

박귀영 · 오현숙 · 간호옥 · 신성일 · 안원철(2015). 사회복지실천론. 경기: 양서원.

박명숙(1999). 생태체계이론에 대한 이해와 사회사업에의 적용에 관한 연구. 사회복지리뷰, 4, 127-137.

박병현(2005). 복지국가의 비교: 영국, 미국, 스웨덴, 독일의 사회복지역사와 변천. 경기: 공동체.

박병현(2010). 사회복지의 역사. 경기: 공동체.

박석란(2008). 빈곤여성가구주에 대한 강점관점 사례관리 적용 연구. 이화여자대학교 대학원 석사학위논문.

박선영(2011). 강점관점 사회복지실천 모델에 대한 시론적 연구. 한국사회과학연구, 30(1), 89-113.

박용오(2003). 사회복지사의 직무만족이 전문직업적 정체성에 미치는 영향. 연세대학교 대학원 석사학위논문.

박종삼 · 유수현 · 노혜련 · 배임호 · 박태영 · 허준수 · 김교성 · 김규수 · 김인 · 노혁 · 손광훈 · 송성자 · 이영실 · 전석균 · 정무성 · 정은 · 조휘일(2002). 사회복지학 개론. 서울: 학지사.
박주현 · 박연옥 · 김준환 · 배은숙 · 박서춘 · 박서영(2015). 사회복지실천론. 서울: 창지사.
박차상 · 김창곤 · 이현주 · 강윤경(2014). 사회복지실천론. 서울: 창지사.
박희숙 · 백명진 · 한선화 · 김미숙(2018). 사회복지실천론. 경기: 공동체.
배태순 · 최명민 · 김영미(2007). 전문 사회복지실천기술. 서울: 시그마프레스.
백은령 · 김선아 · 양숙미 · 엄미선 · 윤철수(2006). 사회복지실천론. 서울: 대왕사.
백은령 · 김선아 · 양숙미 · 엄미선 · 윤철수(2008). 사회복지실천론. 서울: 대왕사.
보건복지부(2018a). 2018 사회복지관 운영 관련 업무처리 안내.
보건복지부(2018b). 2018 장애인복지시설 사업안내.
보건복지부(2018c). 사회복지사업법 개정법안.
서혜석 · 김덕진 · 이명자(2017). 사회복지실천론. 경기: 정민사.
성정현 · 여지영 · 우국희 · 최승희(2004). 가족복지론. 경기: 양서원.
신성자(2010). 사회복지실천기술론. 경기: 양서원.
심상용 · 심석순 · 임종호(2016). 사회복지발달사. 서울: 학지사.
양옥경 · 김정진 · 서미경 · 김미옥 · 김소희(2005). 사회복지실천론. 경기: 나남.
양옥경 · 김정진 · 서미경 · 김미옥 · 김소희(2010). 사회복지실천론(개정4판). 경기: 나남출판.
양옥경 외(1995). 사회복지실천과 윤리. 한울아카데미.
양정남 · 최선령(2014). 사회복지실천론. 파주: 영서원.
양정하(2013). 사회복지발달사의 이해. 경기: 정민사.
양정하(2013). 사회복지발달사의 이해. 경기: 정민사.
엄명용 · 김성천 · 오혜경 · 윤혜미(2006). 사회복지실천의 이해. 서울: 학지사.
엄명용 · 김성천 · 오혜경 · 윤혜미(2009). 사회복지실천의 이해. 서울: 학지사.
엄명용 · 김성천 · 오혜경 · 윤혜미(2011). 사회복지실천의 이해(3판). 서울: 학지사.
엄명용 · 김성천 · 오혜경 · 윤혜미(2017). 사회복지실천의 이해(4판). 서울: 학지사.
엄명용 · 김성천 · 오혜경 · 윤혜미(2018). 사회복지실천의 이해(개정4판). 서울: 학지사.
원석조(2005). 사회복지개론. 경기: 양서원.
원석조(2012). 사회복지역사의 이해(4판). 경기: 양서원.
원석조(2018). 사회복지개론(제6판). 경기: 양서원.
원석조(2018). 사회복지발달사(제5판). 경기: 공동체.
윤민화 · 이민영 · 노혜련(2014). 강점관점 사례관리에서 지역복지 네트워크 실천과정 연구. 한국지역사회복지학, 50, 203-239.
이경남 · 김인숙 · 김현주 · 박은주 · 서화정 · 이순영 · 이찬희 · 조윤득 · 허영숙(2008). 사회복지실천론. 서울: 학지사.

이경아 · 하경희(2012). 정신보건사회복지사들의 강점기반 실천경험에 관한 연구. 정신보건과 사회사업, 40(2), 63-90.

이영분 · 김유숙(1992). 가족치료를 위한 가족분석 가계도. 서울: 홍익재.

이영실 · 나임순 · 임원균 · 신준옥 · 조명희 · 홍성희(2014). 사회복지실천론. 경기: 양서원.

이원숙(2008). 사회복지실천론. 서울: 학지사.

이원숙(2014). 사회복지실천론. 서울: 학지사.

이윤로(2007). 최신 사회복지실천론. 서울: 학지사.

이은희 · 김남숙(2014). 사회복지실천론. 경기: 양서원.

이재선 · 김미림 · 김성철 · 노상은 · 순덕기 · 신철민 · 오은경 · 이병철 · 임원균 · 정용충 · 조순일 · 최상희(2018). 사회복지실천론. 경기: 양서원.

이종복 · 전남련 · 김덕일(2007). 사회복지실천론. 경기: 학현사.

이종복 · 전남련 · 김덕일(2010). 사회복지실천론. 경기: 학현사.

이준우 · 임원선(2011). 전문 사회복지 실천론. 서울: 인간과복지.

임완섭 · 노대명 · 이현주 · 전지현 · 김근혜 · 심창학 · 황정하 · 최연혁(2015). 각국 공공부조제도 비교연구: 미국편. 세종: 한국보건사회연구원.

장연진 · 김진숙 · 구혜영(2012). 이중관계에 대한 사회복지사의 신념과 경험의 변화. 한국사회복지학, 64(3), 281-308.

장인협 · 우국희(2001). 케어 · 케이스 매니지먼트. 서울: 서울대학교출판부.

전재일(1981). 사회사업실제에 있어서 가치관. 사회복지연구(9), 107-138.

전재일 · 이종복 · 조운희 · 이준상 · 이애재 · 이성희(2002). 사회복지실천론. 서울: 형설출판사.

전재일 · 이종복 · 조운희 · 이준상 · 이애재 · 이성희(2003). 사회복지실천론. 서울: 형설출판사.

전재일 · 이종복 · 조운희 · 이준상 · 이애재 · 이성희(2004). 사회복지실천론. 서울: 형설출판사.

전재일 · 이준상 · 이성희 · 이선자(2018).사회복지실천론. 경기: 공동체.

정순둘(2005). 사례관리실천의 이해. 서울: 학지사.

정원식 · 박성수 · 김창대(1999). 카운슬링의 원리. 서울: 교육과학사.

정진영 · 황성철(1998). 현대집단사회사업. 서울: 학문사.

조학래(2017). 사회복지실천론. 서울: 신정.

조휘일 · 이윤로(1999). 사회복지실천론. 서울: 학지사.

조흥식 · 김연옥 · 황숙연 · 김융일(2009). 사회복지실천론(개정3판). 경기: 나남.

천성문 · 이영순 · 박명숙 · 이동훈 · 함경애(2017). 상담심리학의 이론과 실제. 서울: 학지사.

최덕경 · 이혜자 · 이무영 · 정혜선 · 박경애(2012). 사회복지실천론. 경기: 공동체.

최말옥(2012). 강점관점으로 본 ADHD 아동 어머니의 양육 경험에 관한 연구. 한국사회복지학, 64(1), 325-355.

최명민 · 박승희 · 김성천 · 김기덕 · 이은정(2014). 노자 도덕경(道德經)에 근거한 사회복지실천 관계론의 탐색. 한국사회복지학, 66(1), 139-162.

최명민 · 현진희 · 전혜성(2005). 의료사회복지사를 소진으로부터 보호하는 요인은 무엇인가?. 한국사회복지학, 57(4), 343-370.

최선희 · 최정숙 · 박화옥(2008). 가족사회복지실천의 개념과 모델 한국가족사회복지 어디로 갈 것인가?: 전망과 과제. 2008년 한국사회복지학회 한국가족사회복지학회 추계공동학술대회 자료집. 93-111.

최세영 · 김준환 · 박주현 · 장연식(2017). 사회복지실천론. 경기: 어가.

최영란(2016). 생태체계적 요인이 여성결혼이민자의 양육태도에 미치는 영향. 계명대학교 정책대학원 석사학위청구논문.

최옥채(2006). 사회복지실천론. 경기: 양서원.

최옥채(2017). 사회복지실천론(4판). 경기: 양서원.

최원규(1996). 외국민간원조단체의 활동과 한국 사회사업 발전에 미친 영향. 서울대학교 대학원 박사학위논문.

최은희 · 한애경 · 오정아 · 김경은 · 조윤정(2017). 사회복지실천론. 경기: 양성원.

최해경(2009). 사회복지실천론(2판). 서울: 학지사.

최해경(2017). 사회복지실천론(2판). 서울: 학지사.

최혜지 · 김경미 · 정순둘 · 박선영 · 장수미 · 박형원 · 배진형 · 박화옥 · 안준희(2014). 사회복지실천론. 서울: 학지사.

카바 40년사 편찬위원회(1995). 외원사회사업기관 활동사, 외국 민간 원조기관 한국연합회 40년사. 서울: 홍익재.

하경희 · 이경아 · 이근희(2010). 사회복귀시설에서의 강점실천에 대한 서비스 이용자의 경험에 관한 연구. 정신보건과사회사업, 36, 82-106.

한국복지연구회(1995). 사회복지의 역사. 서울: 이론과실천.

한국사례관리학회 편(2012). 사례관리론. 서울: 학지사.

한혜경(2009). 재가노인대상 강점관점 사례관리의 효과성 연구, 한국사회복지학, 61(4): 243-263.

황보수연(2011). 생태체계 관점에서 본 청소년의 자살생각에 영향을 미치는 요인에 대한 연구. 계명대학교 대학원 석사학위논문.

황성철(1995). 사례관리(Case Management) 실천을 위한 모형개발과 한국적 적용에 관한 연구. 한국사회복지학, 27(11), 275-304.

Arnold, E. M., Walsh, A. K., Oldham, M. S., & Rapp, C. A.(2007). Strengths-Based Case Management: Implementation with High-Risk Youth. *Families in Society*, *88*(1), 86-94.

Barker, R. L.(2003). *The Social Work Dictionary*(5tb ed.). Washington DC: NASW.

Biestek, F. P.(1957). *The casework relationship*. Chicago: Loyola University Press.

Bisman, C.(1994). *Social work Practice: Cases and principles*. California: Brooks/Cole.

Bogo, M.(2006). *Social work practice: concepts, processes, and interviewing*. New York: Columbia University Press.

Clark, M. D.(1996). Brief Solution-Focused Work: A Strengths-Based Method for Juvenile Justice Practice. *Juvenile and Family Court Journal*, *47*, 57-65.

Collins, D., Jordan, K., & Coleman, H.(1999). *An introduction to Family Social Work*. Illinois: FE Peacock.

Compton, B. R. & Galaway, B.(1984). *Social Work processes*. Illinois: Dorsey Press.

Cournoyer, B. R.(2001). The Social Work Skills Workbook(6th ed.). California: Brooks/Cole. 김용석·이석호·전종설 역(2013). 사회복지실천기술론. 서울: 박영사.

Curwood, S. E., DeGeer, I., Hymme, P., & Peter Lehmann.(2011). Using Strength-Based Approaches to Explore Pretreatment Change in Men Who Abuse Their Partners. *Journal of Interpersonal Violence*, *26*(13), 2698-2715.

Day, P. J.(2000). *A New History of Social Welfare*. Boston: Allyn & Bacon.

Fraser, D.(1984). *The Evolution of the British Welfare State*(2nd ed.). London: Macmillan.

Gabor & Grinnell(1994). *Evaluation and quality improvement in the human services*. Boston: Allyn and Bacon.

Glasby, J.(2005). The Future of Adult Social Care: Lessons from Previous Reforms. *Research Policy and Planning*. *23*(2), 61-70.

HCPC(Health and Care Professions Council)(2016). *Social Work Education in England: Review of the Approval Process 2012-2015*. HCPC.

Hepworth, D. H. & Larsen, J. A.(2006). *Direct Social Work Practice : Theory and Skills*(7th ed.). California: Brooks/Cole.

Hepworth, D. H., Rooney, R. H., & Larsen, J. A.(2007). 사회복지실천 이론과 기술. 허남순 외 공역. 서울: 나눔의집.

Hepworth, D. J. & Larsen, J. A.(1986). *Direct Social Work Practice: Theory and Skills*. Chicago: Dorsey.

Hill, C. E.(1994). What is the therapeutic relationship?: A reaction to Sexton and Whiston. *The Counseling psychologist*, *22*, 90-97.

Holt, B.(2000). *The Practice of Generalist Case Management*. Boston: Allyn and Bacon.

Johnson & Yanca, S. J.(2010). *Social work practice: A generalist approach*(10th ed.). Massachusetts: allyn and Bacon.

Johnson, L. C. & Yanca, S. J.(2004). *Social work practice: A generalist perspective*.

Johnson, L. C. & Yanca, S. J.(2007). *Social Work Practice; A Generalist Approach*(9th ed.). Massachusetts: Pearson Allyn and Bacon.

Johnson.L.(1982). *Cocial work practices*. Boston: Allyn & Bacon Inc.

Kadushin, A.(1972). *The Social Work Interview*. New York: Brunner/ Mazel.

Kane, R. A.(1993). Uses and Abuses of Confidentiality. R. A. Kane & A. I. Caplan(eds.). *Ethical Conflicts in the Management of Home care: The case manager's dilemma*. New York: Springer.

Kirst-Ashman, K. K. & Hull, G. H., Jr.(2009). *Understanding Generalist Practice*(5th ed.). California: Brooks/Cole, Cengage Learning.

Kuhse, H., & Singer, P.(1985). Ethics and the Handicapped Newborn. *Social Research*, *52*(3).

Levy. C.(1973). The Value Base of Social Work. *Journal of Education for Social Work*, *9*(1), 34-42.

Loewenberg, F. & Dolgoff, R.(1996). *Ethical Decisions for Social Work Practice*(5th ed). Illinois: F. E. Peacock.

Maguire, L.(2002). *Clinical Social Work, Beyond Generalist Practice with Individuals, Groups, and Families*. Thomson Learning Inc.

Murphy, B. C. & Dillon, C.(2003). *Interviewing in action: Relationship, Process, and change*. California: Brooks/ Cole.

NASW(1981). *NASW Standards for the Clssification of Social Work Practice*. Washington, D.C. NASW.

NASW(1999). *Code of Ethics of the National Association of Social Workers*. Washington, DC: Author.

National Association of Social Workers(1999). *Code of Ethics of the National Assoiation of Social Workers*. National Association Social Workers.

Olson, D. H., Russell, C. S., & Sprenkle, D. H.(1983). Circumplex model of marital and family systems: VI. Theoretical update. *Family process*, *22*(1), 69-83.

Pincus, A. & Minahan, A.(1973). *Social Work Preactice : Model and Method*. Illinois: Peacock Publishers.

Reamer, F. G.(1999). *Social Work Value and Ethics*(2nd ed). New York: Columbia Univ. Press.

Richmond, M. E.(1922). *What is Social Casework?*. New York: Russell Sage Foundation Association of America.

Saleebey, D.(1992). *The strengths perspective in social work practice*. New York: Longman.

Sheafor, B. W., Horejsi, C., & Horejsi, G. A.(1997). *Techniques and guidelines for social work practice*

(4th ed.). Boston: Allyn and Bacon.

Sheafor. B. W. & Horejsi, C. R.(2006). *Techniques and guidelines for social Work practice*. Pearson Education, Inc.

Sullivan, W. P. & Fisher, B. J.(1994). Intervening for Success: Strengths-Based Case Management and Successful Aging. *Journal of Gerontological Social Work*, *22*, 61-74.

Thyer(2008). Practice evaluation. In W. Rowe & S. A. Rapp-Paglicci(Eds.). *Comprehensive hanabook of social work and social welfare Vol. III*. New Jersey: John Wiley & Sons, Inc.

Timberlake, E. M., Farber, M. Z., & Sabatino, C. A.(2002). *The general method of social work practice: McMahon's generalist perspective*. Massachusetts: Pearson Allyn & Bacon.

Toseland, R. & Rivas, R.(1995). *An Introduction to Group Work Practice*. Massachusetts: Allyn and Bacon.

Wakefield, J. C.(1996a). Does social work need the ecosystems perspective? Part 1. Is the perspective clinically useful?. *Social Service review*, *70*(1), 1-32.

Wakefield, J. C.(1996b). Does social work need the ecosystems perspective? Part 2. Does the perspective save social work from incoherence?. *Social Service review*, *70*(2), 183-213.

Weil, M. & Karls, J. M.(1985). *Case Management in Human Service Practice*. San Francisco: Jossey-Bass Publishers.

Whitely, D. M., White, K, R., Kelly, S. J., & Yorke, B.(1999). Strengths-Based Case Management: The Application to Grandparents Raising Grandchildren. *Families in Society*, *80*(2), 110-119.

Woodside, M. & McClam, T.(2006). *Generalist Case Management: A Method of Human Service Dlivery*-(3rd ed.). Thomson Brooks/Cole.

Younghusband, E.(1947). *Report on the Employment and Training of Social Workers*. Dunfermline: Carnegie United Kingdom Trust.

Younghusband, E.(1959). *Report of the Working Party on Social Workers in Local Authority Health and Welfare Services*. London: Ministry of Health.

Zastrow, C.(1989). *Social Work with Group*. Chicago: Nelson-Hall.

Zastrow, C.(1995). *The practice of social work, Pacific Grove*. California: Brooks/Cole.

Zastrow, C.(1999). *The Practice of Social Work*(6th ed). California: Brooks/Cole Publishing Company.

찾아보기

ㅎ

저자약력

문현주 교수

이화여자대학교 사회복지학과 사회복지학박사

제주한라대학교 사회복지학과 교수

김기영 교수

중앙대학교 행정대학원 행정학석사 (사회복지전공)

세종대학교 일반대학원 행정학박사 (복지행정전공)

중앙대학교 행정대학원 복지행정학과 객원교수

김윤화 교수

숭실대학교 사회복지학과 사회복지학박사

인덕대학교 사회복지학과 교수

백종욱 교수

일본 국제의료복지대학 의료복지학 박사

가톨릭상지대학 사회복지과 교수

정주석 교수

경희대학교 행정학과 행정학박사

신성대학교 사회복지과 교수

황미영 교수

충북대학교 아동복지학과 문학박사

충청대학교 사회복지과 교수

2판

사회복지실천론

초 판 1쇄 발행 2019년 10월 1일
제2판 3쇄 발행 2026년 1월 7일

지 은 이 | 문현주 · 김기영 · 김윤화 · 백종욱 · 정주석 · 황미영
펴 낸 이 | 김기섭
편 집 인 | 이윤희
펴 낸 곳 | 창지사 www.changJisa.com
08589 서울시 금천구 가산디지털 1로 83 파트너스타워 1차 9층
전화 (02)719-2211~3
팩스 (02)701-9386
등 록 | 1977년 4월 28일 · 제1-421호

ISBN 978-89-426-1472-1 (93330)

값 20,000원